平原区高速公路
路基品质提升关键技术

张孟强　杨广庆　彭亚荣　张　勇 ◎ 编著

中国建材工业出版社

北　京

图书在版编目（CIP）数据

平原区高速公路路基品质提升关键技术/张孟强等编著．--北京：中国建材工业出版社，2024.1
ISBN 978-7-5160-3844-4

Ⅰ.①平… Ⅱ.①张… Ⅲ.①平原—高速公路—公路路基—研究 Ⅳ.①U418.5

中国国家版本馆 CIP 数据核字（2023）第 186008 号

内 容 简 介

本书结合京雄高速公路河北段路基工程建设，为提高多车道高速公路路基的整体刚度和均匀性，实现平原区高速公路路基工程品质提升，对软土地基刚性桩复合地基结构行为与沉降控制、基于水泥改良的高速公路细粒土路基刚度提升、高速公路土质路基压实质量回弹模量快速无损检测与均匀性评价、公路路基边坡土工格室柔性绿色防护等关键技术进行系统研究。

本书适用于公路路基、铁路路基、岩土工程、水利水电工程等专业的科技人员以及高等院校相关专业的师生使用。

平原区高速公路路基品质提升关键技术
PINGYUANQU GAOSUGONGLU LUJIPINZHI TISHENG GUANJIAN JISHU
张孟强　杨广庆　彭亚荣　张　勇　编著

出版发行：中国建材工业出版社
地　　址：北京市海淀区三里河路 11 号
邮　　编：100831
经　　销：全国各地新华书店
印　　刷：北京印刷集团有限责任公司
开　　本：787mm×1092mm　1/16
印　　张：14
字　　数：320 千字
版　　次：2024 年 1 月第 1 版
印　　次：2024 年 1 月第 1 次
定　　价：78.00 元

本社网址：www.jccbs.com，微信公众号：zgjcgycbs
请选用正版图书，采购、销售盗版图书属违法行为
版权专有，盗版必究。本社法律顾问：北京天驰君泰律师事务所，张杰律师
举报信箱：zhangjie@tiantailaw.com　举报电话：(010) 57811389
本书如有印装质量问题，由我社市场营销部负责调换，联系电话：(010) 57811387

前　言

《交通运输部关于打造公路水运品质工程的指导意见》（交安监发〔2016〕216号）提出，品质工程是践行现代工程管理发展的新要求，是追求工程内在质量和外在品位的有机统一，是以优质耐久、安全舒适、经济环保、社会认可作为公路工程的建设目标。

北京—雄安新区高速公路（以下简称京雄高速公路）是雄安新区总体规划中"四纵三横"区域高速公路网的重要组成部分，是连接北京城区和雄安新区最便捷的高速公路，对完善新区对外骨干路网，推动京津冀协同发展交通一体化进程具有重要意义。京雄高速公路河北段包括主线和大兴国际机场北线支线，全长约93km，一期工程先期实施75km。主线起点至泗庄枢纽互通段及支线采用双向八车道高速公路标准，设计速度120km/h，路基宽42m。泗庄枢纽互通段至终点段采用双向六车道高速公路标准，设计速度120km/h，路基宽34.5m。

京雄高速公路河北段地处华北冲积平原，线路沿线地下水位较高，分布有软土等不良地质，路基填土主要以粉土、粉砂土为主。由于路基填土对含水率变化敏感度高、交通荷载与环境因素对路基结构影响显著，软土地基超限沉降、高填方路基下沉、桥头跳车、路基边坡冲刷侵蚀已成为平原区高速公路路基品质工程建设亟待解决的关键技术问题。本书根据项目所处环境和工程特点，围绕平原区高速公路路基软土地基沉降控制、细粒土路基刚度提升、压实质量回弹模量快速无损检测与均匀性评价、边坡土工格室柔性绿色防护等关键技术进行了探索与研究。

本书由张孟强、杨广庆、彭亚荣、张勇编著。感谢王昕、苏鹏辉、李许佳、王衍、刘树阁、张达、薛秉盛等研究生为本书编写付出的辛勤劳动。

限于时间和水平，书中遗漏及不足之处在所难免，敬请广大读者批评指正。

编著者
2023年8月

目 录

1 绪论 ······ 1
   1.1 研究背景及意义 ······ 1
   1.2 京雄高速公路河北段概况 ······ 1

2 高速公路刚性桩复合地基结构行为研究 ······ 4
   2.1 高速公路刚性桩复合地基加固机理分析 ······ 4
   2.2 高速公路刚性桩复合地基模型试验研究 ······ 5
   2.3 高速公路刚性桩复合地基结构行为数值模拟研究 ······ 35
   2.4 小结 ······ 49

3 基于水泥改良的高速公路细粒土路基刚度提升研究 ······ 52
   3.1 高速公路路基填料强度与变形规律试验研究 ······ 52
   3.2 干湿循环条件下路基填料性能衰减试验研究 ······ 60
   3.3 冻融循环条件下路基填料性能衰减试验研究 ······ 65
   3.4 行车荷载作用下路基累积塑性变形研究 ······ 69
   3.5 路基顶面回弹模量对于沥青路面结构性能的影响研究 ······ 79
   3.6 基于路基刚度提升的路面结构力学响应分析 ······ 96
   3.7 小结 ······ 110

4 高速公路土质路基压实质量回弹模量快速无损检测与均匀性评价技术研究 ······ 112
   4.1 土壤刚度模量压实度仪 GeoGauge 特性分析 ······ 112
   4.2 GeoGauge 检测结果影响因素试验研究 ······ 122
   4.3 GeoGauge 快速无损检测与压实度相关性试验研究 ······ 132
   4.4 路基施工质量压实均匀性评价技术研究 ······ 143
   4.5 小结 ······ 163

5 土工格室在高速公路路基边坡绿色防护中的应用技术研究 ······ 165
   5.1 土工格室材料拉伸特性试验研究 ······ 165

5.2 高速公路路堤边坡土工格室防护稳定性数值模拟研究 ……………… 195

5.3 高速公路路堤边坡土工格室防护现场试验研究 …………………… 205

5.4 公路路堤边坡土工格室防护施工与质量控制技术研究 …………… 210

5.5 小结 …………………………………………………………………… 214

参考文献 ……………………………………………………………………… 215

1 绪 论

1.1 研究背景及意义

随着国民经济的不断增长，我国高速公路的建设一直保持着飞速发展，截至目前，我国建成了庞大的高速公路网，高速公路总里程继续稳居世界第一位。随着高速公路运营里程的增加，在行车荷载和温度、湿度等环境因素的影响下，部分高速公路相继出现了路基不均匀沉降、路基沉陷、路面开裂等一系列病害，其产生原因均与路基耐久性及其抵抗变形的能力有关。路基作为路面结构的基础，承担着路面结构荷载以及由其传递的行车荷载。路基质量的劣化将会影响路面的路用性能，造成一系列的路面病害，降低路面的使用寿命。因此，具有足够强度、刚度、稳定性的持久性路基是高速公路服役期性能保持的重要保障。

雄安新区建设是党中央深入推进京津冀协同发展的一项重大决策部署，是重大的历史性战略选择，是千年大计、国家大事。高速交通基础设施是加快建设雄安新区的坚实保障，以京港澳高速公路、京雄高速公路、大广高速公路、京德高速公路为"四纵"，以荣乌高速公路新线、津雄高速公路、津石高速公路为"三横"的对外高速骨干路网对疏解雄安新区的北京非首都功能、助推京津冀协同发展具有重大作用。

雄安新区位于河北省中部，地处北京、天津、保定腹地，包括雄县、容城县、安新县三县及周边部分区域。雄安新区位于太行山东麓、冀中平原中部、南拒马河下游南岸，在大清河水系冲积扇上，属太行山麓平原向冲积平原的过渡带，属暖温带季风型大陆性气候，四季分明，有南拒马河、大清河、白沟河等河流过境，白洋淀位于其境内。

京雄高速公路作为连接首都北京到雄安新区的第一条高速公路，承载着两地未来的交通重任，创建京雄品质工程示范，打造新一代绿色、智慧高速公路的标杆性工程是公路建设的重要目标。由于沿线地质条件复杂，路基填料差且多变、细粒土路基对含水率变化敏感度高、交通荷载与环境因素对路基结构影响显著，软土、湿陷性黄土地基超限沉降、高填方路基下沉、桥头跳车、路基边坡冲刷侵蚀已成为平原区高速公路路基的主要质量通病。因此，路基品质工程的创建成为高速公路建设的难点。进行软土地基刚性桩复合地基结构行为与沉降控制、基于水泥改良的高速公路细粒土路基刚度提升、高速公路土质路基压实质量回弹模量快速无损检测与均匀性评价技术、公路路基边坡土工格室柔性绿色防护等关键技术研究，对提高多车道高速公路路基的整体刚度和均匀性，实现平原区高速公路路基工程品质提升具有重要意义。

1.2 京雄高速公路河北段概况

京雄高速公路河北段主线起自涿州市东大兴庄村北的京冀界处，与京雄高速公路北京段相接，经固安县、高碑店市、白沟新城，止于雄安新区容城县，与既有荣乌高速公路相接，路线长69.462km。京雄高速公路河北段支线—大兴国际机场北线高速支线京冀界至主线段起自京冀界（永定河），与北京段顺接，止于义和庄乡北与主线相接，路线长5.570km。

1.2.1 建设条件

1.2.1.1 工程地质条件

京雄高速公路河北段沿线地形地貌类型简单，地形平坦，村镇密集，工程地质分区主要为冲积平原区，沿线微地貌单元主要为河床河漫滩区和河流阶地区。

根据路线所经地区地质调查情况，线路区不良地质和特殊性岩土主要为地震液化土、填土和软土。

1. 地震液化土

依据《中国地震动参数区划图》（GB 18306—2015），路线所经区域Ⅱ类场地按50年超越概率10%的设防标准，涿州市义和庄乡、码头镇、刁窝乡基本地震动峰值加速度值为0.15g，地震动加速度反应谱特征周期为0.40s，对应抗震设防烈度7度。

项目区内水位较高，多数区域分布有可液化土层，液化等级以轻微～中等为主。地震液化等级为轻微的地段地基承载力、摩阻力适当折减，可不做地基处理；对于地震液化等级为中等地段及高填方段，应根据具体情况采取适当的措施。

2. 填土

项目区多处于人类居住密集区，产生的生活垃圾、建筑垃圾、建筑用料等以零散堆积、集中掩埋等形式堆积于线路区内，厚度多为0.5～3.0m，个别厚度可达10.0m。根据地质调绘，线路影响区内部分路段填筑土工程性质较差，对线路路基影响较大。

3. 软土、软弱土

项目区在粉土和粉质黏土层中有静水沉积形成的软土或软弱土，呈灰色、灰黑色，其软土或软弱土特征十分明显，多连续分布，工程性质较差。根据地质调绘结果，软土多分布于现代河床附近，小清河、琉璃河、白沟河和北拒马河等河流两侧土体受水浸泡，多呈软塑状，软土特征较明显。软弱土分布在线路区内多数区域，对线路区路基有影响。

1.2.1.2 水文条件

本项目区域位于海河流域的大清河水系。大清河上游分为南北两支。北支水系上游为拒马河，自张坊出山口以下分为南、北拒马河。

在项目走廊带内及附近河流有拒马河、白沟河、琉璃河、小清河、永定河。

结合区域地质图和沿线地质调查情况，路线经过地区受地质构造和地貌形态的控制，均为富水区，地下水资源较丰富，易于开采，大部分水质较好，不会对构筑物产生侵蚀作用，可作为工程用水。地下水主要为松散岩类孔隙水，含水层均为第四系松散堆积物，主要为粉土、砂土、卵砾石层，地下水含量较丰富，且水质良好，是该区工农业生产和城乡居民日常生活用水的主要水源。地下水的主要补给来源于大气降水和灌溉入渗及侧向径流，排泄方式以人工开采、蒸发和侧向排出为主。地下水埋深随季节性变化较大。由于近年来地下水过度开采，现在项目区地下水水位埋深较大。

区内松散沉积物孔隙水可分为孔隙潜水、孔隙承压水两类。孔隙潜水主要分布于第四系粉土、砂土、砂砾地层中。水量较为丰富，季节性变化较大，受当地气象因素影响而敏感变化。由于开采和地形条件的差异，不同区段地下水位埋深有所不同。地下水的补给来源主要为大气降水、地表水体、灌溉入渗补给。排泄以灌溉用水、生活用水、工业用水及蒸发为主。地下水化学类型为重碳酸钙钠型或重碳酸钠镁水，属硬水，pH＝7.9～8.0，弱碱性水。

根据《公路工程地质勘察规范》（JTG C20—2011），结合现场采取的地下水样品的腐蚀性试验结果判定地下水对混凝土结构具有微腐蚀性，对钢筋混凝土结构中的钢筋具有微腐蚀性。

1.2.1.3 气象条件

项目区处于涿州市行政区内，涿州市属暖温带半湿润季风区，大陆性季风气候特点显著，温差变化大，四季分明，春季干旱多风，夏季炎热多雨，秋季气候凉爽，冬季寒冷少雪。项目区年平均温度12.4℃，极端最高气温41.2℃，极端最低气温为－22.2℃，多年平均降水量为495.1mm。无霜期累年平均为204d，初霜最早在10月2日，最晚在10月27日。累年平均冻土深度为40cm，季节性最大冻土深度为0.70m，标准冻土深度为0.80m。冻土时间最早在12月3日，解冻在3月11日，最长连续冻结122d。

1.2.2 主要技术指标

本项目主线和大兴国际机场支线按双向八车道高速公路标准建设，设计车速采用120km/h，路基宽度42m。桥涵设计荷载均采用公路-Ⅰ级，其余技术指标均符合《公路工程技术标准》（JTG B01—2014）的规定值，详情见表1-1。

表1-1 主要技术指标采用情况

项目		单位	规范指标	采用指标（京雄高速公路主线）	采用指标（大兴国际机场支线）
公路等级			高速公路	高速公路	
路基宽度		m	—	42	42
路线长度		km	—	10.608	5.570
交点数		个	—	4	2
设计速度		km/h	120	120	120
平均1km交点数		个	—	0.38	0.30
平曲线占路线比例		％	—	61.36	77.32
平曲线一般最小半径		m	1000	5600	2000
路线增长系数		—	—	1.005	1.07
最大纵坡		％	3	1.45	2
最短纵坡长度		m	300	400	540
平均1km变坡次数		次	—	1.885	1.361
竖曲线一般最小半径	凸形	m/处	17000	20000	24000
	凹形	m/处	6000	12273.917	15098.846
竖曲线占路线总长比例		％	—	74.991	65.285

2 高速公路刚性桩复合地基结构行为研究

2.1 高速公路刚性桩复合地基加固机理分析

在软土地基上修建路堤，如果不采取任何工程措施，就会面临地基沉降过大和整体稳定性不足这两方面的问题。为了保证软土地基上高速公路路堤的安全性与稳定性，需要采取有效的地基加固方法。

对于深层软土地基，比较常用的处理方法有排水固结法和复合地基法等。复合地基技术自1962年首次提出后，在工程中得到广泛的应用推广。复合地基通过垫层来实现桩、土共同作用、协调变形。对承载力要求较高、工后沉降控制较严格的软土地基通常会采用诸如水泥粉煤灰碎石（CFG）桩、素混凝土灌注桩、预应力管桩等刚性桩复合地基。考虑到土工合成材料加筋垫层在调节桩土应力、变形等方面的优点及桩体受力面积小而不能充分发挥其承载能力的缺点，"桩体＋桩帽＋加筋垫层"的复合地基体系应运而生，如图2-1所示。这种刚性桩复合地基包括上部路堤填料，垫层及在垫层中水平铺设的土工格栅等土工加筋材料，刚性桩体、桩帽及桩间土体所组成的桩土加固区，加固区下方由持力层与软土层组成的下卧层等几部分。其力学传递机制和变形特性与桩体（桩帽）尺寸、路堤填料性质、筋材抗拉强度、布置方式、地基土的物理力学性质，以及各组成部分之间的相互作用有关。

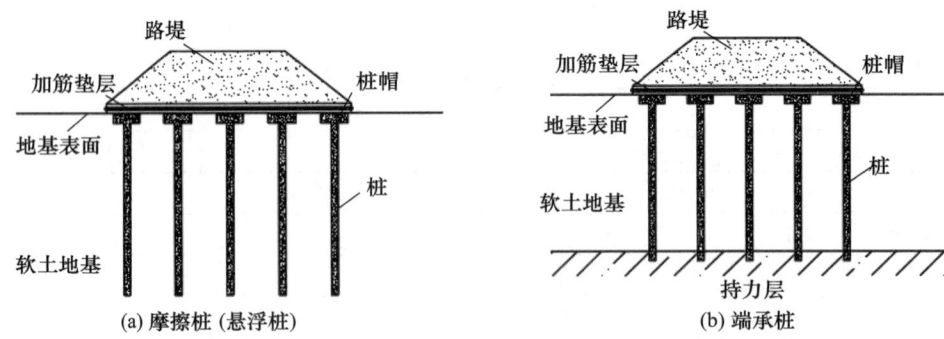

图 2-1 桩承式加筋路堤结构型式

刚性桩复合地基各组成部分之间的相互作用决定了路堤荷载分布，其传递过程如图2-2所示。假设路堤填土自重由荷载 A、荷载 B、荷载 C 三部分组成。在土拱效应的作用下荷载 A 传递至桩顶，剩下的荷载 B 和荷载 C 全部作用在加筋材料上，加筋材料在竖向荷载的作用下发生挠曲变形，在拉膜效应的作用下荷载 B 传递至桩顶，而荷载 C 则由桩间土承担。当软土地基承载力较差、桩土差异沉降过大时，桩间土脱离加筋垫层出现"膜下脱空"现象时，桩间土不承担上部荷载（荷载 C 等于 0），此时路堤荷载由荷载 A 和荷载 B 两部分组成，荷载 B 在拉膜效应的作用下全部传递至桩体。

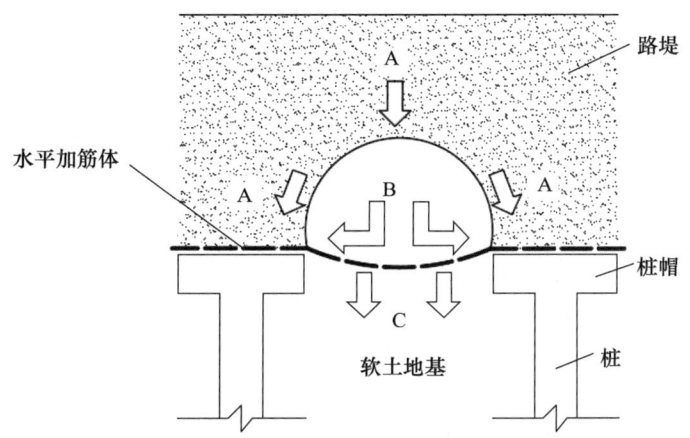

图 2-2 桩承式加筋路堤的各组成部分以及荷载传递过程

由于刚性桩复合地基桩体和地基土的刚度差异较大，在路堤荷载作用下桩顶和桩间土之间产生差异沉降，从而引起桩间土上部土体和桩帽顶部土体之间的相对滑动。桩间土顶部的部分路堤荷载在剪应力的作用下传递至桩帽，路堤荷载在桩和桩间土之间发生了转移，从而使桩体承担大部分的路堤荷载，这种力学传递机制称为土拱效应。同时，桩土差异沉降也会使加筋材料在桩间产生拉伸变形，由于筋土之间的相互作用，填料与加筋体之间产生摩阻力与咬合力，使加筋体变形并产生张力，从而将部分路堤荷载传递至桩帽顶部，这种力学传递机制称为拉膜效应。

土拱效应和拉膜效应的发挥程度与桩土差异沉降关系密切，并且二者相互影响，共同决定路堤荷载分布情况，同时路堤荷载的分布又直接影响桩和地基的沉降。因此，正确认识桩承式加筋路堤的荷载传递机理和结构变形特性，是确保高速公路刚性桩复合地基最大限度地发挥其工作性能的重要前提。

2.2 高速公路刚性桩复合地基模型试验研究

2.2.1 模型试验相似设计

在高速公路刚性桩复合地基的模型试验研究中，主要分析路堤填料性质和筋材布置型式对荷载传递和桩土差异沉降的影响。因此，土压力 σ 和桩土差异沉降 L_s 的影响因素为模型试验的几何尺寸 L、路堤填料密度 ρ、弹性模量 E、泊松比 μ、内摩擦角 φ、黏聚力 c，以及加筋材料的弹性模量 E_g。

由于泊松比 μ 和内摩擦角 φ 为无量纲（相似不变量），在试验设计中，模型试验和原型试验的所有无量纲相同，因此该体系内各物理量关系为：

$$f(\sigma, L_s) = f(L, \rho, E, c, E_g) \tag{2-1}$$

其量纲关系为：

$$\begin{cases} [L_s] = [L] \\ [L] = [L] \\ [\rho] = [FL^{-4}T^{-2}] \\ [E] = [FL^{-2}] \\ [c] = [FL^{-2}] \\ [E_g] = [FL^{-2}] \\ [\sigma] = [FL^{-2}] \end{cases} \tag{2-2}$$

$$[\sigma, L_s] = [L^a, \rho^b, E^c, c^d, E_g^e] \tag{2-3}$$

其中 a, b, c, d, e 为待定系数。式（2-1）中各物理量的量纲为：

$$[FL^{-1}] = [L^a, (FL^{-4}T^{-2})^b, (FL^{-2})^c, (FL^{-2})^d, (FL^{-2})^e]$$
$$= [L^{(a-4b-2c-2d-2e)}, F^{(b+c+d+e)}, T^{-2b}] \tag{2-4}$$

由量纲的均匀性原理可以推出：

$$\begin{cases} a-4b-2c-2d-2e=-2 \\ b+c+d+e=1 \\ -2b=0 \end{cases} \Rightarrow \begin{cases} a=0 \\ b=0 \\ c+d+e=1 \end{cases} \tag{2-5}$$

代入（2-3），并化简可得：

$$\begin{cases} \left[\dfrac{\sigma}{E_g}, L_s\right] = \left[L^a, \rho^b, \left(\dfrac{E}{E_g}\right)^c, \left(\dfrac{c}{E_g}\right)^d\right] \\ \left[\dfrac{\sigma}{E_g}, \dfrac{L_s}{L}\right] = \left[\left(\dfrac{E}{E_g}\right)^c, \left(\dfrac{c}{E_g}\right)^d\right] \end{cases} \tag{2-6}$$

现把 L/L_s，σ/E_g，E/E_g，c/E_g 都视为新的量，根据判据定义 L/L_s，σ/E_g，E/E_g 和 c/E_g 为所求得的相似判据，它们之间的关系如下：

$$\left(\dfrac{\sigma}{E_g}, \dfrac{L_s}{L}\right) = \phi\left(\dfrac{E}{E_g}, \dfrac{c}{E_g}\right) \tag{2-7}$$

令 $\sigma/E_g = \pi_1$，$L_s/L = \pi_2$，$E/E_g = \pi_3$，$c/E_g = \pi_4$，则式（2-7）可以改写成：

$$(\pi_1, \pi_2) = \phi(\pi_3, \pi_4) \tag{2-8}$$

下面对式（2-8）进行讨论：

式中的 π_1，π_2，π_3，π_4 为所求的相似判据，是由有量纲的物理量通过其乘幂的形式构成的独立的无量纲量群。如果模型试验与式（2-1）所描述的原型试验保持几何相似，则对于模型试验也存在 $f(\sigma_m, L_{sm}) = f(L_m, \rho_m, E_m, c_m, E_{gm})$ 以及 $(\pi_{1m}, \pi_{2m}) = \phi(\pi_{3m}, \pi_{4m})$。如满足 $\pi_{3m} = \pi_3$，$\pi_{4m} = \pi_4$，则必有 $\pi_{1m} = \pi_1$，$\pi_{2m} = \pi_2$，此时模型试验与原型试验的物理关系完全相同，其中 π_3，π_4 为决定判据，由已知量构成，π_1，π_2 为待定判据，包含未知量。

根据 $\pi_3 = \pi_{3m}$，可得 $E_m/E_{gm} = E/E_g$，即 $C_E = C_{Eg}$。

根据 $\pi_4 = \pi_{4m}$，可得 $c_m/c_{gm} = E/E_g$，即 $C_c = C_{Eg}$。

这表示模型试验中路堤填料的弹性模量相似常数 C_E，加筋材料的弹性模量相似常数 C_{Eg}，以及路堤填料的黏聚力相似常数 C_c，在满足 $C_E = C_{Eg}$，$C_c = C_{Eg}$ 之后，则有 $\pi_1 = \pi_{1m}$，$\pi_2 = \pi_{2m}$，即 $C_\sigma = C_{Eg}$，$C_{L_s} = C_L$。

上述分析表明，只要保证模型试验中路堤填料的弹性模量、加筋材料的弹性模量和路堤填料的黏聚力与原型试验中相应参数的比例相同，土压力相似常数与加筋材料的弹性模量相似常数相同，桩土差异沉降相似常数与模型试验几何尺寸的相似常数一致，原型试验中高速公路刚性桩复合地基的受力状态和沉降变形就可以通过模型试验进行再现。

2.2.2 模型试验方案

2.2.2.1 模型试验装置及材料

试验装置如图 2-3 所示，模型箱尺寸为 100cm×100cm×170cm（长×宽×高），分上下两部分，上部箱体高 120cm，下部箱体高 50cm。模型箱外围用角钢进行加固以防止模型箱的侧向变形。上部箱体的三面侧壁设有可拆卸木板，以减轻箱体质量，一面侧壁采用透明钢化玻璃以便观察，并且在钢化玻璃一侧沿竖直方向每间隔 10cm 绘制一道刻度线，以便于路堤分层填筑。

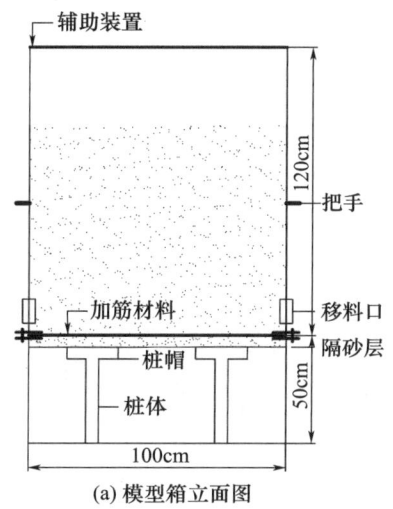
(a) 模型箱立面图

(b) 模型箱照片

图 2-3　模型试验装置

下部模型箱模拟软土地基，如图 2-4 所示。模型箱内部设置 4 根桩，桩体通过模型箱底部预留孔洞固定，预留孔洞间距为 40cm、50cm 和 60cm。试验过程中先将桩体与模型箱底部进行固定，再将预留了孔洞的 EPS（可发性聚苯乙烯）泡沫板放入下部模型箱。随后安装桩帽，桩顶通过螺栓连接方形钢质桩帽。

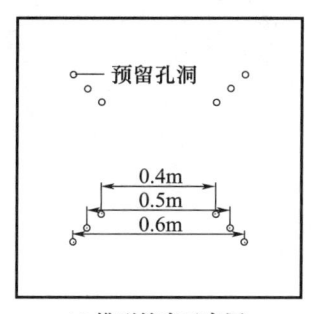
(a) 模型箱底示意图

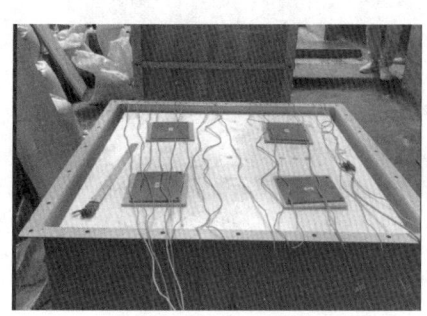
(b) 安装完成的下部模型箱

图 2-4　下部模型箱

模型试验中主要包括桩体、桩帽、EPS泡沫板、无纺土工布和路堤填料等材料,各试验材料的具体信息见表2-1。

表 2-1 主要试验材料汇总

序号	试验材料	尺寸/规格	数量	备注
1	模型桩	桩径5cm	4根	由钢管制成,桩长45cm
2	桩帽	20cm×20cm	4个	由8mm厚的钢板制成
3	EPS泡沫板	1.0m×1.0m×0.45m	3块	根据桩间距设置通桩孔,见表2-2
4	无纺土工布	1.5m×1.5m	3种	具体强度指标见表2-3
5	路堤填料	—	1.5m^3	具体物理力学性质见表2-4
6	玻璃纤维丝	长度3.5cm	—	添加量分别为0、0.1%和0.22%

1. 模型桩和桩帽

为了保证桩体材料的一致性,模型试验中共制作了4根直径为5cm、长度为45cm的钢管桩。桩帽尺寸为20cm×20cm,桩帽和桩体顶部通过螺栓连接。具体尺寸如图2-5所示。

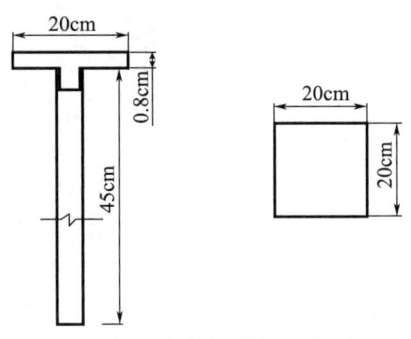

(a) 模型桩及桩帽尺寸

(b) 桩帽和桩体模型照片

图 2-5 模型桩及桩帽

2. EPS泡沫板

采用EPS材料能更好地模拟软土地基在填土荷载作用下的变形沉降。有限元模型可对计算对象进行仿真模拟,因此所得结果可用于模型试验之前的加载预测,为保证试验数据的准确性和可参考性,以工程现场试验段为原型进行数值模拟。软土地基的材料参数通过有限元模型根据现场试验中地基沉降量进行反推获得。经计算,EPS泡沫板的性能指标参数见表2-2。

表2-2　EPS泡沫板性能指标

密度（kg/m³）	弹性压缩模量（MPa）	泊松比	尺寸（m）
15	1.2	0.33	1.0×1.0×0.45

为满足试验需求,定制了三种不同尺寸的EPS泡沫板,在泡沫板上设置预留孔,以便桩体穿过,具体尺寸如图2-6所示。

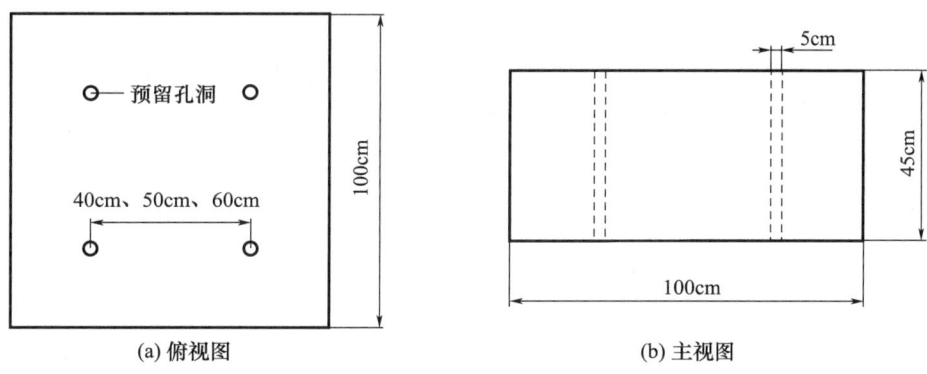

图2-6　EPS泡沫板尺寸示意图

3. 无纺土工布

加筋材料采用土工布模拟。根据《土工合成材料测试规程》(SL 235—2012)中规定的方法进行张拉试验,测定条带试样的拉伸强度和延伸率。无纺土工布采用样条法拉伸,试样宽度20cm,测试长度10cm,实际长度视夹具而定,试样必须具有足够的长度以伸出夹具。试样无纺土工布为延性破坏,在拉伸过程中先是出现缩颈现象,继而被逐渐撕裂,如图2-7所示。

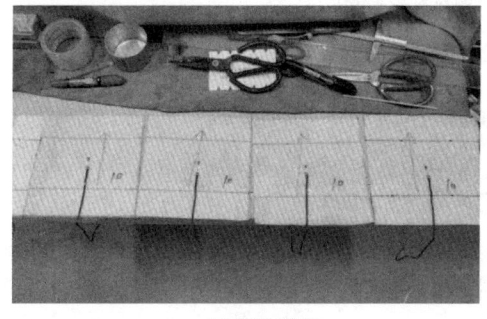 

(a) 标准试样　　　　　　　　　(b) 宽条拉伸试验

图2-7　无纺土工布拉伸强度测试

试验选用了三种不同拉伸强度的无纺土工布。所选择的材料需要满足变形特性、强度特性,并且与原型试验中的格栅抗拉强度相同,在试验前对无纺土工布进行拉伸试验,技术指标见表2-3。在试验中为方便记录将筋材强度近似取整数,即10kN/m、30kN/m和40kN/m。

表2-3 土工布技术指标

编号	横向		纵向	
	拉伸强度(kN/m)	极限延伸率(%)	拉伸强度(kN/m)	极限延伸率(%)
1	10.55	50.64	10.20	43.62
2	29.05	53.99	30.55	48.09
3	41.25	54.41	39.55	63.36

4. 路堤填料及玻璃纤维丝

路堤填料采用中粗砂,通过颗粒筛分试验进行砂土的颗粒分析,确定颗粒级配,试验结果如图2-8所示。通过砂土的颗粒级配曲线可以算出,不均匀系数C_u为1.67,曲率系数C_c为0.94。

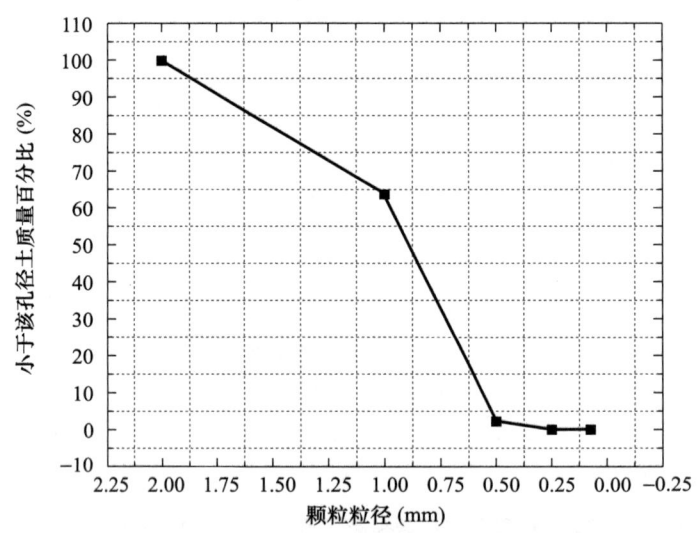

图2-8 试验用砂颗粒级配曲线

为研究填土黏聚力对荷载传递的影响,在砂料中掺入玻璃纤维丝,形成具有黏聚力的填土,玻璃纤维丝长度为35mm,掺入量为0、0.1%和0.22%,由于路堤填料为砂土,按照《土工试验方法标准》(GB/T 50123—2019)规定的方法进行砂类土直剪试验,采用直径为61.8mm的标准环刀取样,使用ZJ型应变控制直剪仪(四联)做直剪试验,获得路堤填料的黏聚力、内摩擦角。每级垂直压力分别为100kPa、200kPa、300kPa、400kPa,剪切速率设置为0.8mm/min,试验结果如图2-9所示。

采用振动锤击法测得黄砂的最大干密度为$1.797\times10^3 \mathrm{g/cm^3}$,采用量筒法测得其最小干密度为$1.627\times10^3 \mathrm{g/cm^3}$。采用比重瓶测试法确定填料孔隙比。通过上述试验可得路堤填料基本物理力学性质,见表2-4。

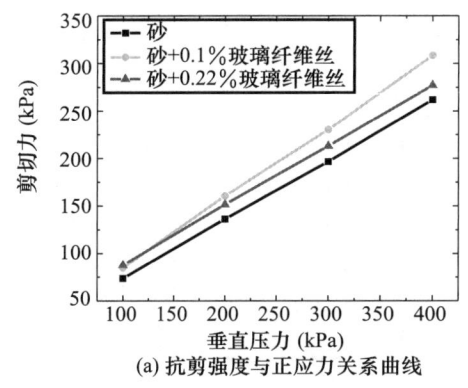 

(a) 抗剪强度与正应力关系曲线　　　　(b) 直剪试验装置

图 2-9　直剪试验

表 2-4　路堤填料基本物理力学性质

路堤填料	不均匀系数 C_u	曲率系数 C_c	黏聚力 (kPa)	内摩擦角 (°)	最大干密度 (g/cm³)	最小干密度 (g/cm³)	最大孔隙比	最小孔隙比
砂土	—	—	0.483	34.4	—	—	—	—
砂+0.1%玻璃纤维丝	1.67	0.94	11.007	33.5	1.797×10^3	1.627×10^3	0.634	0.473
砂+0.22%玻璃纤维丝	—	—	24.863	32.7	—	—	—	—

2.2.2.2　监测元件布置

模型试验的量测设备主要包括土压力盒和读数仪、单点沉降计，以及电阻式应变片。正式试验之前对所有监测设备进行测试和标定，保证监测设备的准确性和灵敏度，确保模型试验的顺利进行。本次试验主要监测内容：

（1）受力特性，即地基表面土压力变化以及路堤填土内部竖向荷载分布；

（2）地基变形特性，即两桩中心和四桩中心的桩土差异沉降；

（3）加筋材料的空间变形特征，即桩帽顶部、桩帽边缘以及桩间位置的加筋材料变形。

监测元件的布置必须能够很好地反映试验目的。本次试验所布置的监测元件包括微型土压力盒 14 个、单点沉降计 2 个，以及应变片 10 个（每层土工布）。

1. 土压力监测

微型土压力盒 14 个（T1～T14），分别布置在桩顶（T1）、桩顶正上方的筋材上部（T2）、两桩中心路基顶面（T3）、四桩中心路基顶面（T4），以及四桩中心路堤填土内部每 10cm 铺设一层土压力盒（T5～T14）。其中，桩顶 T1 的读数，表示通过土拱效应和拉膜效应共同作用下传递至桩顶的荷载；桩顶正上方的筋材上部 T2 的读数，表示通过土拱效应传递至桩顶的荷载，T1 和 T2 读数的差值，表示通过拉膜效应传递至桩顶的荷载，经计算可以得到土拱效应和拉膜效应对荷载传递的贡献；路基顶面 T3 和 T4 的读数，表示桩间土表面的土压力值，经计算可以得到桩间土上部的平均土压力；路堤填料中 T4～T14 用来监测路堤填土内部竖向应力的变化规律，经整理可以得到土拱高度。土压力盒具体埋设位置如图 2-10 所示。

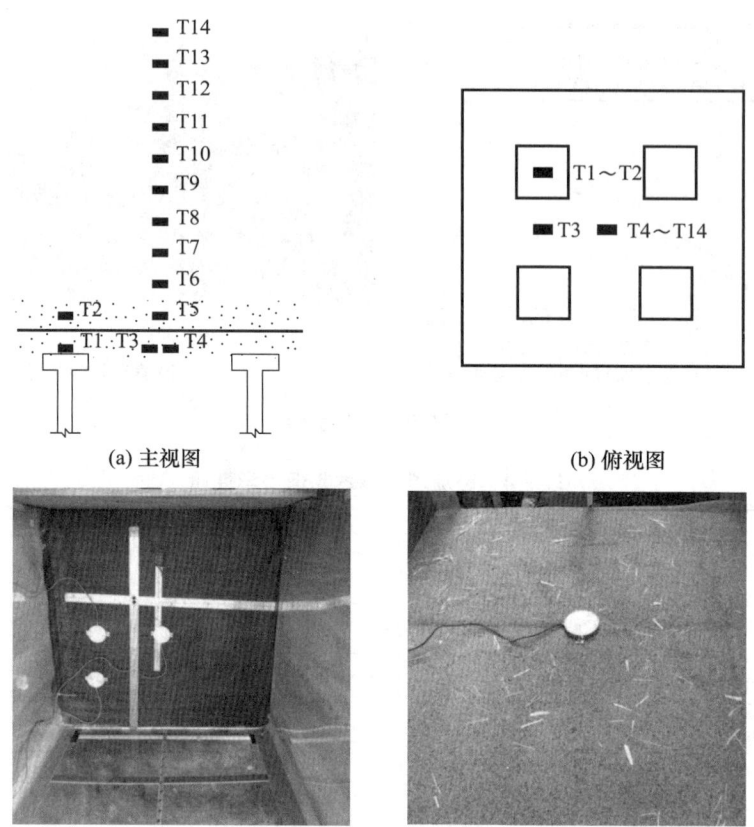

(c) 模型试验中土压力盒具体埋设位置

图 2-10　土压力盒具体埋设位置示意图

2. 桩间土沉降监测

单点沉降计 2 个，分别布置在两桩中心和四桩中心处的地基表面。单点沉降计上部位于地基表面，测量杆下部位于模型箱底部，由于刚性桩的变形量忽略不计，单点沉降的读数即两桩中心和四桩中心处的桩土差异沉降值。单点沉降计的布置如图 2-11 所示。

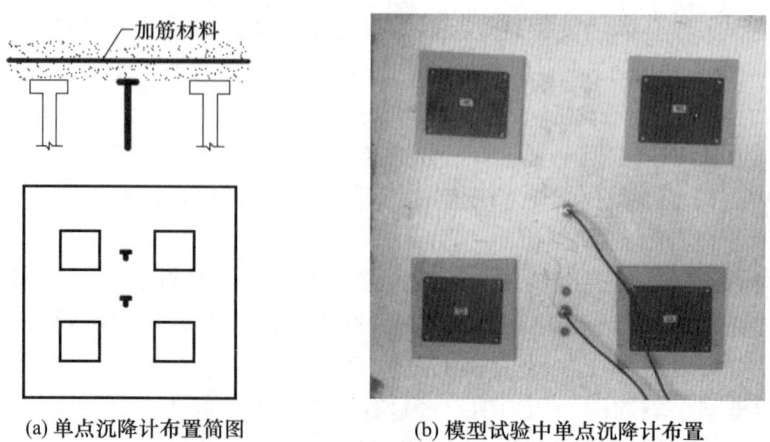

图 2-11　单点沉降计布置示意图

3. 土工布应变监测

为了量测加筋体的受力变形，利用 AB 胶在加筋材料表面粘贴应变片，根据应变值和筋材的抗拉强度计算筋材的拉力，如图 2-12 所示。每层土工布上的应变片共 10 个（Y1～Y10），分别布置在桩帽顶部（Y1、Y5、Y10）、桩帽边缘（Y2、Y4）、桩角（Y6、Y8）、两桩中心（Y3、Y9）和四桩中心（Y7）。其中，Y1、Y5 和 Y10 监测桩帽顶部筋材变形，为减小误差可取各点监测数据的平均值作为筋材在桩帽顶部的拉伸应变；取 Y2 和 Y4 监测数据的平均值为桩帽边缘处筋材的拉伸应变；取 Y6 和 Y8 监测数据的平均值为桩角位置处的筋材拉伸应变；取 Y3 和 Y9 监测数据的平均值为相邻两桩之间的筋材应变；取 Y7 的监测数据为四桩之间的筋材应变。

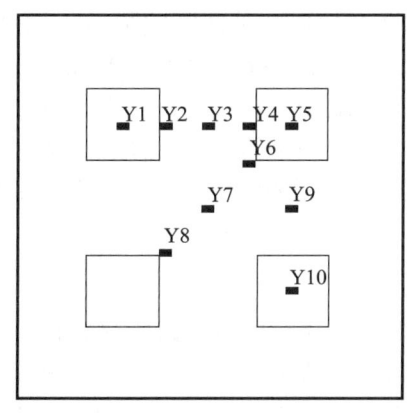 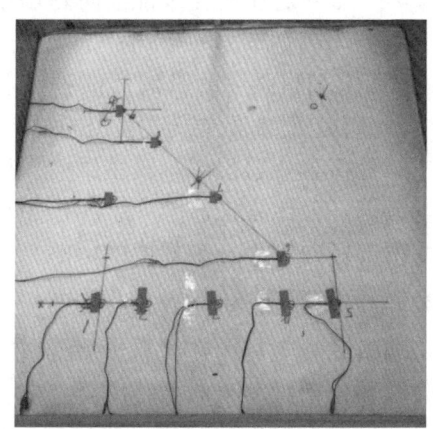

(a) 应变片布置简图　　　　　　　　(b) 模型试验中应变片布置

图 2-12　应变片布置示意图

2.2.3　试验方案及试验步骤

2.2.3.1　试验方案

通过设计的模型试验装置，计划完成 12 组模型试验，对比研究路堤填料性质、桩间距、筋材强度及布置形式等影响因素作用下的桩承式加筋路堤的变形特性以及荷载传递规律。具体试验方案见表 2-5。

表 2-5　试验方案

序号	桩间距(m)	桩帽边长(m)	黏聚力(kPa)	筋材强度(kN/m)	筋材层数	垫层厚度(cm)	路堤高度(cm)	备注
1	0.4	0.2	0	30	1	6	100	
2	0.4	0.2	0	0	1	6	100	
3	0.4	0.2	11.01	30	1	6	100	与现场试验一致
4	0.4	0.2	11.01	0	1	6	100	
5	0.4	0.2	24.86	10	1	6	100	
6	0.4	0.2	24.86	0	1	6	100	
7	0.4	0.2	24.86	30	1	6	100	

续表

序号	桩间距(m)	桩帽边长(m)	黏聚力(kPa)	筋材强度(kN/m)	筋材层数	垫层厚度(cm)	路堤高度(cm)	备注
8	0.4	0.2	24.86	10	3	9	100	
9	0.4	0.2	24.86	10	2	6	100	
10	0.4	0.2	24.86	40	1	6	100	
11	0.5	0.2	24.86	30	1	6	100	
12	0.6	0.2	24.86	30	1	6	100	

试验2、4、6对比研究未加筋时路堤填料黏聚力的影响；试验1、3、7对比研究加筋条件下路堤填料黏聚力的影响；试验7、11、12对比研究桩间距的影响；试验5、6、7、10对比研究筋材强度的影响；试验5、6、8、9对比研究筋材布置层数的影响；试验7、8对比研究筋材总抗拉强度相同时，单层高强度筋材和多层低强度筋材影响下的变形特性以及荷载传递规律；模型试验采用分层填筑，并且在每层填筑完成后记录该时刻的测量数据，因此根据试验3、4在不同填筑高度下的竖向应力值，研究路堤填筑高度对路堤内部竖向应力分布规律的影响。

2.2.3.2 试验步骤

（1）准备试验工具：在试验开始前准备好所需的试验仪器、试验材料以及试验工具。试验仪器包括微型土压力传感器、应变片、单点沉降计、数据采集仪以及综合采集仪等设备；试验材料包括筋材、路堤填料以及EPS泡沫板；试验工具包括刮刀、定位尺、击实锤、压实板以及电子秤等。

（2）按顺序将微型土压力传感器和应变片与动态应变采集仪连接，并通过与应变采集仪匹配的软件设定好所需的通道参数等信息，而后对测量元件进行标零。

（3）布置模型桩及桩间EPS泡沫板：将上部箱体移除，然后根据试验方案所需的桩间距，将桩体插入箱体底部预留的定位孔，安放桩间EPS泡沫板，最后安装桩帽。

（4）两桩中心与四桩中心布置单点沉降计，通过导线连接单点沉降计传感器与综合测试仪，然后进行调零并记录调零时间。

（5）铺设加筋垫层：铺设单层筋材时加筋垫层总高6cm，铺设双层筋材时加筋垫层总高6cm，铺设三层筋材时加筋垫层总高9cm。不同筋材布置形式下的土压力盒位置如图2-13所示。

（6）填筑路堤：路堤按照每层10cm的厚度进行填筑，每填筑一层在四桩中心处埋设一个土压力盒，用来监测土中竖向应力分布规律。

如图2-14所示，分层整平、分层夯实。将砂填料装入由铁桶改装而成的漏斗，通过漏斗将砂填料倒入模型箱，出砂口与填料顶面保持固定的距离，每层填筑完成时都要整平。采用控制每层填料质量的方法控制压实度，每层填料质量一致，铺设完成后每层高度为10cm，多余的部分用击实锤夯实，以保证填料的密度和压实度一致。填筑过程中需及时记录填筑的时间以及土压力盒的埋置时间，每一层填料压实完成后静置30min。填筑完成后，静置24h，使填料充分自主沉降，然后记录沉降计、土压力盒、应变片的监测数据。

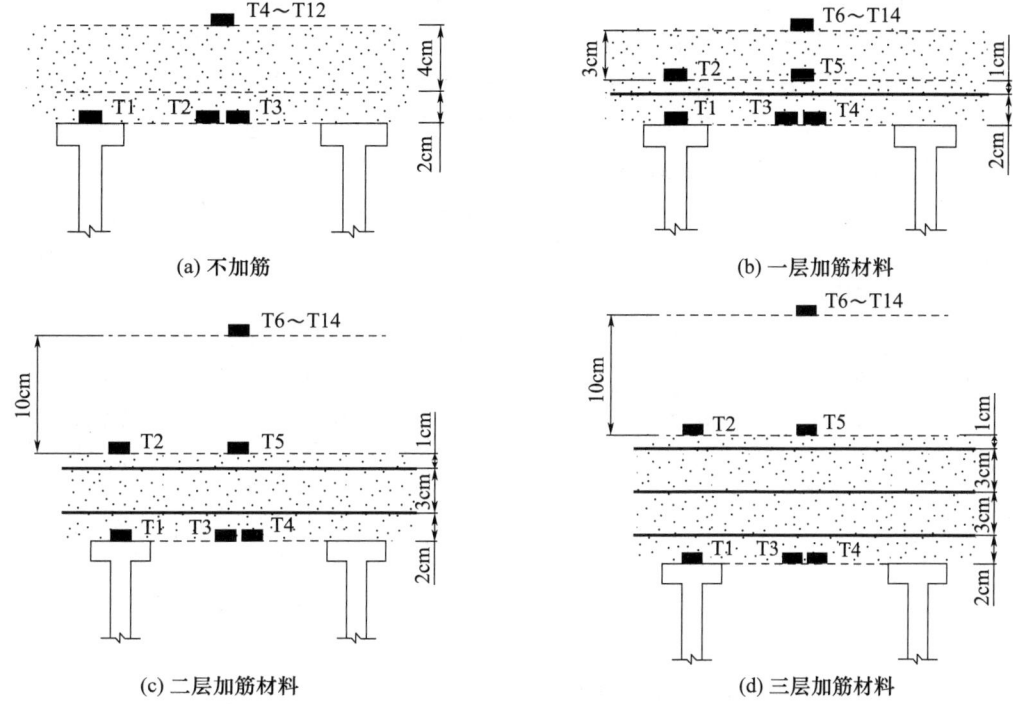

图 2-13 加筋材料上下土压力盒布置形式

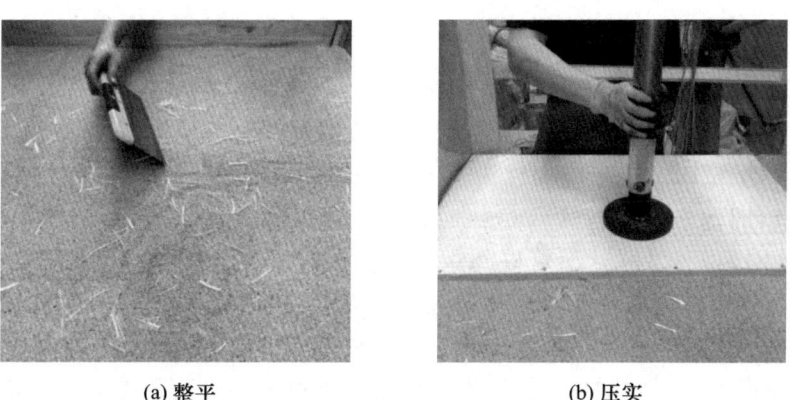

图 2-14 砂填料填筑

（7）卸载并清理模型箱，更换试验材料进行下一组试验。在填筑砂填料之前，在上部模型箱的内壁铺设一层塑料薄膜，以减小填料与内壁之间的摩擦，每组试验结束后都需要对模型箱进行全面清理，为进行下一组试验做好准备。

2.2.4 桩承式加筋路堤荷载传递机理研究

2.2.4.1 桩土应力比影响因素分析

1. 桩间距

图 2-15（a）所示为桩土应力比与桩土差异沉降变化规律曲线。可以看出：当路堤

填筑高度为0.6m时，各对比试验中的桩土应力比接近1。当路堤填筑高度小于0.6m时，桩土应力比增长较快，当路堤高度大于0.6m时，桩土应力比增幅减小并逐渐趋于定值。对比图2-15（b），当路堤填筑高度小于0.6m时，由于路堤自重较小，桩土差异沉降不明显，土拱效应发挥程度较小，因此桩顶土压力和桩间土应力基本相同。随着路堤填筑高度增加，桩土差异沉降逐渐增大，当路堤填筑高度小于0.6m时，桩土差异沉降增长幅度较大，因此桩土应力比迅速增大。当路堤高度大于0.6m时填土内部形成完整而稳定的土拱结构，此时路堤填土荷载不再对土拱的发展演化产生影响。可见桩土差异沉降对土拱效应的发挥程度影响较大。

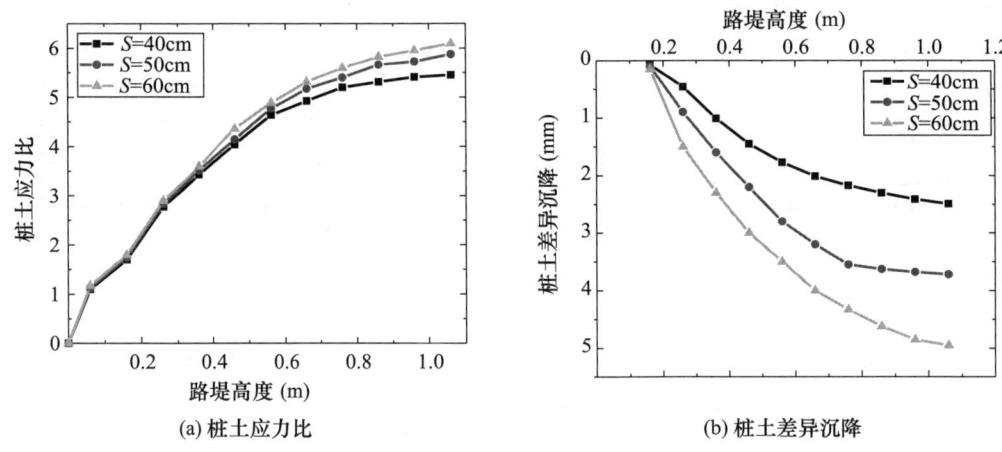

图2-15 桩间距影响下的桩土应力比和桩土差异沉降变化规律

对比桩间距不同时各组试验的桩土应力比，当路堤填筑高度相同时，桩间距较大的试验所得的桩土应力比较大。当路堤填筑完成，桩间距$S=40$cm时，桩土应力比为5.45，当$S=50$cm时，桩土应力比为5.88，当$S=60$cm时，桩土应力比为6.09。以桩间距$S=40$cm时为参考，当$S=50$cm时，桩土应力比涨幅7.9%，当$S=60$cm时，桩土应力比涨幅11.7%。可见随着桩间距增大，桩土应力比增长幅度减小。其主要原因是随着桩间距的增加，桩土差异沉降增大，在一定程度上促进了土拱效应的发挥，因此桩土应力比增大。但是随着桩间距增大，单桩处理范围增大，作用在桩体和桩间土上的路堤荷载都会增大，因此增加桩间距在一定程度上可以促进荷载传递，但是过大的桩间距会使桩间土应力增加，路基沉降增大。

土拱效应-分荷比和拉膜效应-分荷比分别是指通过土拱效应和拉膜效应所传递的荷载占总荷载转移的比例。如图2-16所示，桩间距增大，土拱效应-分荷比增加，而拉膜效应-分荷比减小。桩间距增大在一定程度上促进了土拱效应的发挥，但是桩间距增加使得桩间范围内的筋材长度增加，因此在荷载作用下筋材应变减小，进而影响拉膜效应的发挥程度。

2. 路堤填料黏聚力

为深入研究路堤填料性质和加筋材料对荷载传递的影响，在分析路堤填料黏聚力影响下的荷载传递规律时，分别在垫层加筋和垫层未加筋条件下改变路堤填料黏聚力。

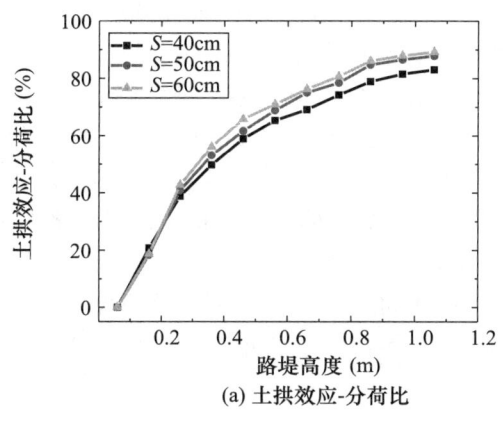 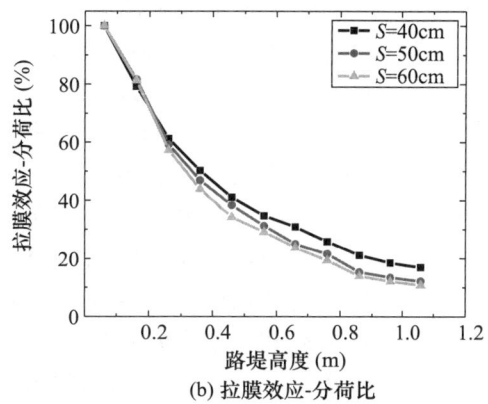

图 2-16 桩间距影响下的分荷比变化规律

图 2-17 反映了垫层未加筋条件下黏聚力对荷载变化规律的影响。如图 2-17（a）所示，随着路堤填料黏聚力增大，桩土应力比逐渐增大。当路堤填筑完成，黏聚力 $c=0$ kPa 时桩土应力比为 4.19，当黏聚力 $c=11$ kPa 时，桩土应力比为 4.53，当黏聚力 $c=25$ kPa 时，桩土应力比为 4.69。以黏聚力 $c=0$ kPa 时的桩土应力比为参考，当黏聚力 $c=11$ kPa 时，桩土应力比涨幅 8.1%，当黏聚力 $c=25$ kPa 时桩土应力比涨幅 11.9%。可见随着黏聚力增大，桩土应力比的增长幅度减小。表明在一定变化范围之内黏聚力增大对土拱效应具有一定的促进作用。

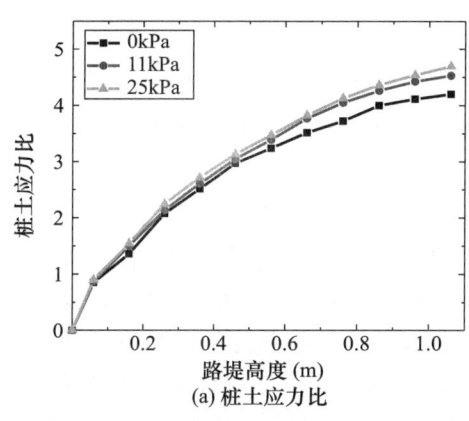 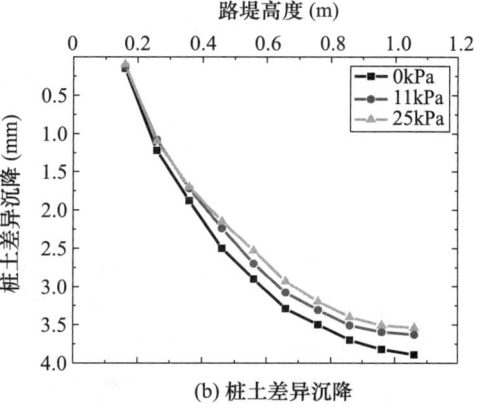

图 2-17 黏聚力（垫层未加筋）影响下的桩土应力比和桩土差异沉降变化规律

土拱效应的本质是由于桩土差异沉降，路堤填土内部出现了相对滑动面，一部分路堤荷载在剪应力的作用下向桩体转移，从而引起路堤内部应力重分布。当路堤填料的黏聚力增大，路堤填料相对滑动时产生的剪切力增加，因此路堤荷载传递到桩帽上的比例就增大，即土拱效应发挥程度越高，桩土应力比越大。

图 2-17（b）所示为垫层未加筋条件下，桩土差异沉降随黏聚力变化规律。可以看出，桩土差异沉降随着路堤高度的增加而不断增大，当路堤填筑高度小于 0.5m 时，桩土差异沉降随着填土高度的增加近似线性增长。当路堤筑高高度大于 0.5m 时，桩土差异沉降的增长幅度逐渐减小。其主要原因是，土拱结构随着桩土差异沉降的增大经历了形成—破

坏—稳定三个阶段，在未形成稳定的土拱结构时，桩土差异沉降的增长速率较大，随着桩土差异沉降的逐渐增大，路堤内部形成了完整而稳定的土拱结构，桩与桩间土之间的应力分布基本稳定，因此桩土应力比和桩土差异沉降的增长幅度逐渐减小并逐渐趋于定值。

图 2-18 所示为垫层加筋条件下黏聚力对荷载变化规律的影响，与垫层未加筋时桩土应力比随黏聚力变化规律不同，当铺设有水平加筋体时，随着路堤填料黏聚力增大，桩土应力比略有减小。对比图 2-17（b），在铺设了水平加筋体之后，桩土差异沉降发展的总体规律并没有明显变化，但当黏聚力大小相同时，加筋条件下的桩土差异沉降较小，并且沉降值的增长速率明显减小。其主要原因是加筋材料对上部土体有兜提作用，能够分担竖向荷载并促进路堤荷载向桩体转移，从而使桩间土所承担的竖向应力减小，因此桩土差异沉降减小，并且沉降值的增长幅度减小。

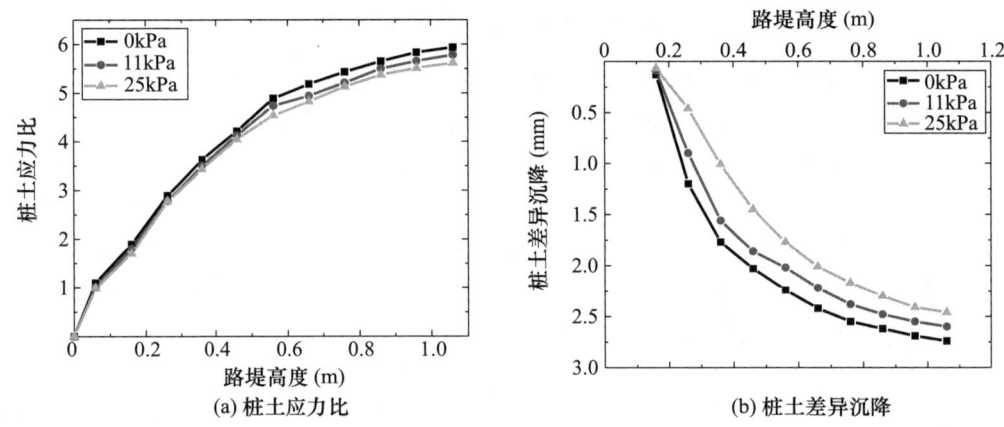

图 2-18　黏聚力（垫层加筋）影响下的桩土应力比和桩土差异沉降变化规律

表 2-6 汇总了路堤填筑完成后，各组对比试验的桩土应力比和桩土差异沉降值，其主要规律如下：

（1）当黏聚力大小相同时，加筋条件下的桩土应力比明显大于未加筋时的桩土应力比。可见铺设筋材可以促进荷载向桩体转移，因此加筋情况下的桩土应力比较大。

（2）随着黏聚力增大，未加筋时的桩土应力比逐渐增大，涨幅 11.9%，加筋情况下的桩土应力比略有减小，降幅 5.4%。其主要原因是，桩承式加筋路堤通过土拱效应和拉膜效应的共同作用将路堤荷载传递至桩体。在未加筋情况下荷载传递主要依赖土拱效应的发挥程度，因此当黏聚力增大时，路堤填料之间相对滑动时产生的剪切力增大，促进了荷载向桩体的转移，因此桩土应力比增大。筋材在一定程度上会减小桩土差异沉降，从而影响土拱效应和拉膜效应的发挥程度，因此在垫层加筋条件下，黏聚力对桩土应力比变化幅度的影响小于未加筋的情况。

随着路堤填料黏聚力的增大，土拱效应发挥程度趋好，因此桩土差异沉降减小。但是差异沉降的改变又会影响拉膜效应的发挥程度。从图 2-19 可以看出，加筋条件下，随着黏聚力增大，土拱效应-分荷比增大，拉膜效应-分荷比减小，但是在两者的共同作用下，桩土应力比减小。表明拉膜效应对荷载传递的效率更高，也就是说，在相同的变化范围内，通过拉膜效应所传递的荷载更多。因此，表 2-6 中结果显示，加筋条件下，随着黏聚力增大，桩土应力比略有减小。

表 2-6　加筋条件不同时黏聚力对桩土应力比和桩土差异沉降的影响

对比试验组	桩土应力比		桩土差异沉降（mm）	
	未加筋	加筋	未加筋	加筋
0kPa	4.19	5.94	3.88	2.74
11kPa	4.53	5.78	3.63	2.58
25kPa	4.69	5.62	3.54	2.46
涨幅（减幅）（%）	11.9	−5.4	−8.8	−10.2

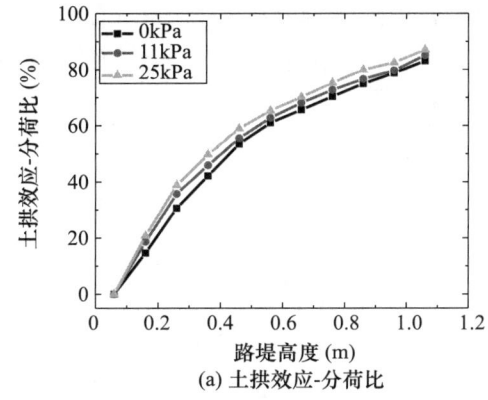 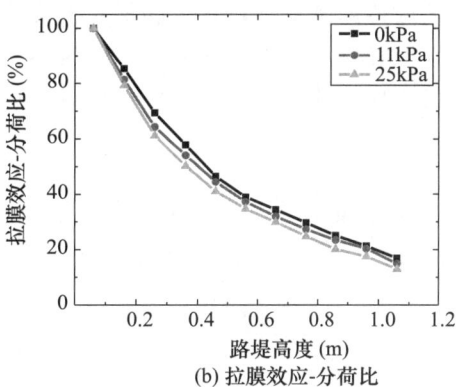

(a) 土拱效应-分荷比　　　　　(b) 拉膜效应-分荷比

图 2-19　黏聚力（垫层加筋）影响下的分荷比变化规律

（3）当黏聚力大小相同时，加筋条件下的桩土差异沉降明显小于未加筋时的桩土差异沉降，并且在加筋体的作用下桩土差异沉降的减小幅度大于未加筋的情况。可见在拉膜效应的作用下，路堤荷载进一步向桩体转移，桩间土所承担的荷载减小，桩土差异沉降降低。由于差异沉降对土拱效应和拉膜效应都有一定影响，在加筋体作用下路堤荷载分配更为复杂。

分析土拱效应和拉膜效应-分荷比的变化规律。如图 2-19 所示，随着黏聚力增大，土拱效应的发挥程度逐渐增大，而拉膜效应-分荷比减小。其主要原因是，黏聚力增大，路堤填料之间的相互连接力增强，当路堤填土内部出现了相对滑动面时，由路堤填料相对滑动而产生的剪切力增大，因此土拱效应发挥程度增大。对比图 2-18（b）可以看出，随着黏聚力的增大，桩土差异沉降逐渐减小，在一定程度上限制了拉膜效应的发挥，因此随着黏聚力逐渐增大，拉膜效应-分荷比逐渐减小。

3. 筋材

（1）筋材强度

图 2-20（a）所示为筋材强度影响下的桩土应力比变化规律，其主要规律如下：

①随着路堤填筑高度的增加，桩土应力比逐渐增大，当路堤高度小于 0.3m 时，各筋材强度下的桩土应力比相差不大，即筋材强度对桩土应力比的影响较小。其主要原因是，当填土高度较小时桩土差异沉降很小，筋材产生的变形有限，此时由筋材变形而产生的拉应力很小，拉膜效应较低，因此桩土应力比相差不大。

②当填土高度大于 0.6m 时，桩土应力比的增加速率明显变慢。说明当路堤高度大于 0.6m 时，桩帽顶部和桩间土所承担的土压力增长幅度基本相同，路堤高度的增加对

桩土应力比的影响减小。

③当路堤填筑完成后，随着筋材强度增加桩土应力比逐渐增大，与未加筋时的桩土应力比相比，设置了筋材的桩土应力比明显提高。这是由于加筋体的抗拉强度越大，在路堤底部所形成的加固区域的刚度越大，更多的填土荷载向桩顶转移，因此桩土应力比较大。但是随着筋材强度增大，桩土应力比的增长幅度减小，可见筋材强度对荷载传递的贡献存在一个上限值。

如图 2-20（b）所示，筋材强度增加，在一定程度上减小了桩土差异沉降。其主要原因是路堤填料与筋材接触面产生摩擦阻力与咬合力，使筋材内部产生张力并且将部分填土荷载传递到桩顶，并且筋材对上部土体有兜提作用，因此桩间土上的荷载减小，桩土差异沉降减小。加筋体的抗拉强度越大，在上部荷载的作用下抵抗变形的能力越强，因此提高加筋体的抗拉强度可以更有效地减小地基沉降。

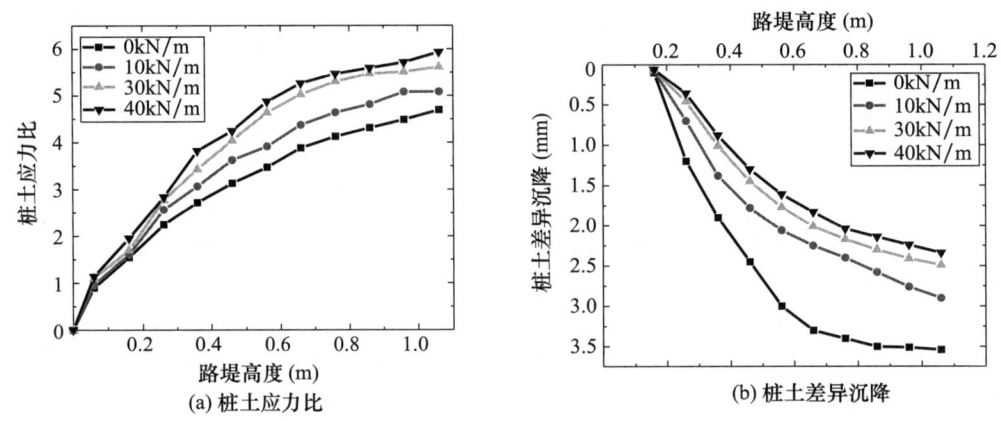

图 2-20　筋材强度影响下的桩土应力比和桩土差异沉降变化规律

图 2-21 所示为筋材强度影响下的分荷比变化规律，可以看出，当路堤填筑完成时，随着筋材强度增大，拉膜效应-分荷比逐渐增大，但是增长幅度减小。其主要原因是，随着筋材强度增加，桩土差异沉降逐渐减小，在一定程度上影响了土拱效应的发挥，作用在筋材上的路堤荷载增大。随着筋材强度的增加，由筋材变形而产生的张拉力的竖向分量增大，因此由筋材变形而转移的荷载增加，拉膜效应荷载分担比增大。

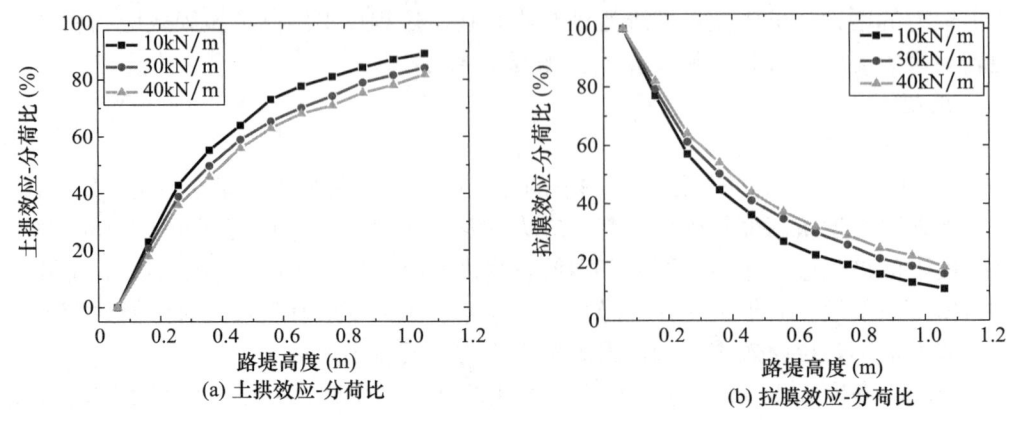

图 2-21　筋材强度影响下的分荷比变化规律

（2）筋材布置层数

图 2-22（a）所示为加筋层数不同时，桩土应力比随路堤填筑高度的变化规律。从图中看出，加筋材料的设置对荷载传递有着明显的促进作用。加筋体层数越多，桩土应力比越大。但是随着筋材层数的增加，桩土应力比的增长幅度逐渐减小。结合试验结果与经济效益，从荷载传递和沉降控制方面分析，在实际的工程应用中布置 1～2 层加筋体更为合适，过多的加筋层数可能不仅达不到预期的效果，并且造成经济上的浪费。

图 2-22（b）所示为不同层数加筋体作用下，桩土差异沉降随路堤高度的变化规律。可以看出，筋材布置层数对桩土差异沉降的影响较大，随着加筋体层数的增加，桩土差异沉降逐渐减小。与未加筋条件下的桩土差异沉降相比，铺设一层加筋体时桩土差异沉降减小 17.1%，铺设两层加筋体时桩土差异沉降减小 28.6%，铺设三层加筋体时桩土差异沉降减小 31.4%。可见两层加筋体对沉降的减小作用比一层时更显著，但是与三层加筋体的减沉作用相差不大。其主要原因是，当铺设多层加筋材料时可以进一步提高筋材作用范围内的整体刚度，加筋体和垫层形成一个刚度较大的传力平台，可有效减小地基沉降。

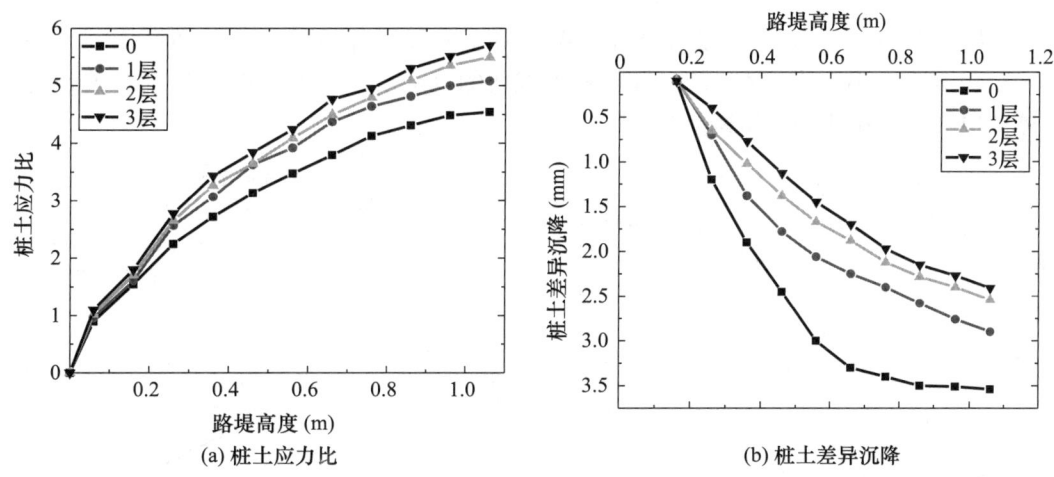

图 2-22　筋材布置层数影响下的桩土应力比和桩土差异沉降变化规律

图 2-23 所示为筋材布置层数影响下的分荷比变化规律，与筋材强度影响下的分荷比变化规律（图 2-21）相似。当路堤填筑完成时，随着筋材布置层数增加，拉膜效应-分荷比逐渐增大，但是增长幅度减小。其主要原因是，筋材布置层数增加在一定程度上相当于增大筋材的总体抗拉强度，并且多层筋材作用下的加筋垫层可以等效成具有一定刚度的"薄板"，因此由筋材变形而转移的荷载增加，拉膜效应荷载分担比增大。

（3）筋材布置形式

为进一步研究筋材强度和布置层数对荷载传递的影响，本节对比 3 层 10kN/m 筋材和 1 层 30kN/m 筋材作用下的荷载传递规律，研究当筋材总体抗拉强度相同时，单层高强度筋材和多层低强度筋材对桩承路堤的荷载传递的影响。

如图 2-24（a）所示，单层加筋体和多层加筋体作用下的桩土应力比变化规律基本相同，当路堤填筑完成后，多层加筋体作用下的桩土应力比略大于单层加筋体。说明三层加筋体能更有效地提高荷载传递效率。其主要原因是，单层加筋体和多层加筋体的总体抗拉强度相同，但是多层加筋体可以起到局部加固的作用，使加筋垫层形成一个具有一定刚度的"薄板"，因此在多层加筋体的作用下更多的路堤荷载向桩帽转移。

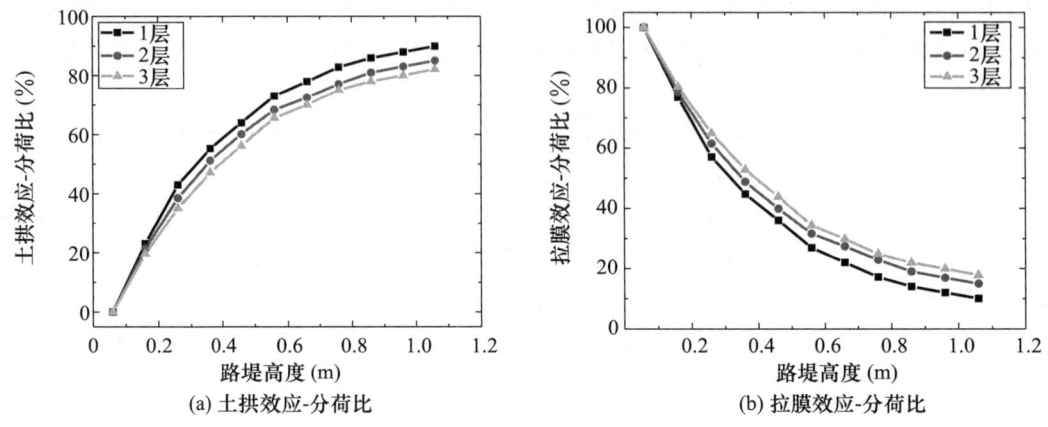

图 2-23　筋材布置层数影响下的分荷比变化规律

如图 2-24（b）所示，单层加筋体模型的桩土差异沉降规律和三层加筋体的结果相似，仅在沉降大小上相差 4.2%。说明软土表面的沉降仅与加筋体的总强度有关，而加筋体的层数对软土表面的沉降影响不大。

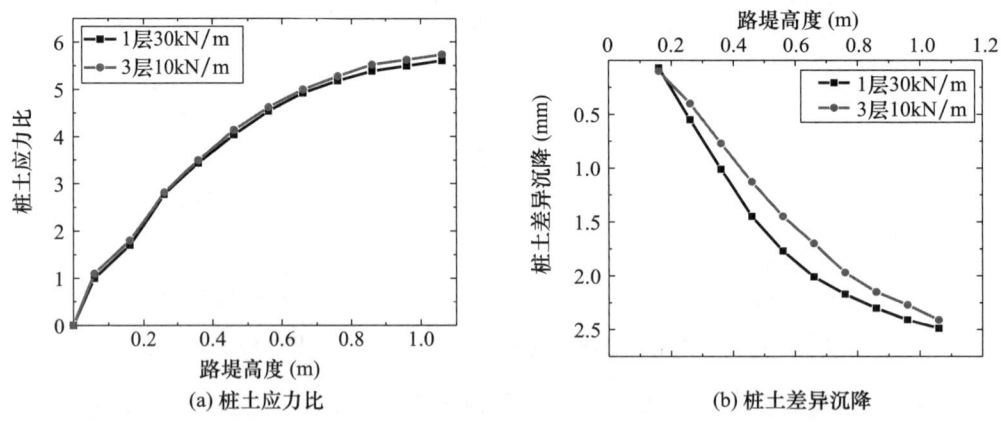

图 2-24　筋材布置形式影响下的桩土应力比和桩土差异沉降变化规律

2.2.4.2　路堤内部竖向应力影响因素分析

1. 桩间距

图 2-25 所示为桩间距影响下的路堤填土内部竖向应力分布规律，图中纵坐标所表示的深度是指由路堤填土表面向下的距离。可以看出，桩间距不同时路堤内部的竖向应力分布规律基本相同。随着路堤深度增加竖向应力逐渐增大，当深度较小时，竖向应力的分布曲线与路堤填土的自重应力分布规律基本吻合，此时曲线斜率与路堤填料的重度基本吻合。随着深度增加，竖向应力开始偏离填土的自重应力并且逐渐减小。随着桩间距增大，作用在地基表面的土压力逐渐增大。

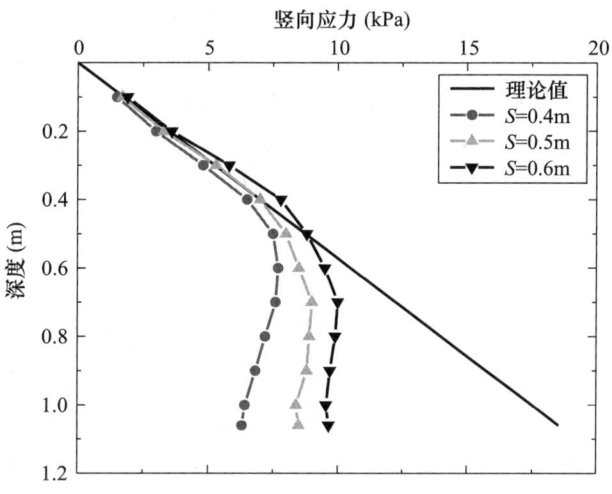

图 2-25 桩间距不同时填土中竖向应力随深度分布曲线

随着桩间距增大，桩土差异沉降和桩土应力比逐渐增大。说明当桩间距增大时，由于单桩处理范围增大，桩帽顶部和地基表面的土压力都会增大，桩帽顶部土压力的增幅大于地基表面的土压力增幅，因此当桩间距增大时桩土应力比增大。但是地基表面土压力增大，使得地基沉降增大，因此桩间距增大，虽然在一定程度上促进荷载向桩体转移，但是从地基沉降及稳定方面分析，较小的桩间距更有利于结构的稳定。

2. 路堤填料黏聚力

图 2-26 所示为黏聚力影响下填土内部竖向应力分布规律。可以看出，当黏聚力相同时，垫层中是否铺设筋材对竖向应力的分布规律有一定的影响，加筋条件下地基表面土压力明显小于未加筋的情况，说明加筋体的拉膜效应进一步促进了荷载向桩体的转移。当加筋情况相同时，路堤内部竖向应力分布规律基本相同，以未加筋的情况为例，随着黏聚力增大，作用在地基表面的土压力逐渐减小。说明黏聚力增大，可以促进路堤荷载向桩体转移，在一定程度上减小了桩间土应力。

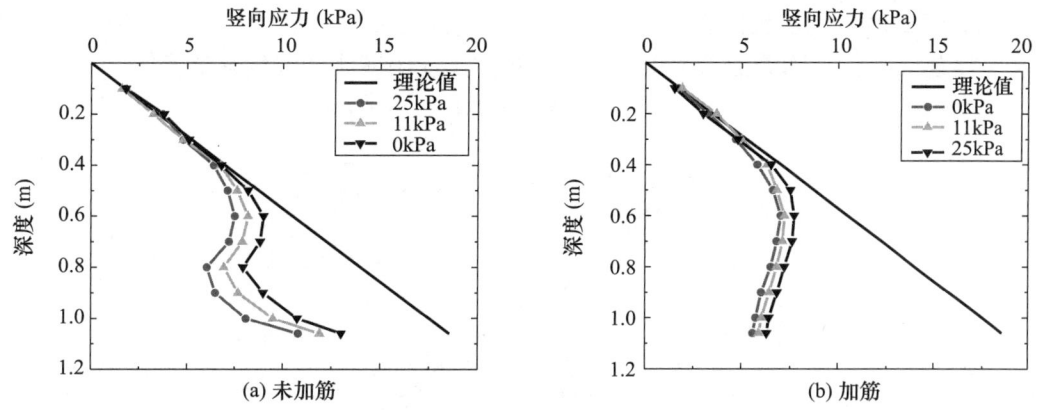

图 2-26 黏聚力不同时填土中竖向应力随深度分布曲线

如图 2-26（a）所示，在未加筋条件下，填土内部竖向应力分布规律主要包含三个阶段：第一阶段，当深度较小时，沿着填土表面向下竖向应力分布曲线与填土自重的分布规律基本一致，当达到某一深度之后，由于填土中出现差异沉降，土拱结构形成，竖向应力开始偏离自重应力。第二阶段，随深度继续增加，竖向应力逐渐减小，因为在土拱效应的作用下，更多的填土荷载向桩体转移，从而使桩间位置的竖向应力减小。第三阶段，在竖向应力分布曲线的末端，竖向应力又有所增加。未加筋条件下的竖向土应力分布曲线主要有两个转弯点，其中第一个转弯点代表成拱高度，也就是外拱高度。第二个转弯点代表内拱高度。

在 Hewlett & Randolph 土拱模型中，h 表示距离桩顶的高度，H 表示路堤高度。在土拱结构以上（$S/\sqrt{2}<h<H$），填土中竖向应力分布与自重应力分布一致，随高度增加呈线性增长；在土拱结构内部 [$(S-a)/\sqrt{2}<h<S/\sqrt{2}$]，受土拱效应的影响，竖向应力逐渐减小；在土拱结构以下 [$0<h<(S-a)/\sqrt{2}$]，竖向应力转而逐渐增加，曲线斜率为填土重度。可以看出，未加筋条件下的路堤内部竖向应力分布曲线与 Hewlett & Randolph 土拱模型相似，根据图示规律可得土拱的外拱深度为 0.6m 左右，内拱深度为 0.8m 左右，即外拱高度为 0.4m，内拱高度为 0.2m，经计算土拱高度略大于 Hewlett & Randolph 理论值。

如图 2-26（b）所示，在垫层加筋条件下，路堤内部竖向应力分布曲线主要包含两个阶段：第一阶段，随着深度增加，竖向应力分布规律与填土自重应力曲线近似重合。第二阶段，当深度较大时，竖向应力曲线向内弯曲并逐渐减小。可以看出，在加筋体的作用下，填土内部竖向应力分布规律与未加筋条件下的分布特征有着明显区别，在筋材拉膜效应的影响下，土拱结构的内部形态发生明显变化，外拱结构明显，但是弱化了内拱结构。

3. 筋材

（1）筋材强度

图 2-27 所示为筋材强度影响下的填土内部竖向应力分布规律。从图中看出，不同筋材强度影响下的竖向应力分布规律基本相同，但是随着筋材强度增加，竖向应力分布曲线与填土自重应力分布线重合的区域增大。并且随着筋材强度增大，最终作用在地基表面的竖向应力逐渐减小。与未加筋情况相比，当筋材强度为 10kN/m 时，地基表面土压力减小 27.8%，当筋材强度为 30kN/m 时，地基表面土压力减小 40.7%，当筋材强度为 40kN/m 时，地基表面土压力减小 47.2%。说明筋材强度越大，填土荷载向桩顶转移程度越大，但是随着筋材强度的增大，桩间土应力减小的幅度逐渐降低。

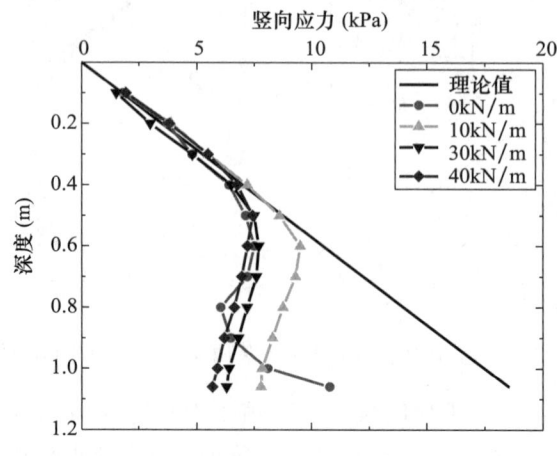

图 2-27 筋材强度不同时填土中竖向应力随深度分布曲线

可见筋材强度越大产生的拉应力越大，筋材对荷载传递的贡献越大，因此作用在路堤底部的竖向应力越小。上述分析表明，增加加筋体的抗拉强度能够在一定程度上促进路堤填土荷载向桩体转移，但是随着筋材强度增加，地基表面土压力减小幅度降低，因此建议在工程应用中，结合实际工程特点选择合适的筋材强度，在保证结构稳定的前提下具有更大的经济效益。

(2) 筋材布置层数

图 2-28 所示为筋材布置层数不同时路堤填土内部的竖向应力分布规律。从图中可以看出，当路堤填筑完成后，随着加筋层数增加作用在地基表面的竖向应力逐渐减小。与未加筋情况相比，单层加筋状态下的地基表面土应力减小 27.8%，两层加筋状态下的地基表面土应力减小 39.8%，三层加筋状态下的地基表面土应力减小 45.3%。可见随着筋材层数增加，地基表面土应力的减小幅度逐渐降低，两层加筋体对地基表面土应力的减小作用比铺设一层加筋体时更显著，但是两层加筋体对地基表面土应力的减小作用与三层加筋条件下的减载作用相差不大。因此，在工程应用中应根据实际工程状况选择适当的加筋层数，在保证结构稳定的基础上具有更大的经济效益。

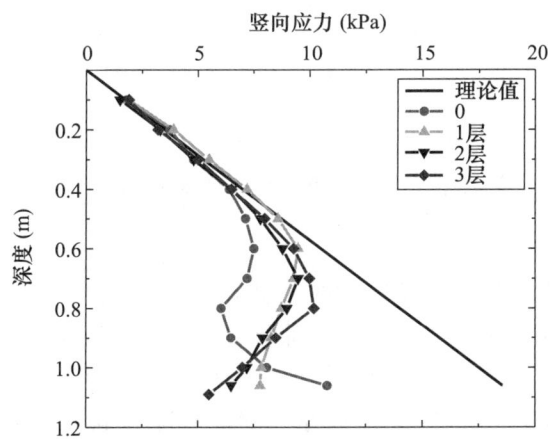

图 2-28 筋材层数不同时填土中竖向应力随深度分布曲线

以未加筋时的竖向应力分布规律为参考，随着筋材布置层数的增加，竖向应力分布曲线与填土自重应力分布规律的重合区域增大，也就是说随着加筋层数的增加，路堤内部的荷载传递规律发生变化。其主要原因是，桩土差异沉降是引起土拱效应的主要原因，筋材的布置层数增加，地基表面的桩土差异沉降减小，从而使土拱效应-分荷比降低。通过填土内部的竖向应力分布规律也可以看出，随着筋材铺设层数的增加，土拱结构高度略有减小，表明多层加筋体会限制土拱效应的发挥。值得注意的是，当填料内部设置多层加筋体时，竖向应力的分布规律与其他试验结果有一定区别，作用在地基表面的竖向应力明显小于其他试验结果，说明在多层加筋体的半刚性平台作用下，桩间位置处的填土荷载进一步向桩体转移。

(3) 筋材布置形式

对比 3 层 10kN/m 筋材和 1 层 30kN/m 筋材作用下的竖向土应力分布特征，研究筋材总体抗拉强度相同时，单层高强度加筋材料和多层低强度加筋材料对竖向土压力分布规律的影响。如图 2-29 所示，铺设多层加筋体时竖向应力的分布曲线与填土重力分布曲线的重合区域较大，表明多层加筋体作用下土拱高度有一定下降。可见当筋材的总体抗拉强度相同时，筋材的布置形式对土拱形态有一定的影响。其主要原因是，多层加筋体起到局部加固的作用，使得加筋垫层形成一个具有一定刚度的"薄板"，与单层加筋体的拉膜效应不同，多层加筋体作用下的土拱结构与单层加筋条件下有一定区别。

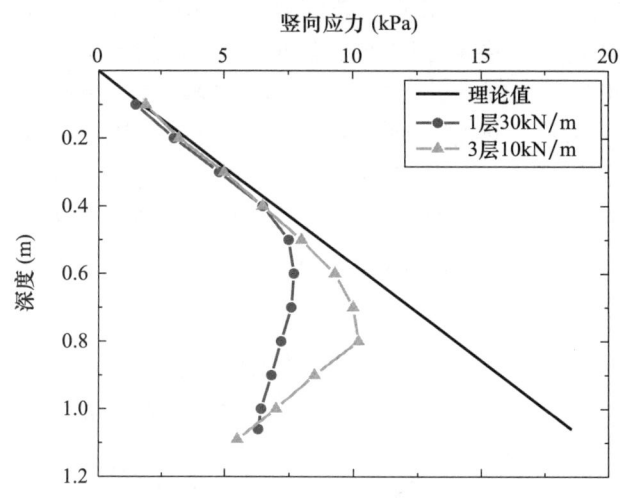

图 2-29　筋材布置形式不同时填土中竖向应力随深度分布曲线

4. 路堤高度

模型试验中的路堤采用分层填筑，在每层填筑完成后记录该时刻的测量数据。模型试验 3 铺设了筋材，模型试验 4 未加筋，除此之外其他材料参数一致。因此分别整理模型试验 3 和模型试验 4 在不同填筑高度下的竖向应力值，研究路堤填筑高度对路堤内部竖向应力分布规律的影响，如图 2-30 所示。路堤高度影响下的填土内部竖向应力分布规律如下：

（1）随着路堤高度增加，地基表面的竖向应力逐渐增大。当路堤高度为 0.26m 时，路堤内部的竖向应力与路堤填料自重作用下的理论值基本上重合，表明土拱效应没有发生。

（2）当路堤高度为 0.46m 时，地基表面的竖向应力明显小于填料自重作用下的理论值。由此可以看出，随着路堤的填筑高度增加，土拱效应逐渐发挥作用，路堤内部应力发生偏转，部分路堤荷载向桩体转移，因此地基表面竖向应力逐渐小于填土自重。但是由于填土高度较低，填土内部相对滑动面从地基表面贯穿至填土顶面，无法形成完整的土拱结构，因此仅地基表面处的竖向应力发生了偏转。

（3）当路堤填筑高度较高时，如图 2-30（c）（d）所示，未加筋条件下填土内部的竖向应力曲线存在两个拐点，最开始竖向应力分布曲线以填土重度为斜率沿着路堤深度逐渐增大，在达到第一个拐点（外拱高度）时，竖向应力开始减小，直至到达第二个拐点（内拱高度）时，竖向应力以近似填土重度的斜率继续增大直至路堤的底部。外拱高度与内拱高度之间的范围为土拱效应作用区域，在土拱效应作用区域之内，竖向应力随着路堤深度增加而逐渐减小。未加筋条件下填土内部竖向应力分布规律呈 Z 形，与 Hewlett & Randolph 土拱模型中的分布规律基本一致。在加筋条件下路堤内部竖向应力只发生了一次偏转，该拐点对应土拱结构的最高点，即外拱高度。在筋材拉膜效应的影响下，土拱结构的内拱高度不明显，这与 Hewlett & Randolph 土拱模型结果有一定的区别，再次表明在加筋体的作用下，土拱结构发生改变。

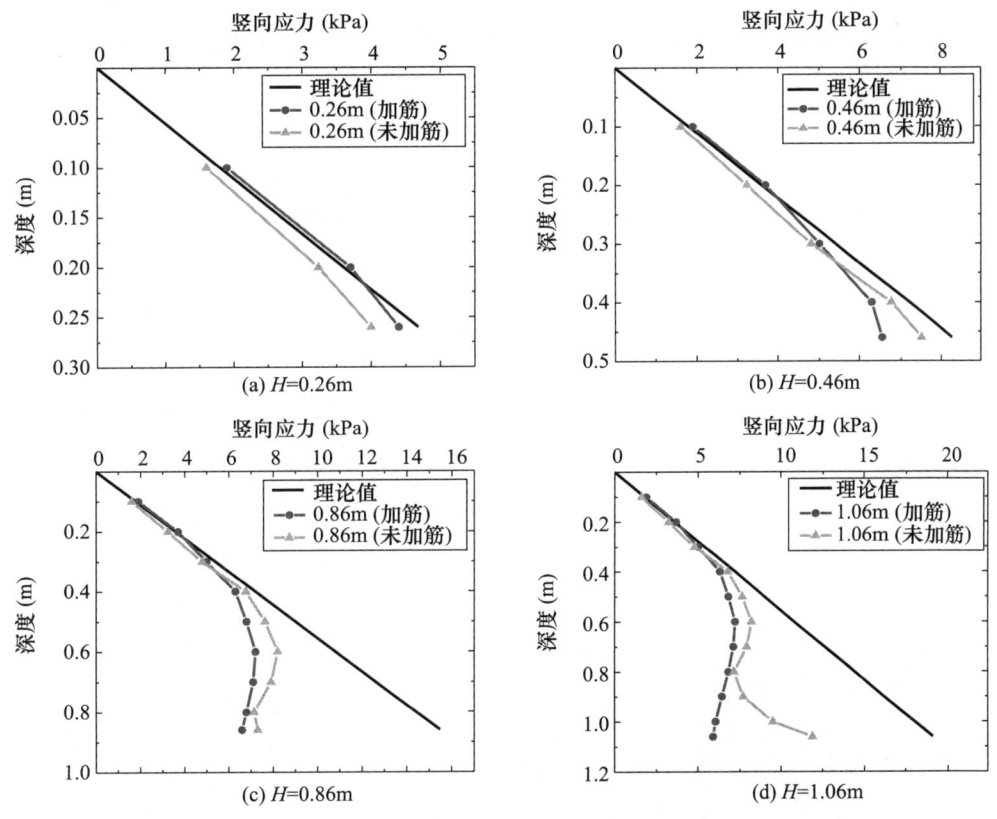

图 2-30　路堤高度不同时填土中竖向应力随深度分布曲线

2.2.5　路堤荷载作用下的筋材空间变形分布形式以及变形规律研究

2.2.5.1　路堤荷载作用下的筋材空间变形分布特点

为了研究筋材变形的空间分布形式及变形规律，对模型试验中的监测数据进行整理，得到不同影响因素作用下的桩帽顶部、桩帽边缘、桩角处、两桩中心和四桩中心的筋材应变值，各测点位置如图 2-31（a）所示。将各组试验数据进行对比，可以看出各试验条件下的筋材变形规律基本相同，因此本节以模型试验 10 为例，分析各测点处筋材的变形规律，了解筋材的空间变形特点。

图 2-31（b）所示为不同测点的筋材拉伸应变随路堤高度变化规律，从图中可以看出：

（1）桩帽边缘处的筋材拉伸变形最大，而桩帽顶部的筋材变形最小。其主要原因是，由于土拱效应和拉膜效应的共同作用，路堤内部应力重分布，桩体所承担的荷载远大于路堤荷载，因此桩帽与筋材界面的摩擦力较大，约束了桩帽顶部的筋材变形。随着桩土差异沉降逐渐增大，桩帽边缘处的沉降差增加，并且由于桩体和桩间土的刚度差别较大，在桩帽边缘位置容易出现应力集中，使得桩帽边缘处的筋材应变最大。图2-31（c）所示为数值模拟中筋材的变形云图。可以看出，筋材的变形形式和模型试验中的筋材应变分布规律基本相同。在云图中桩帽边缘处的计算网格明显被拉长，而桩帽顶部的计算网格变形不明显（仍为正方形），再次说明桩帽边缘处加筋体的变形较大，而在桩帽顶部筋材变形较小。

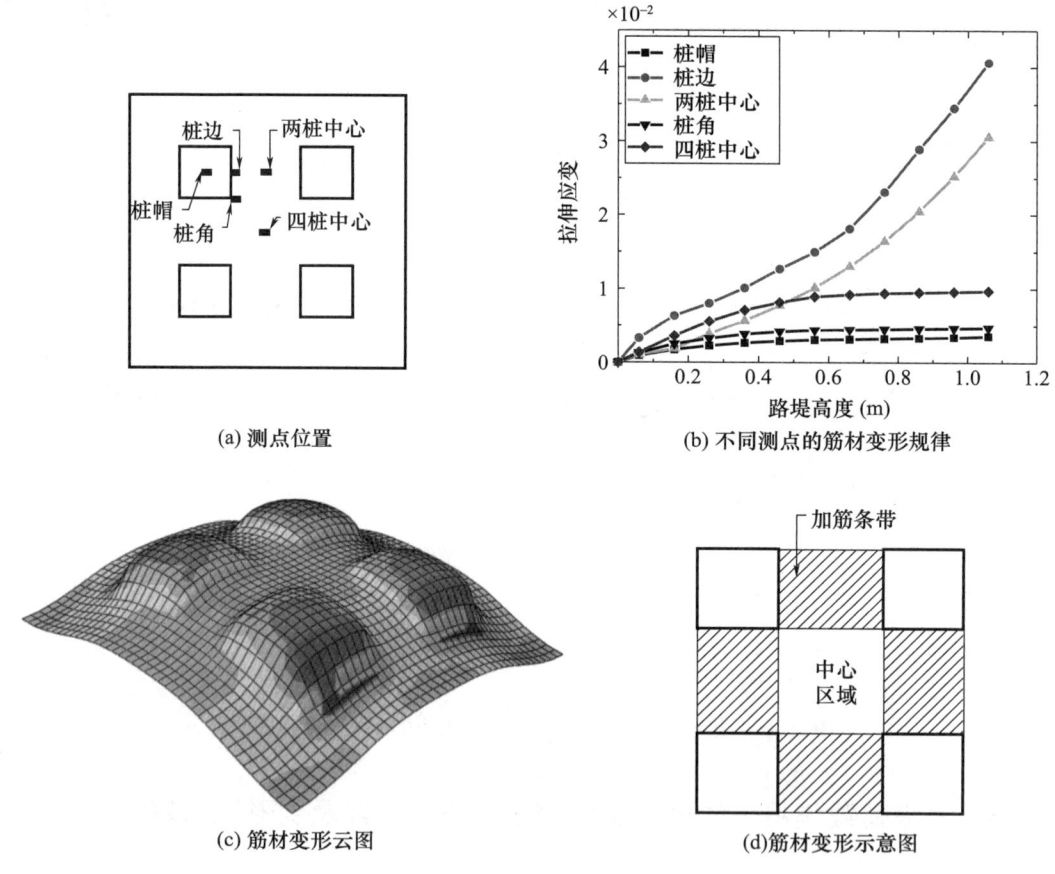

图 2-31　筋材变形的空间分布

（2）桩间处的筋材变形有明显差异，两桩中心处的筋材变形远大于四桩中心处的筋材变形。其主要原因是，随着路堤填筑高度增加，桩土差异沉降逐渐增大，桩间位置处的筋材产生拉伸变形，但是由于两桩之间的筋材变形空间小于四桩之间的筋材变形空间，两桩中心处的加筋体在竖向荷载的作用下变形较大。

（3）根据桩承式加筋路堤中的筋材变形规律，可将加筋体变形分成两部分，两桩之间的加筋条带和四桩之间的中心区域，如图2-31（d）所示。可以看出，不仅相邻两桩间的加筋条带可以承担荷载，其四桩之间的中心区域也能承担并传递荷载。因此，评价拉膜效应发挥程度时，如果仅考虑相邻两桩之间的筋材变形，而不考虑剩余部分筋材对荷载传递的贡献，即假定加筋体上部的所有荷载全部由条带区域承担，由此得到的筋材拉力计算值明显偏大。因此在拉膜效应分析时，建议考虑加筋材料的三维空间变形。

2.2.5.2 筋材变形影响因素分析

1. 桩土差异沉降

由于水平筋材铺设在路堤底部，在桩间土有一定承载力（不发生膜下脱空现象）的情况下，筋材的变形形式与桩土差异沉降分布规律一致，桩土差异沉降的大小决定了筋材拉膜效应的发挥程度。因此本节分析桩土差异沉降影响下的筋材变形规律。以四桩中心处桩土差异沉降为 2.32mm、2.91mm、3.89mm 和 4.95mm 时的筋材变形为研究对象，结合桩土差异沉降值的变化规律（图 2-32），分析各测点的筋材变形特点。

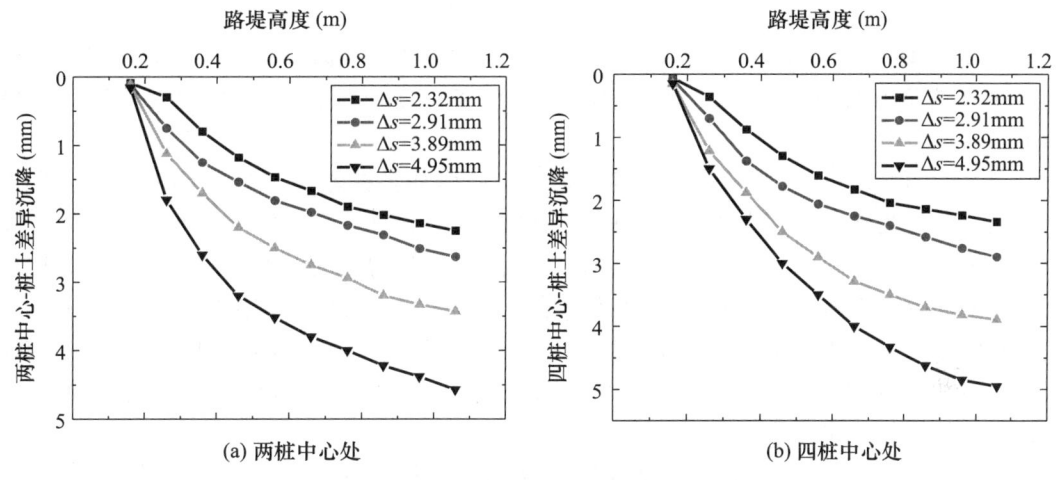

图 2-32 桩土差异沉降变化规律

图 2-33 所示为桩土差异沉降影响下的桩帽顶部筋材拉伸变形规律，从图中可以看出：

（1）随着路堤填筑高度增加，桩帽顶部筋材的拉伸变形逐渐增大，当路堤高度小于 0.6m 时，筋材应变值的变化幅度较大。当路堤高度大于 0.6m 时，应变值的增长速率减慢并逐渐趋于稳定。其主要原因是，随着路堤填筑高度增加，土拱效应发挥程度增大，路堤荷载向桩帽顶部转移，桩帽顶部的筋材在发生拉伸变形时受到的摩擦阻力逐渐增大。当路堤高度较高时，较大的筋土界面摩擦阻力会限制桩帽顶部筋材的拉伸变形，因此筋材变形趋于稳定。

（2）随着桩土差异沉降增大，桩帽顶部筋材的拉伸变形逐渐增大。当桩土差异沉降 $\Delta s = 2.32$mm 时，桩帽顶部筋材的拉伸应变为 0.36%，当 $\Delta s = 4.95$mm 时，筋材的拉伸应变为 0.42%。经计算可得当桩土沉降值增长 113% 时，桩帽顶部筋材的拉伸应变增加 16.7%。

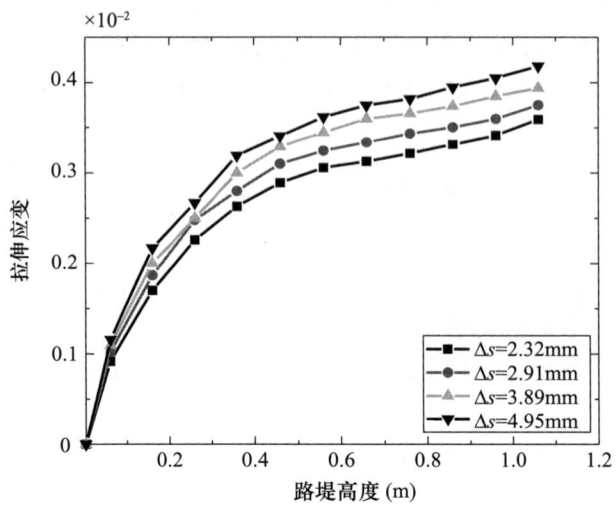

图 2-33　桩帽顶部筋材变形规律

图 2-34 所示为桩土差异沉降影响下的桩帽边缘及桩角处筋材拉伸变形规律,桩帽边缘和桩角处的筋材拉伸应变在数值大小和筋材变形规律上都有较大差异,具体如下:

(1) 如图 2-34 (a) 所示,随着路堤填筑高度增加,桩帽边缘处的筋材拉伸应变逐渐增大,并且当路堤高度大于 0.6m 时,筋材拉伸应变的增长速率明显增大。其主要原因是,由于桩帽与桩间土的刚度差异明显,在路堤荷载的作用下桩帽与桩间土的连接处会产生明显的沉降差,因此随着路堤高度增加,桩帽边缘处筋材拉伸应变逐渐增大。当路堤高度较大时,桩帽顶部应力明显增大,此时桩帽顶部筋材变形受到约束,但是较大的路堤荷载使得桩土差异沉降继续增大(图 2-32),因此当路堤较高时桩帽边缘处筋材拉伸应变的增长速率明显增大。

(2) 随着桩土差异沉降增大,桩帽边缘处的筋材拉伸变形逐渐增大。当桩土差异沉降 $\Delta s=2.32$mm 时,桩帽边缘处筋材的拉伸应变为 4.06‰,当 $\Delta s=4.95$mm 时,筋材的拉伸应变为 5.47‰。经计算可得当桩土沉降值增长 113% 时,桩帽边缘处的筋材拉伸应变增加 34.7%。

(3) 如图 2-34 (b) 所示,随着路堤填筑高度增加,桩角位置处的筋材拉伸变形迅速增大,当路堤高度大于 0.6m 时,筋材拉伸应变值逐渐趋于稳定。桩角位置与桩帽边缘都位于桩和桩间土的过渡处,但是筋材的受力状态有明显区别。其主要原因是,桩帽边缘可以等效为两桩之间加筋条带的边缘,因此桩帽边缘处的筋材变形与两桩中心处的筋材变形规律相似。而桩角处可以等效为四桩之间加筋体中心区域的角,因此桩角处的筋材变形与四桩中心处的筋材变形规律相似。由于两桩之间和四桩之间筋材的变形空间不同,筋材的变形规律有一定差异。

(4) 随着桩土差异沉降增大,桩角处的筋材拉伸变形逐渐增大。当桩土差异沉降 $\Delta s=2.32$mm 时,桩角处筋材的拉伸应变为 0.48‰,当 $\Delta s=4.95$mm 时,筋材的拉伸应变为 0.60‰。经计算可得当桩土沉降值增长 113% 时,桩角处筋材的拉伸应变增加 25%。

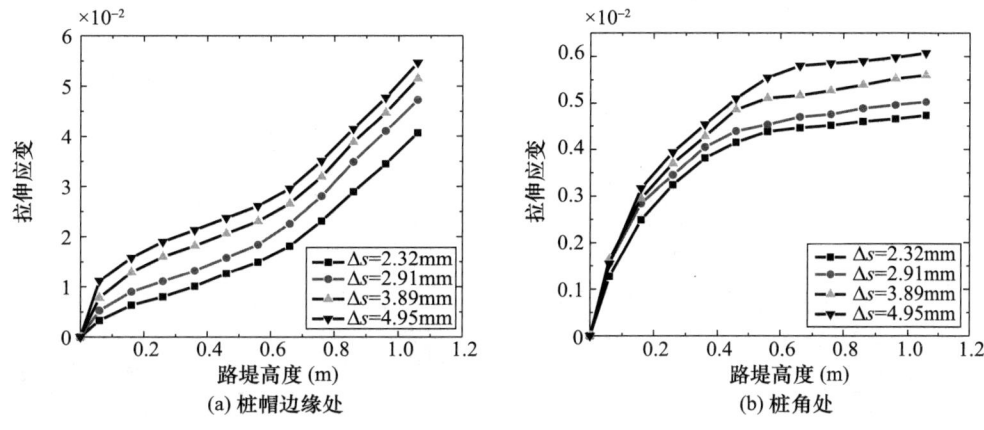

图 2-34　桩帽周围的筋材变形规律

图 2-35 所示为桩土差异沉降影响下的两桩中心处和四桩中心处的筋材拉伸变形规律，两桩中心处和四桩中心处的筋材拉伸应变在数值大小和筋材变形规律上都有较大差异，具体如下：

（1）随着路堤高度增加，两桩中心处和四桩中心处筋材的拉伸变形逐渐增大，当路堤高度较高（大于 0.6m）时，两桩中心处筋材拉伸应变值的增长速率增加，而四桩中心处的筋材拉伸应变值逐渐趋于定值。其主要原因是，当路堤高度较高时，路堤内部形成完整土拱结构，在土拱效应的作用下，桩间土应力迅速减小，因此当筋材发生拉伸变形时，桩间位置处的筋土界面所受到的摩阻力较小。同理，路堤高度越高，桩帽顶部筋材所受到的约束力越大，因此随着路堤高度增加，桩土差异沉降增大，筋材的变形增大。两桩之间加筋体发生变形的范围较小，因此两桩之间筋材拉伸应变较大。四桩之间筋材变形范围较大，而桩土差异沉降只能使筋材发生有限的变形，并且当路堤高度较高时，四桩中心处的桩土差异沉降的增长速率明显降低 [图 2-32（b）]，因此随着路堤高度增加，四桩中心处的筋材变形趋于稳定。

（2）对比图 2-32 中两桩中心处与四桩中心处的桩土差异沉降随路堤填土高度的变化规律，可以看出四桩中心处的沉降值要大于两桩中心处的沉降值，与桩间位置处的筋材应变规律相反，表明桩间位置处筋材变形除了受桩土差异沉降的影响，也受筋材变形范围的影响。

（3）随着桩土差异沉降增大，桩间位置处的筋材拉伸变形逐渐增大。当桩土差异沉降 $\Delta s=2.32$mm 时，两桩中心处筋材的拉伸应变为 3.02%，四桩中心处筋材的拉伸应变为 0.97%，当 $\Delta s=4.95$mm 时，两桩中心处筋材的拉伸应变为 3.87%，四桩中心处筋材的拉伸应变为 1.04%。经计算可得当桩土沉降值增长 113% 时，两桩中心处和四桩中心处的筋材的拉伸应变分别增加 28.1% 和 7.2%。

综上所述，随着桩土差异沉降增大，各测点的筋材拉伸应变逐渐增大，其中当桩土沉降值增大 113% 时，桩帽顶部筋材的拉伸应变增加 16.7%，桩帽边缘处筋材的拉伸应变增加 34.7%，桩角处筋材的拉伸应变增加 25%，两桩中心处筋材的拉伸应变增加 28.1%，四桩中心处筋材的拉伸应变增加 7.2%。可见桩土差异沉降对桩帽边缘处的筋材变形影响最大，两桩中心和桩角处次之，四桩中心处最小。

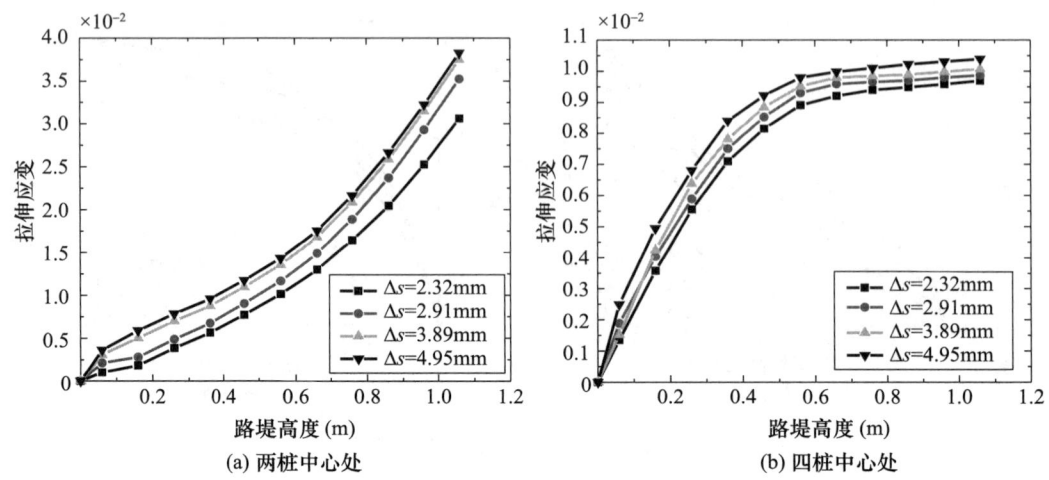

图 2-35 桩间位置的筋材变形规律

从分析结果可以看出,桩土差异沉降是引起筋材变形的主要原因,因此各影响因素作用下的桩土差异沉降变化规律在一定程度上也能反映筋材变形规律。桩间距增大、路堤填料黏聚力减小、筋材强度降低、筋材布置层数减少,都会使桩土差异沉降增大。同理,以上原因也会使筋材拉伸应变增大。

2. 筋材强度

如图 2-36 所示,AB 方向为桩帽顶部、桩边处和两桩中心处的测点连线,AC 方向为桩帽顶部、桩角处和四桩中心处的测点连线。由于模型试验具有对称性,经过数据处理,可以得到筋材表面横向和斜向(与水平方向夹角 45°)的拉伸应变分布规律。

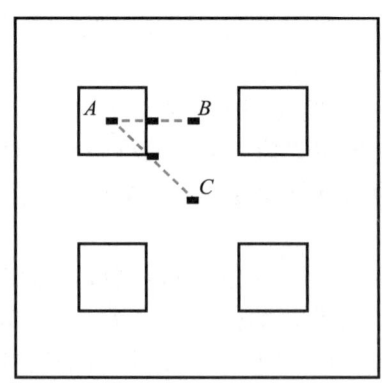

图 2-36 筋材变形分析示意图

图 2-37 所示为筋材强度不同时加筋体表面的拉伸应变分布规律,由图可以看出,加筋材料的拉伸应变分布极不均匀,桩帽顶部的筋材拉伸应变最小,桩帽边缘处和桩角处的筋材应变均大于桩帽顶部的筋材应变。沿 AB 方向,筋材的拉伸应变分布呈 M 形,两桩中心处的筋材变形略小于桩帽边缘处的筋材变形。沿 AC 方向,筋材的拉伸应变逐渐增大,在四桩中心处的筋材拉伸应变达到最大值。

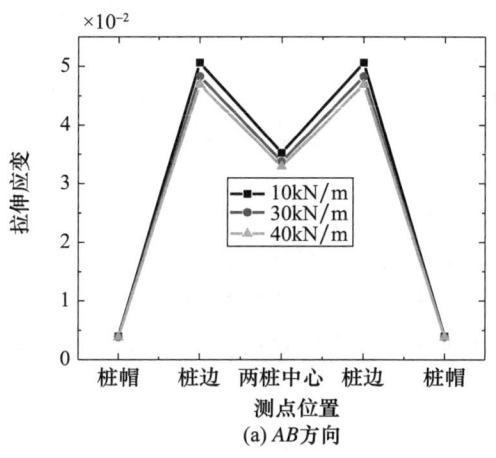 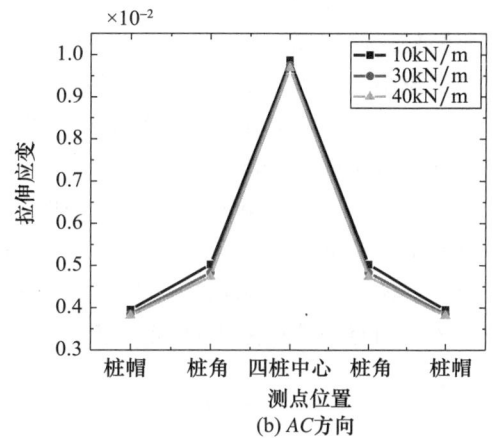

图 2-37　筋材强度不同时筋材变形规律

根据筋材拉伸应变的大小和筋材的抗拉强度计算各测点的筋材拉力值，如图 2-38 所示，筋材拉力沿 AB 方向和 AC 方向的分布规律与筋材拉伸应变的分布规律一致，但是筋材强度越大，拉力越大。当加筋材料的抗拉强度为 10kN/m 时，单位长度筋材所产生的最大拉力为 0.51kN，当加筋材料的抗拉强度为 40kN/m 时，单位长度筋材所产生的最大拉力为 1.88kN。加筋材料的拉伸强度越大，筋材变形所产生的拉力越大，即拉膜效应的分荷比越大，筋材对荷载传递的贡献越显著。

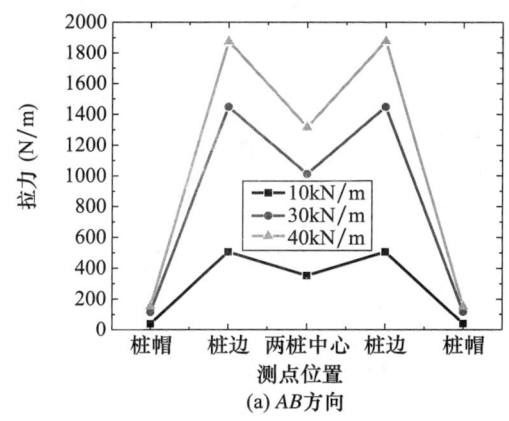 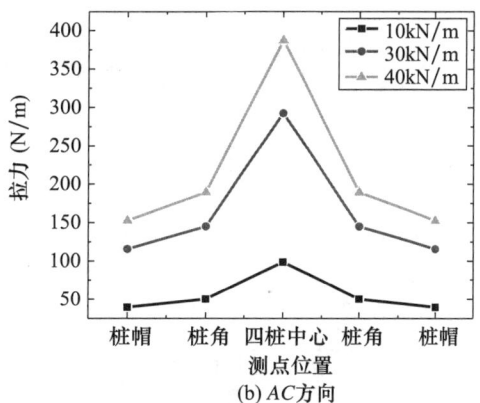

图 2-38　筋材强度不同时筋材拉力分布规律

3. 筋材布置层数

图 2-39 所示为加筋材料铺设层数不同时的筋材拉伸应变分布规律。沿地基表面向上依次为第一层加筋体、第二层加筋体和第三层加筋体。由图可以看出：

（1）沿 AB 和 AC 方向，加筋体表面拉伸应变分布很不均匀，但是随着加筋层数的增多，上层加筋体中各测点拉伸应变值之间的差值逐渐减小，与最底层加筋体的拉伸应变分布规律相比，上部加筋体表面的拉伸应变分布较均匀，并且随着筋材铺设层数增加，该特征越明显。由于加筋体的变形形式受筋材所在位置处差异沉降的影响，可以看出多层加筋体可以均化路堤内部的不均匀沉降。

（2）以三层加筋时的筋材拉伸应变为研究对象，与第一层筋材拉伸应变相比，桩帽顶部筋材拉伸应变减小23.3%，桩帽边缘处筋材拉伸应变减小36.5%，桩角处筋材拉伸应变减小27.2%，两桩中心处筋材拉伸应变减小24.7%，四桩中心处筋材拉伸应变减小9.4%。可见筋材铺设层数增加，桩帽边缘处筋材拉伸应变减小幅度最大，而四桩中心处筋材拉伸应变的变化幅度最小。

（3）对比两层加筋和三层加筋条件下的第一层筋材拉伸变形大小，两层加筋时首层筋材的最大拉伸应变为5.57%，三层加筋时首层筋材的最大拉伸应变为3.95%，可见随着加筋体铺设层数的增加，首层加筋体的最大拉伸应变呈现减小的趋势。其主要原因是，随着筋材布置层数的增加，桩土差异沉降逐渐减小，从而影响加筋体的拉伸应变。

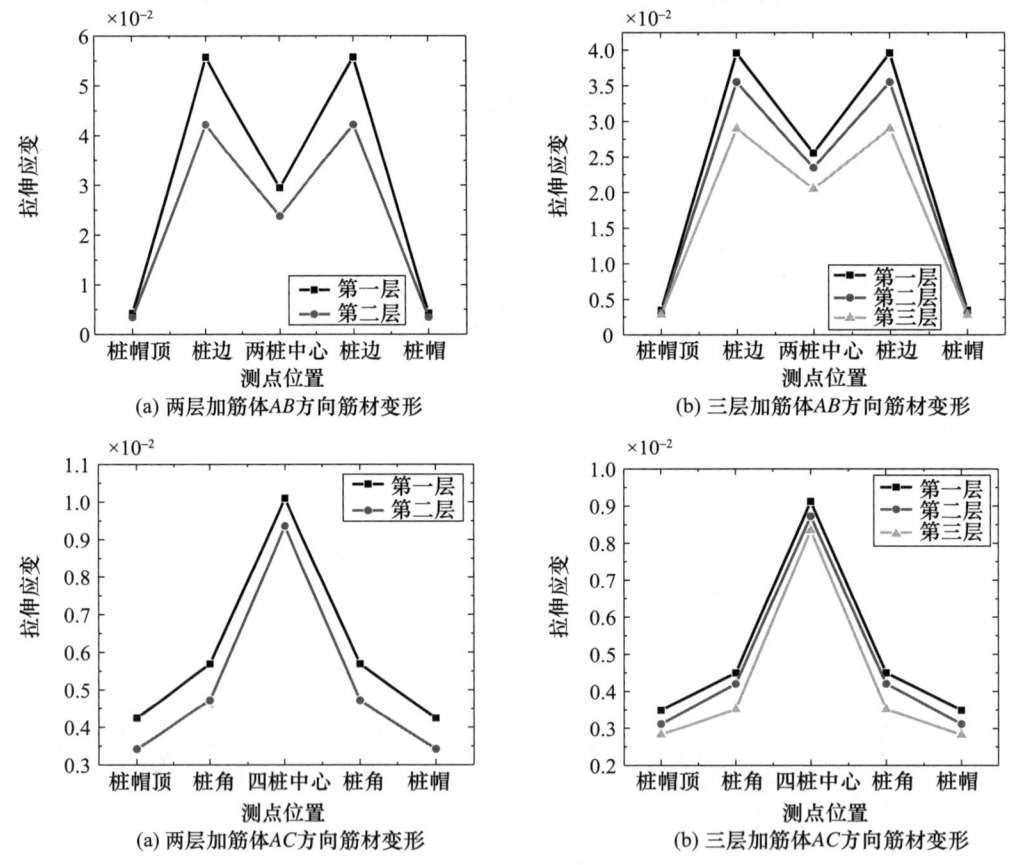

图2-39 筋材层数不同时筋材应变分布规律

4. 筋材布置形式

图2-40所示为3层10kN/m筋材和1层30kN/m筋材作用下的筋材拉力分布规律。其主要规律如下：

（1）采用单层高强度加筋体时，各测点的筋材拉力明显高于多层加筋的情况。三层加筋路堤中顶部筋材（第三层）的拉力最小，第一层筋材的拉力最大。铺设一层强度较高的加筋体时，相同测点的筋材拉力是三层筋材条件下各层筋材拉力值的3.2~4.1倍，可见采用多层加筋体时，筋材的抗拉强度没有得到充分发挥，尤其是上层筋材。

（2）当测点位置相同时，对比单层加筋体的拉力值与三层加筋条件下各层筋材拉力值之和，可以发现单层加筋条件下筋材拉力更大，是三层筋材条件下各层筋材拉力总和的 1.1~1.5 倍，其主要原因是，筋材拉力的大小主要取决于筋材变形和筋材强度。当铺设三层加筋体时，加筋体与填土颗粒咬合形成半刚性薄板，能够更有效地约束土体变形，使得桩土差异沉降减小，筋材变形减小。在对比试验中由于筋材总体强度一样，筋材拉力较小。

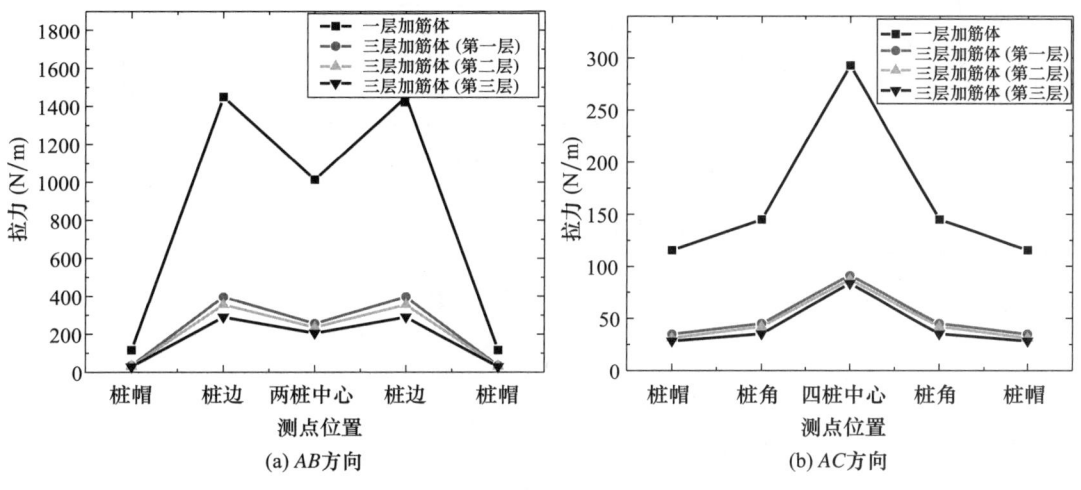

图 2-40　布置形式不同时筋材拉伸应变分布规律

2.3　高速公路刚性桩复合地基结构行为数值模拟研究

2.3.1　模型建立与验证

2.3.1.1　模型建立

以雄安新区对外骨干路网典型刚性桩复合地基断面为原型，利用有限元软件 Abaqus 建立计算模型，数值模型的参数设置与现场试验工况一致。现场工程中预应力管桩长为 14m，桩径 0.4m，桩间距 2m，正方形布置，桩顶设 1.0m×1.0m×0.3m 的正方形钢筋混凝土桩帽，桩顶铺设厚度为 0.3m 的加筋碎石垫层，其尺寸如图 2-41 所示，路基面宽度为 42m，边坡率 1∶1.5。垫层厚度为 0.3m，路堤高度为 5.3m，分层填筑。建立模型时，为减小边界效应的影响，在地基两侧各加宽 25m。地基软土、软弱土连续分布，深度为 30m，有限元模型中软土地基采用分层设置，主要地层分 5 层。地下水位埋深 10m，地下水位以下的地基土考虑排水固结。

2.3.1.2　参数选取

软土采用修正剑桥模型，路堤材料采用摩尔-库仑模型，桩与加筋体均采用线弹性模型，材料参数见表 2-7。土工格栅与路堤填料之间，桩体与软土地基之间的相互作用采用法向硬接触，切向法接触模拟。筋材与垫层之间的接触摩擦角与填料的摩擦角相同，桩与软土之间接触的摩擦角 $\varphi=0.7\varphi'$，其中 φ' 为软土的内摩擦角。

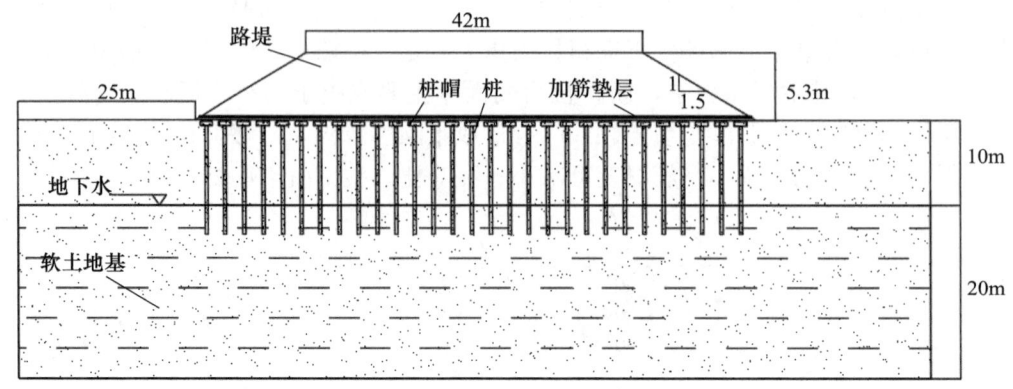

图 2-41 桩承式加筋路堤断面图

表 2-7 桩承式路堤有限元模型中的材料参数

类型	层厚（长度）(m)	重度 γ (kN/m³)	E (MPa)	泊松比	内摩擦角 (°)	黏聚力 c (kPa)	含水率 ω (%)	孔隙比 e	渗透系数 K_w (10^{-5} m/d)	饱和度 (%)
桩	12～20	25	20000	0.2	—	—	—	—	—	
筋材	—	—	0.5	0.2	—	—	—	—	—	
垫层	0.3	20	20	0.3	37	6	—	—	—	
路堤	3～7	18.5	15	0.35	24.3	12.5	—	—	—	
①粉质黏土	4	19.2	6.3	0.34	13.8	24.5	24.9	0.778	6.1	
②粉土	6	19.1	8.7	0.28	20.8	11.5	21.2	0.718	5.9	88～92
②粉质黏土	3	19.6	5.9	0.28	12.9	24.7	24.2	0.737	5.8	
③粉质黏土	9	18.9	4.1	0.28	15.5	18.5	33.5	0.932	6.3	
③粉土	8	20.4	8.8	0.28	21.3	12.8	19.8	0.588	6.2	

图 2-42 所示为模型的网格划分图，模型的左右两侧约束横向（x 方向）位移，模型底部约束横向和纵向（x，y 方向）位移。地下水位在软土地基－10m 位置，地下水顶面孔隙水压力 $P_w=0$，模拟自由排水边界。数值模型中，路堤、桩的单元类型为 CPE4，地下水位以上软土地基单元类型为 CPE4，地下水位以下软土地基单元类型为 CPE4P，土工格栅采用 Truss 单元，单元类型为 T2D2。

2.3.1.3 模型验证

图 2-43 对比了路基中心处和路肩处地基沉降的模型计算值与现场试验实测值，可以看出地基沉降的模型计算值与现场试验实测值的变化规律基本相同。路基中心处，模型计算值略高于实测值，最大误差为 0.5%，路肩处模型计算值略低于实测值，最大误差为 16%。Anjana Bhasi 研究对比了不同模型计算结果与实测值之间的关系，表示软土地基二维平面模型因受边界效应的影响与实测值偏差 27% 左右。而本模型的实测值与计算值最大误差为 16%，数值模拟结果与现场试验结果吻合较好，由此证明了本模型的合理性。

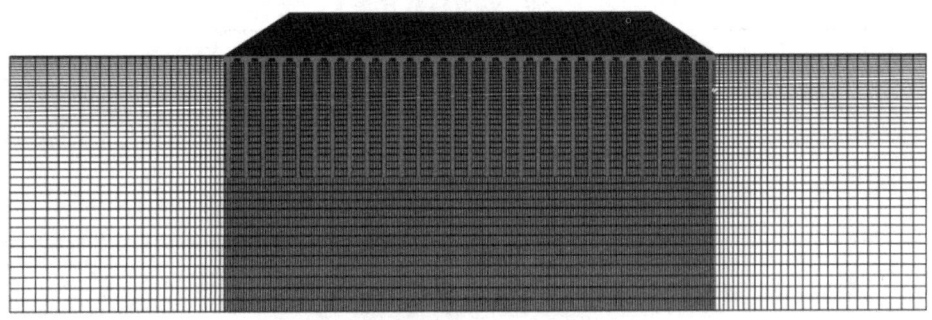

(a) 有限元模型中的网格划分

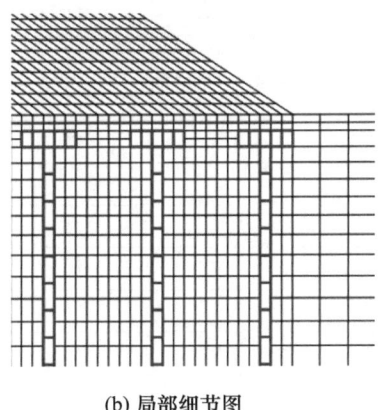

(b) 局部细节图

图 2-42 桩承式加筋路堤二维有限元模型

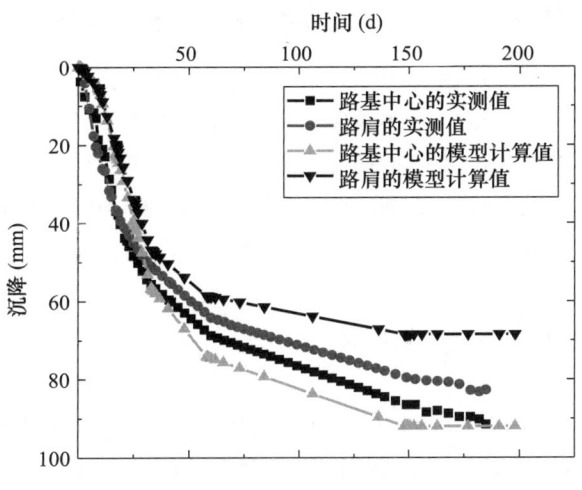

图 2-43 地基沉降实测值与数值模拟结果对比

2.3.1.4 数值模拟方案设计

模型 1 的设计参数与现场工况一致，因此在模型 1 的基础上分别改变桩长、桩间距、桩帽边长和路堤高度做对比模型，以分析各影响因素对荷载分配和地基沉降的影响。在单因素分析中具体试验方案见表 2-8。

表 2-8 数值模拟方案

方案	影响因素				备注
	路堤高度（m）	桩间距（m）	桩帽边长（m）	桩长（m）	
1	5.3	2.0	1.0	14	模型参数与现场工况一致
2	5.3	2.0	1.0	12	模型1～模型5分析桩长的影响
3	5.3	2.0	1.0	16	
4	5.3	2.0	1.0	18	
5	5.3	2.0	1.0	20	
6	5.3	2.2	1.0	14	模型1和模型6～模型9分析桩间距的影响
7	5.3	2.4	1.0	14	
8	5.3	2.6	1.0	14	
9	5.3	2.8	1.0	14	
10	5.3	2.0	0.8	14	模型1和模型10～模型13分析桩帽边长的影响
11	5.3	2.0	1.2	14	
12	5.3	2.0	1.4	14	
13	5.3	2.0	1.6	14	
14	3.3	2.0	1.0	14	模型1和模型14～模型17分析路堤高度的影响
15	4.3	2.0	1.0	14	
16	6.3	2.0	1.0	14	
17	7.3	2.0	1.0	14	

2.3.2 高速公路刚性桩复合地基路堤荷载传递模式研究

刚性桩复合地基在路堤荷载作用下，路堤内部应力重分布，桩、地基土、路堤填料和加筋体之间相互作用，土拱效应和拉膜效应是力的传递与各组成部分相互作用的综合反映。土拱效应的评价指标主要包括荷载分担比和桩土应力比。荷载分担比可以直观地反映桩体的承载能力，桩土应力比则反映土拱效应的发挥程度。因此本节通过分析各计算模型的桩土应力比和荷载分担比，对高速公路刚性桩复合地基路堤荷载传递机理进行研究。

2.3.2.1 桩土应力比影响因素分析

1. 桩长

图2-44所示为桩长影响下的桩土应力比和桩土差异沉降变化规律。从图中可以看出，随着桩长增加，桩土应力比逐渐增大，当桩长为18m时，桩土应力比达到峰值，之后随着桩长增加桩土应力比略有减小。随着桩长增加，桩土差异沉降逐渐增大，桩土差异沉降变化规律与桩土应力比的变化规律基本相同，说明土拱效应的发挥程度与差异沉降有直接关系。其主要原因是，桩土应力比的大小主要受土拱效应发挥程度的影响。土拱结构在较小的桩土差异沉降下形成，并能保持稳定，随着桩土差异沉降逐渐增加，原有剪切面破坏，随之形成更稳定的土拱结构，桩土应力比逐渐达到峰值并趋于稳定，但是随着桩土差异沉降的继续增加，土拱结构破坏，桩土应力比减小。

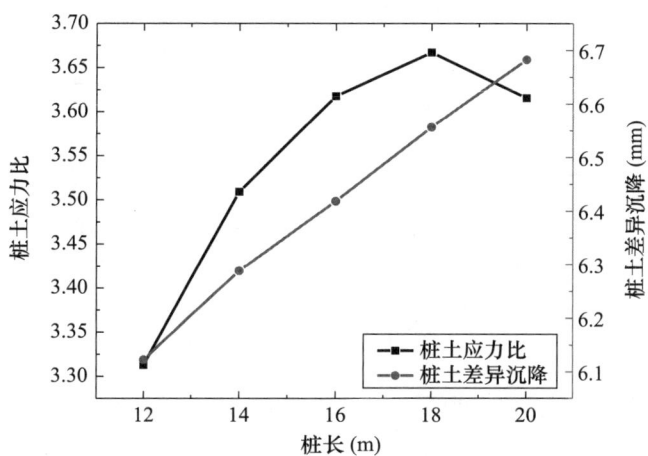

图2-44 桩长影响下的桩土应力比和桩土差异沉降变化规律

2. 桩间距

如图2-45所示，随着桩间距增加，桩土应力比逐渐增大，当桩间距为2.4～2.6m时，桩土应力比达到峰值。其主要原因是随着桩间距的增加，桩土差异沉降增大，在一定程度上促进了土拱效应的发挥，由土拱效应传递到桩帽上的荷载增加，桩间土应力减小，因此桩土应力比增大。

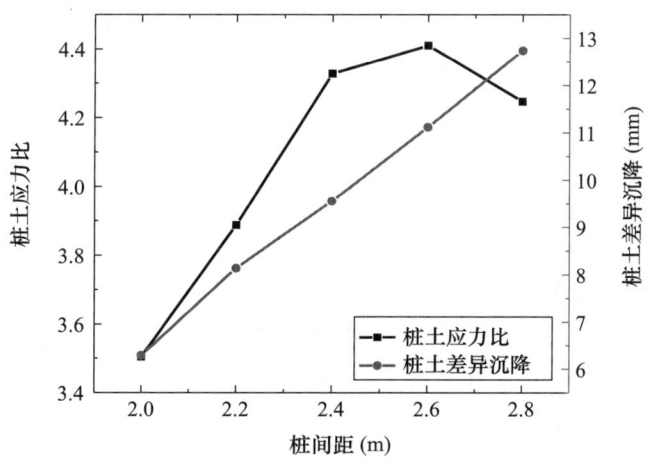

图2-45 桩间距影响下的桩土应力比和桩土差异沉降变化规律

模型试验中，增加桩间距能提高土拱效应的发挥程度。但是综合数值模拟的结果表明，适度增加桩间距在一定程度上可以促进土拱效应的发挥，但是桩土差异沉降会随着桩间距的增大持续增长，过大的桩土差异沉降导致土拱结构破坏，从而使桩土应力比在达到峰值之后逐渐减小。

3. 桩帽边长

如图2-46所示，当桩间距相同时，桩帽边长增加，桩土应力比减小。可以看出，增大桩帽，虽然提高了桩体分担路堤荷载的承载能力，但是在一定程度上减小了桩土差异沉降，从而影响了土拱效应的发挥程度。

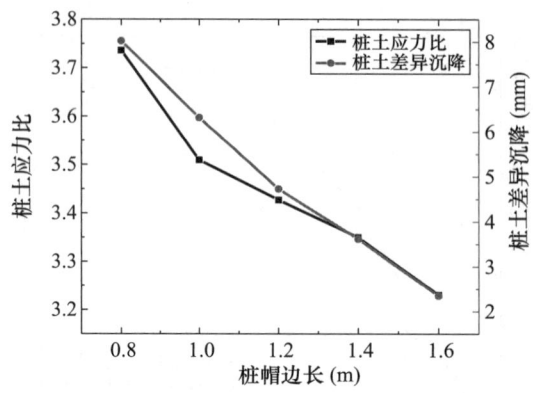

图 2-46 桩帽边长影响下的桩土应力比和桩土差异沉降变化规律

在进行路基设计时，通过改变桩帽边长和桩间距可以改变桩承式路堤的桩帽净间距（$S-a$）。为进一步分析桩帽边长和桩间距对荷载传递的影响，分别对比桩帽净间距（$S-a$）相同时，不同桩帽边长和桩间距组合下的桩土应力比。如表 2-9 所示，当桩帽净间距（$S-a$）相同时，桩帽较大的模型桩土应力比较大，其主要原因是，当桩帽净间距相同时，桩帽较大的模型桩帽覆盖率较大，单桩所承担的路堤荷载较大。因此在桩承式路堤设计中，当桩帽净间距（$S-a$）相同时，从荷载传递和沉降控制考虑，建议采用大桩帽设计，以承担更多路堤荷载。

表 2-9 桩帽净间距相同时的桩土应力比和地基沉降变化

桩帽净间距	桩帽边长 a（m）	桩间距 S（m）	桩土应力比
（$S-a$）=1.2	0.8	2.0	3.73
	1.0	2.2	3.89

4. 路堤高度

如图 2-47 所示，随着路堤高度增加，桩土应力比逐渐增大并趋于稳定，当路堤高度为 6.3~7.3m 时，桩土应力比达到峰值。其主要原因是，随着路堤高度增加，作用在地基表面的柔性荷载增大，因此桩土差异沉降逐渐增大。这在一定程度上促进了土拱效应的发挥程度，因此桩土应力比增大。由于土拱结构可以在一定差异沉降下保持稳定，此时桩、土之间的荷载分配基本稳定，因此桩土应力比趋于定值。

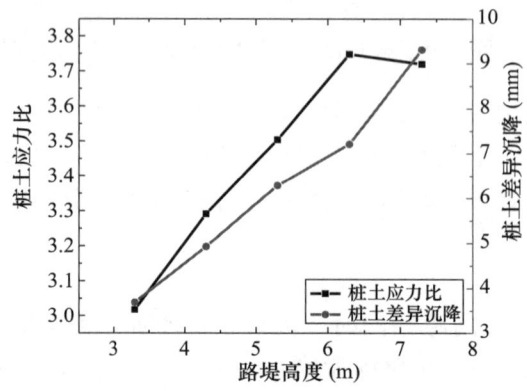

图 2-47 路堤高度影响下的桩土应力比和桩土差异沉降变化规律

综上所述，单因素试验结果分析表明，增加桩长、桩间距、路堤高度和减小桩帽边长，桩土差异沉降增大，这在一定程度上促进土拱效应的发挥，因此桩土应力比增大。

2.3.2.2　路堤填筑过程中的荷载分担比变化规律

各计算模型的荷载分担比随路堤高度变化规律基本相同，因此以模型 1 为例进行分析。图 2-48 所示为模型 1 中受路堤高度影响的荷载分担比变化曲线，可以看出：

(1) 当填筑高度小于 0.3m 时，横断面不同位置处的荷载分担比均小于 35％。其主要原因是，当填筑高度较低时，由路堤自重而产生的竖向荷载较小，地基表面没有明显的不均匀沉降，因此填土内部无法形成完整的土拱结构，此时单桩所承担的路堤荷载近似等于按桩帽面积比分担的路堤荷载。

(2) 当路堤高度小于 1.3m 时，荷载分担比随填筑高度的增加而迅速增大，当路堤高度大于 1.3m 后，荷载分担比的增长速率明显减小。说明随着填筑高度的增加，桩土差异沉降逐渐增大，因此荷载分担比增长迅速，随着差异沉降的不断发展，路堤内部逐渐形成稳定的土拱结构，因此荷载分担比逐渐趋于定值。

(3) 路基中心和中心线右侧荷载变化规律基本相同，但是随着路堤填筑高度增大，路基中心处和路肩处荷载分担比的差异逐渐增大，当路堤填筑完成时，路肩处的荷载分担比明显小于路基中心处。其主要原因是，路肩处为边坡临空面，受到由路堤自重而产生的竖向应力和边坡横向推力的影响，应力状态与路基中心处存在一定差异，因此随着路堤填筑高度的增加，路基横断面上不同测点处的应力状态差异增大。

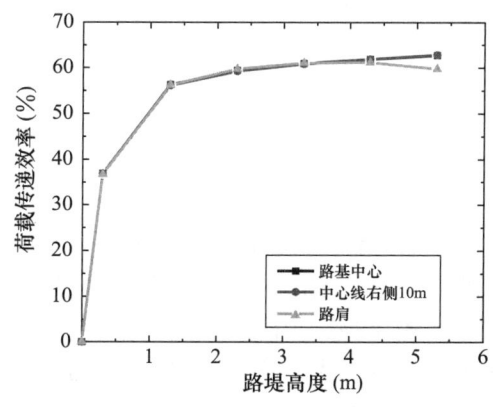

图 2-48　路堤高度影响下的荷载分担比变化曲线

2.3.2.3　路基横断面荷载变化规律

在路堤填土荷载作用下，桩承式加筋路堤内部应力重分布，土拱效应和拉膜效应是荷载传递与各组成部分之间相互作用的综合反映。荷载分担比反映了桩体的承载能力，以及土拱效应和拉膜效应共同作用下的荷载传递程度。因此本节通过荷载分担比分析桩承式加筋路堤的荷载传递规律，并通过分析各影响因素作用下的分荷比变化规律，明确土拱效应和拉膜效应对荷载传递的贡献。

桩承式加筋路堤通过土拱效应和拉膜效应的共同作用将路堤荷载传递至桩体。为明确土拱效应、拉膜效应在路堤荷载传递过程中所分担的荷载大小（分荷比），如图 2-49 所示，分别计算桩帽位置处格栅上部的平均土压力 σ_u 和格栅下部的平均土压力 σ_l。

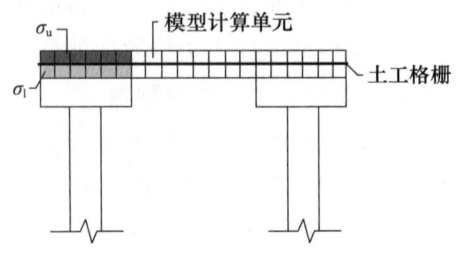

图 2-49　分荷比计算简图

筋材上部土压力与路堤填土荷载的差值为土拱效应所转移的荷载，筋材下部与上部的土压力差为拉膜效应所转移的荷载。经过数据处理可以得到土拱效应-分荷比和拉膜效应-分荷比的大小，计算公式如下：

$$\begin{cases} \sigma_a = \sigma_u - \gamma H \\ \sigma_m = \sigma_l - \sigma_u \\ n_a = \dfrac{\sigma_a}{\sigma_a + \sigma_m} \\ n_m = \dfrac{\sigma_m}{\sigma_a + \sigma_m} \end{cases} \tag{2-9}$$

式中　σ_a——土拱效应所转移的荷载（kPa）；

σ_m——拉膜效应所转移的荷载（kPa）；

γ——路堤填土重度（kN/m³）；

H——路堤高度（m）；

n_a——土拱效应-分荷比（％）；

n_m——拉膜效应-分荷比（％）。

1. 桩长

图 2-50（a）所示为土拱效应和拉膜效应共同作用下的荷载传递规律，可以看出：

（1）随着桩长增加，荷载分担比逐渐增大。其主要原因是桩长增加使得桩端靠近持力层，从而使桩体沉降减小，由于桩、土刚度差异较大，桩间土在路堤荷载的作用下产生较大的变形，使得桩土差异沉降增大，这在一定程度上促进了土拱效应和拉膜效应的发挥，因此桩体能承担更多的路堤荷载。

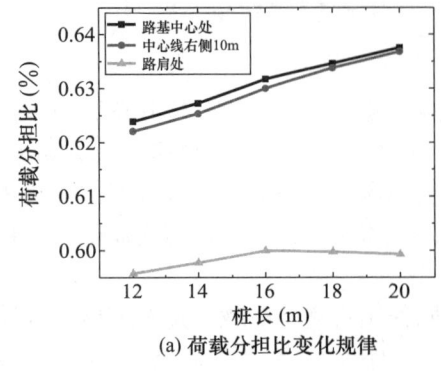

(a) 荷载分担比变化规律

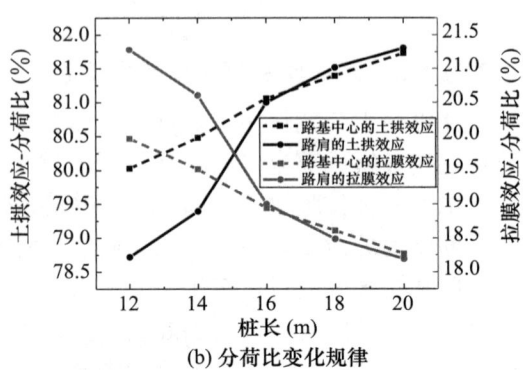

(b) 分荷比变化规律

图 2-50　桩长影响下的荷载传递规律

(2) 路基中心和中心线右侧的荷载分担比明显大于路肩位置处。对比表 2-10，路基中心处和中心线右侧的桩土差异沉降明显大于路肩位置处，由于较大的桩土差异沉降有利于土拱效应和拉膜效应的发挥，荷载分担比较大。

表 2-10　桩长不同时路基横断面桩土差异沉降

桩长（m）	桩土差异沉降值（mm）		
	路基中心	中心线右侧 10m	路肩
12	6	5	1
14	6	5	2
16	6	5	1
18	7	6	1
20	7	6	1

图 2-50（b）所示为土拱效应和拉膜效应的分荷比变化规律，可以看出：

(1) 随着桩长增加，土拱效应-分荷比逐渐增加，而拉膜效应-分荷比逐渐减小。从表 2-10 中可以看出当桩长变化时各测点处的桩土差异沉降略有增加，由于差异沉降的增长幅度较小，在荷载作用下加筋材料的拉伸变形基本稳定，即通过拉膜效应而传递至桩体的荷载基本不变。而桩长增加，可以有效减小桩体沉降，为土拱结构提供了稳定的支撑，从而保证土拱结构具有稳定的荷载传递能力，因此桩长增加，土拱效应的分荷比增大。

(2) 以拉膜效应-分荷比为例，当桩长较小时路肩处的拉膜效应-分荷比大于路基中线处，当桩长大于 16m 时，路基中心处与路肩处的拉膜效应-分荷比基本相同。其主要原因是，路肩处受力状态复杂，在路堤竖向荷载和边坡横向推力的共同作用下筋材变形较大，因此拉膜效应-分荷比较大。随着桩长增加，加固区范围逐渐增大，路基横断面不均匀沉降基本稳定，因此当桩间距大于 16m 时，路基中心处和路肩处分荷比基本相同。从路基横断面荷载分布规律可以看出，较大的桩长可以有效地均化路堤的横向变形，减小横断面上的荷载传递差异。

2. 桩间距

图 2-51（a）所示为桩间距影响下的荷载分担比变化规律，可以看出随着桩间距增大各测点处的荷载分担比逐渐减小。其主要原因是，桩间距增大，单桩处理范围增大，因此单桩承载范围内的路堤总荷载增加，桩体所分担的路堤荷载减小。

图 2-51（b）所示为土拱效应和拉膜效应的分荷比变化规律，可以看出随着桩间距增大，路基中心处和路肩处的土拱效应-分荷比逐渐增加，而拉膜效应-分荷比逐渐减小。由于桩帽净间距（$S-a$）和桩土差异沉降 Δs 的大小，决定了土拱结构和筋材变形的空间范围，对桩土差异沉降进行归一化处理，求解相对桩土差异沉降值 $\Delta s/(S-a)$。如表 2-11 所示，随着桩间距增加，相对桩土差异沉降值略有减小，由于桩土差异沉降直接影响筋材变形程度，拉膜效应的发挥程度逐渐减小。当形成完整的土拱结构时，土拱形态能够在一定的差异沉降下保持稳定，荷载传递效率不变，因此随着桩间距增大，拉膜效应-分荷比减小而土拱效应-分荷比逐渐增大。

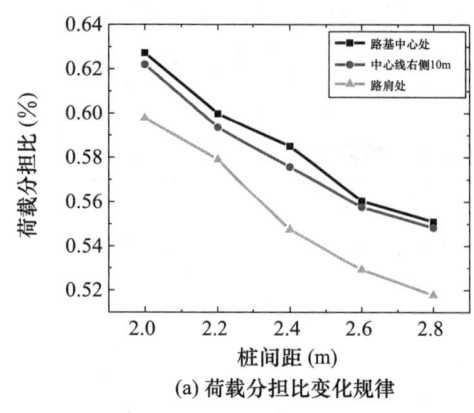 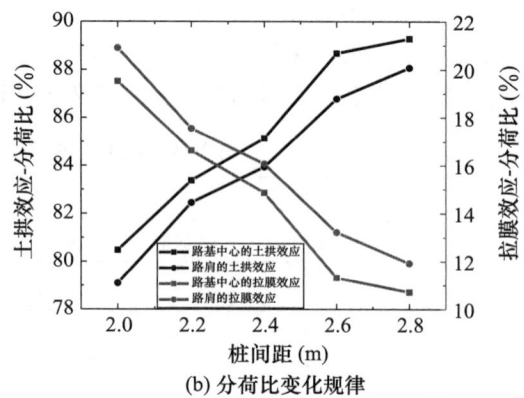

图 2-51 桩间距影响下的荷载传递规律

表 2-11 桩间距不同时路基横断面桩土差异沉降

桩间距 (m)	桩土差异沉降值（mm）			相对桩土差异沉降 $\Delta s/(S-a)$		
	路基中心	中心线右侧 10m	路肩	路基中心	中心线右侧 10m	路肩
2.0	6	5	2	0.17	0.20	0.50
2.2	8	7	3	0.15	0.17	0.40
2.4	10	8	3	0.14	0.18	0.47
2.6	11	9	4	0.15	0.18	0.40
2.8	13	11	5	0.14	0.16	0.36

3. 桩帽边长

图 2-52（a）所示为桩帽边长影响下的荷载分担比变化规律，可以看出随着桩帽边长增加，各测点处的荷载分担比逐渐增大。其主要原因是，桩帽边长增加，使得桩帽覆盖率增大，因此单桩所承担的路堤荷载增大，荷载分担比增大。

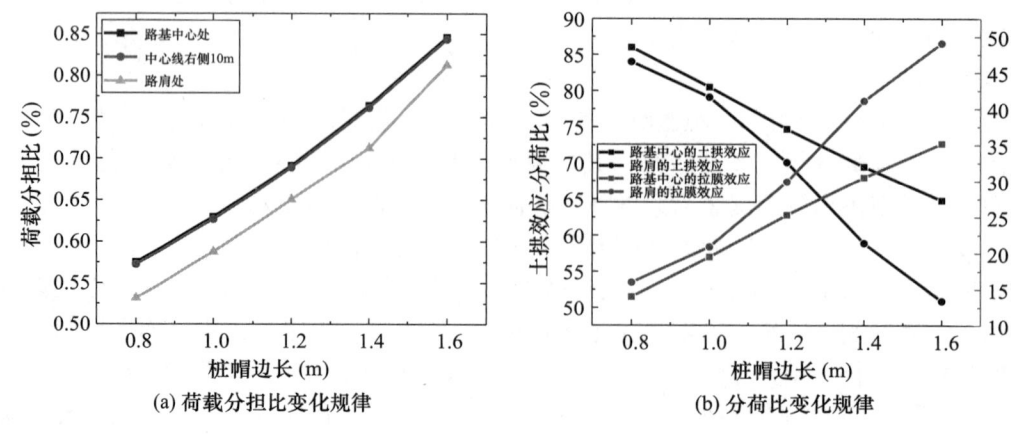

图 2-52 桩帽边长影响下的荷载传递规律

图 2-52（b）所示为土拱效应和拉膜效应的分荷比变化规律，可以看出随着桩帽边

长增加，各测点处的土拱效应的分荷比逐渐减小，而拉膜效应-分荷比逐渐增大。并且当桩帽边长大于1.2m时，路基中心和路肩处土拱效应-分荷比的差距越来越大，其主要原因是，随着桩帽边长增加，相对桩土差异沉降略有增加（表2-12），因此筋材变形增大，拉膜效应-分荷比增大。当桩帽边长大于1.2m时，路肩处桩土差异沉降非常小，这在一定程度上影响了土拱效应和拉膜效应的发挥，但是在路肩位置路堤边坡的横向推力，使得筋材变形增大，因此当桩帽边长较大时，路肩位置的拉膜效应-分荷比会有一定程度的增加。

表2-12 桩帽边长不同时路基横断面桩土差异沉降

桩帽边长(m)	桩土差异沉降值（mm）			相对桩土差异沉降 $\Delta s/(S-a)$		
	路基中心	中心线右侧10m	路肩	路基中心	中心线右侧10m	路肩
0.8	8	7	2	0.15	0.17	0.60
1.0	6	5	2	0.17	0.20	0.50
1.2	4	4	2	0.20	0.20	0.40
1.4	3	3	1	0.20	0.20	0.60
1.6	2	2	1	0.20	0.20	0.40

4. 路堤高度

图2-53（a）所示为路堤高度影响下的荷载分担比变化规律，可以看出随着路堤高度增加，荷载分担比逐渐增大。其主要原因是路堤高度增加，桩土差异沉降增大，这在一定程度上促进了土拱效应和拉膜效应的发挥，因此荷载分担比增加。

图2-53（b）所示为土拱效应、拉膜效应的分荷比变化规律，可以看出随着路堤高度增加，各测点处的土拱效应-分荷比逐渐增大，并且路肩处土拱效应-分荷比的增长幅度较大。其主要原因是，随着路堤高度增加，各测点处桩土差异沉降逐渐增大（表2-13），由于土拱结构能在一定差异沉降下形成并保持稳定，荷载传递效率基本稳定，路基中心处的土拱效应-分荷比增长幅度较小。然而路肩处桩土差异沉降的初始值较小，随着桩土差异沉降增大，土拱效应发挥程度提高，因此路肩处土拱效应-分荷比增长较快。

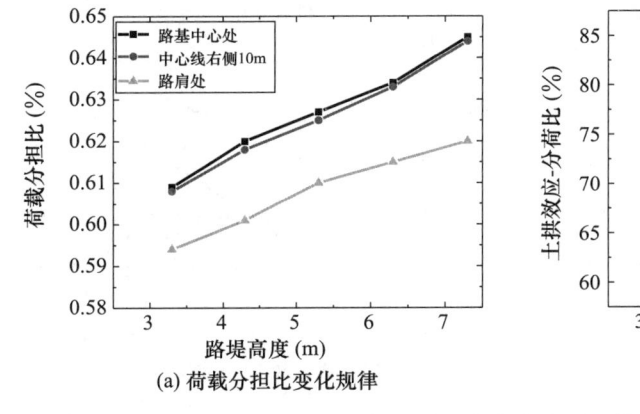
(a) 荷载分担比变化规律

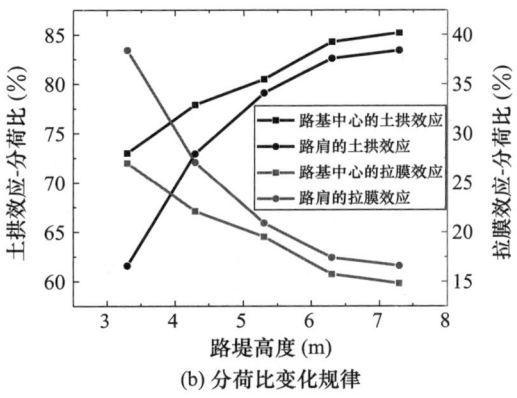
(b) 分荷比变化规律

图2-53 路堤高度影响下的荷载传递规律

表 2-13 路堤高度不同时路基横断面桩土差异沉降

路堤高度（m）	桩土差异沉降值（mm）		
	路基中心	中心线右侧 10m	路肩
3.3	4	3	1
4.3	5	4	1
5.3	6	5	2
6.3	7	6	2
7.3	9	8	2

综上所述，荷载分担比变化规律：增加桩长、桩帽边长、路堤高度和减小桩间距都能增强单桩承载能力；相比于路基中心处，中心线右侧 10m 处荷载分担比降幅 0.1%～1.6%，路肩处荷载分担比降幅 2.5%～7.5%。也就是说，路基横断面荷载分担比变化规律与测点位置有关，从路基中心向路肩方向，荷载分担比逐渐减小，且路肩处荷载分担比降幅明显。

分荷比变化规律：从宏观上看，增加桩长、桩间距、路堤高度和减小桩帽边长都能提高土拱效应-分荷比；路基中心处土拱效应-分荷比较大，而路肩处的拉膜效应-分荷比较大，说明路肩处拉膜效应显著，土工格栅变形较大；对比各计算模型的土拱效应-分荷比，路基中心处分荷比为 65%～90%，路肩处分荷比为 51%～88%。可见路堤荷载传递以土拱效应为主、拉膜效应为辅。

2.3.3 高速公路刚性桩复合地基沉降变形模式研究

2.3.3.1 桩长

图 2-54 所示为桩长影响下的路基横断面沉降变化规律。从图中可以看出：

（1）随着桩长增加，各测点处的地基总沉降逐渐减小。地基总沉降变化规律与下卧层沉降变化规律一致，表明下卧层沉降占比较大。

（2）随着桩长增加，各测点下卧层沉降值迅速减小，而加固区沉降略有增加。其主要原因是桩长增加，加固区范围增大，因此加固区沉降增加。由于模型中地基计算深度不变，下卧层沉降减小。

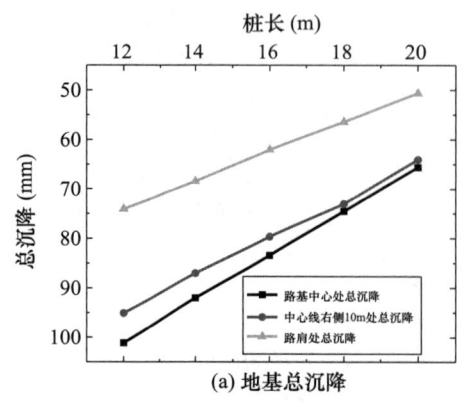
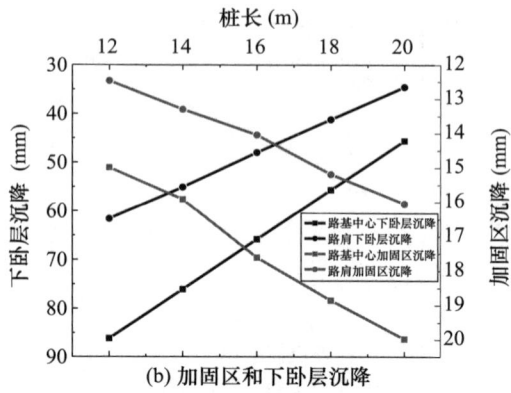

(a) 地基总沉降　　(b) 加固区和下卧层沉降

图 2-54 桩长影响下的地基沉降变化规律

(3) 各测点沉降规律表明，路肩处的总沉降、加固区沉降以及下卧层沉降都明显小于路基中心处。由于路肩处为边坡临空面荷载状态与路基中心差异明显，路肩处沉降明显小于路基中心处沉降。

表 2-14 所示为桩长影响下的路基横断面沉降差，路基横断面沉降差反映了路堤荷载下路基横断面的不均匀沉降。随着桩长增加，路基横断面不均匀沉降逐渐减小。其中下卧层沉降差随着桩长的增加迅速减小，而加固区沉降差基本不变。说明路基横断面不均匀沉降主要由下卧层沉降差引起。由于下卧层沉降占总沉降比例较大，而桩长增加可以有效减小下卧层沉降，因此采用较长的桩体可以有效减小地基沉降以及路基横断面的不均匀沉降。

表 2-14 桩长不同时路基横断面沉降差

桩长（m）	路基横断面沉降差（mm）		
	总沉降差	下卧层	加固区
12	27	25	2
14	24	21	3
16	21	18	3
18	18	14	4
20	15	11	4

注：路基横断面沉降差＝路基中心处沉降值－路肩处沉降值。

2.3.3.2 桩间距

如图 2-55 所示，随着桩间距增加，地基总沉降和加固区沉降增大，而下卧层沉降基本不变。其主要原因是桩间距增加使得单桩处理范围增大，桩体所分担的路堤荷载减小，因此桩间土承担的荷载增加，加固区沉降增加。而下卧层主要承担桩体和桩间土传递的荷载，由于各计算模型的路堤高度相同，由路堤自重产生的附加荷载相同，通过桩体和桩间土传递至下卧层的总荷载相同，所以下卧层沉降受桩间距影响较小。

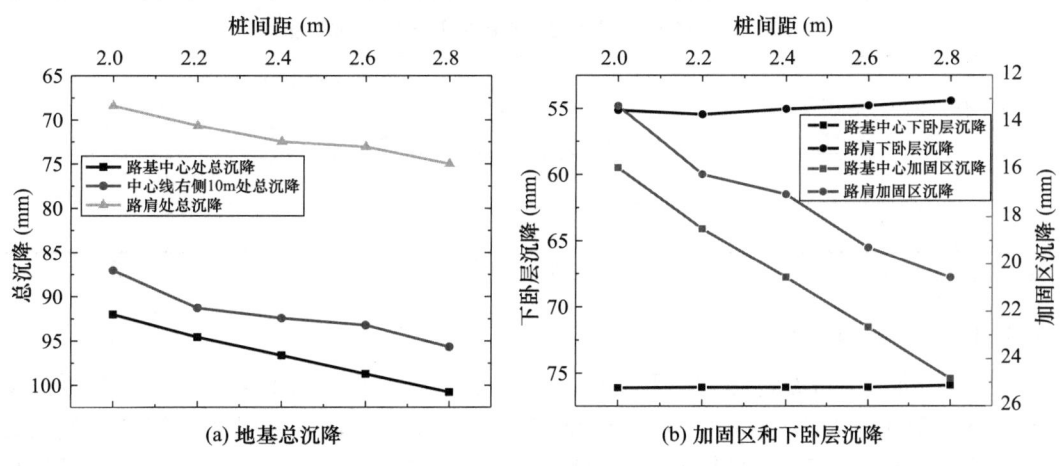

图 2-55 桩间距影响下的地基沉降变化规律

2.3.3.3 桩帽边长

图 2-56 所示为桩帽边长影响下的地基沉降变化规律。从图中可以看出，随着桩帽边长增加，地基总沉降和加固区沉降减小，下卧层沉降基本不变。主要原因是随着桩帽边长增加，桩体承担的路堤荷载增大，作用在桩间土上的路堤荷载减小，因此加固区沉降减小。由于下卧层沉降受桩帽边长的影响较小，地基总沉降变化规律与加固区沉降变化规律一致。

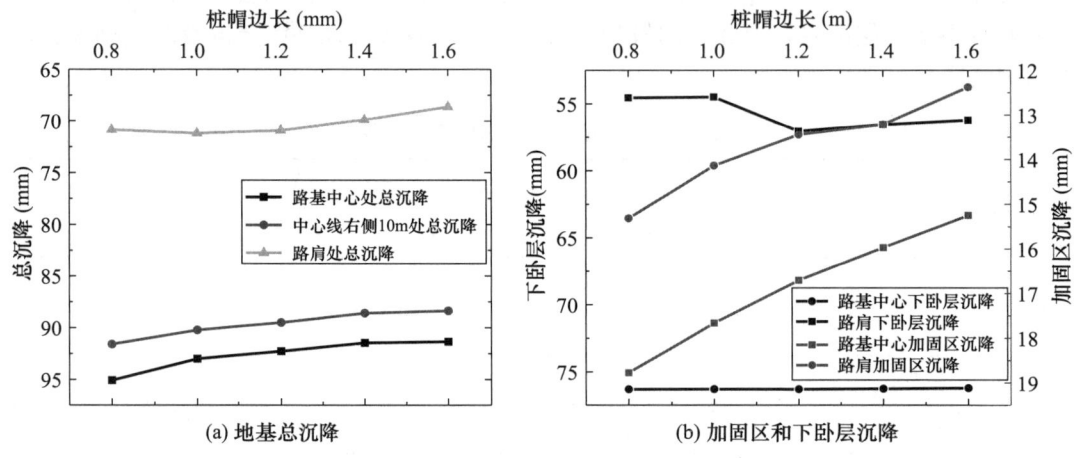

图 2-56　桩帽边长影响下的地基沉降变化规律

在进行路基设计时，通过改变桩帽边长和桩间距都可以改变桩承式路堤的桩帽净间距（$S-a$）。为进一步分析桩帽边长和桩间距对地基沉降的影响，分别对比桩帽净间距相同时，不同桩帽边长和桩间距组合下的地基沉降值，如表 2-15 所示，当桩帽净间距相同时，桩帽较大的模型路基横断面沉降差较小。其主要原因是，当桩帽净间距相同时，桩帽较大的模型所承担的路堤荷载较大，更有利于控制地基沉降。因此在桩承式路堤设计中，当桩帽净间距相同时，从路基横断面不均匀沉降控制考虑，建议采用大桩帽设计。

表 2-15　桩帽净间距相同时的路基横断面沉降差

桩帽净间距（m）	桩帽边长 a（m）	桩间距 S（m）	路基横断面沉降差（mm）		
			总沉降差	下卧层	加固区
$(S-a)=1.2$	0.8	2	25	22	3
	1.0	2.2	23	21	2

注：路基横断面沉降差＝路基中心处沉降－路肩处沉降。

2.3.3.4 路堤高度

图 2-57 所示为路堤高度影响下的地基沉降变化规律。由图中可以看出，路堤高度增加，各计算模型加固区和下卧层沉降都有一定增加，但是下卧层沉降值增长幅度更大。其主要原因是，路堤高度增加，由路堤而产生的附加荷载增大，由于下卧层承担桩体和桩间土所传递的全部荷载，受路堤高度的影响较大。

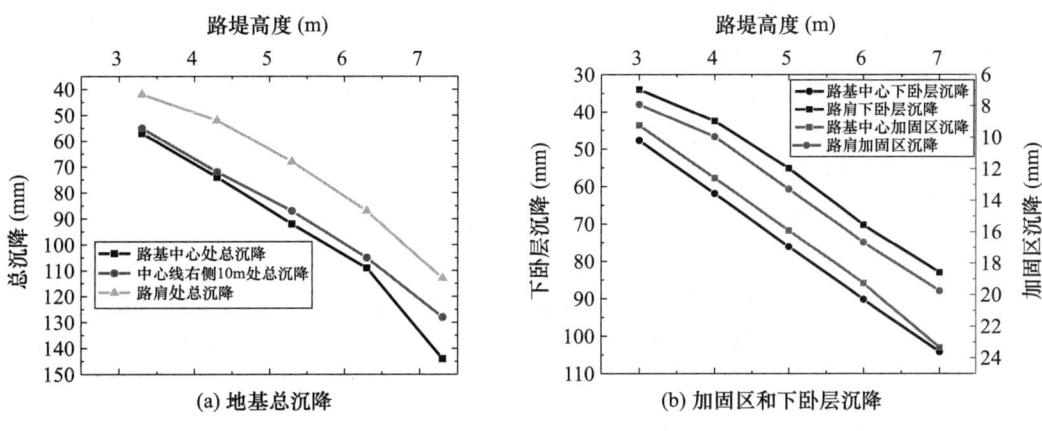

图 2-57 路堤高度影响下的地基沉降变化规律

表 2-16 为不同路堤高度下路基横断面不均匀沉降差。可以看出随着路堤高度增大，地基表面的不均匀沉降差迅速增加，当路堤高度较高（$H>5.3$m）时，路基横断面沉降差基本稳定。其主要原因是，软土地基的沉降主要受地基固结的影响，孔隙水在土压力的作用下逐渐排出，孔隙比减小，地基沉降增大，当地基固结完成时沉降稳定，因此当路堤高度大于 5.3m 时，软土地基在路堤荷载的作用下基本进入稳定状态，也就是说此时的路堤荷载能够让路基影响范围内的软土地基的沉降达到最大值。

表 2-16 路堤高度不同时路基横断面沉降差

路堤高度（m）	路基横断面沉降差（mm）		
	总沉降差	下卧层	加固区
3.3	15	14	1
4.3	22	19	3
5.3	24	21	3
6.3	23	20	3
7.3	25	21	4

注：路基横断面沉降差＝路基中心处沉降－路肩处沉降。

上述分析表明，增加桩长、桩帽边长，减小桩间距和降低路堤高度都能减小地基沉降。从路基横断面沉降变化规律看，中心线右侧的沉降值略小于路基中心处，相较于中心线右侧 10m 处，路肩处沉降值明显小于路基中心处，即路基横断面沉降变化规律与测点位置有关，从路基中心向路肩方向，沉降值逐渐减小，并且在路肩处沉降值迅速减小。

2.4 小结

2.4.1 三维模型试验

采用三维模型试验，模拟桩承式加筋路堤的填筑过程，研究路堤填料性质、桩间距、加筋体强度及布置形式等因素对土拱效应和拉膜效应的影响，在试验过程中对地基表面和路堤内部的土压力变化、筋材变形以及地基沉降进行监测，分析研究路堤荷载传递与分配规律、地基表面的桩土应力分配规律、路堤内部竖向应力分布规律，以及筋材变形的空间分布形式。主要结论如下：

1. 各影响因素作用下的桩土应力比规律

增大桩间距、提高筋材强度、增加筋材布置层数都能在一定程度上增加桩土应力比；在未加筋情况下，荷载传递主要依靠土拱效应的发挥程度，因此当黏聚力增大时，桩土应力比增大。加筋条件下黏聚力对荷载传递的影响程度减小；由于筋材对上部土体有兜提作用，可以促进荷载向桩体转移。当筋材总体抗拉强度相同时，铺设多层低强度加筋体时的桩土应力比略大于仅铺设单层高强度筋材，说明多层加筋体起到局部加固的作用，有利于路堤荷载向桩帽转移。

2. 各影响因素作用下的桩土差异沉降变化规律

减小桩间距，提高填料黏聚力，提高筋材强度和增加筋材布置层数都能有效减小桩土差异沉降；筋材可以进一步促进路堤荷载向桩体转移，减小桩间土应力，因此在铺设了筋材后桩土差异沉降明显减小；随着加筋体层数的增加，桩土差异沉降逐渐减小，但是沉降值的变化幅度减小；当筋材总体抗拉强度相同时，铺设单层高强度加筋体时的桩土差异沉降变化规律和铺设三层低强度加筋体的结果相似，仅在沉降大小上相差 4.2%。

3. 各影响因素作用下的土拱效应和拉膜效应发挥程度

根据试验结果可知，桩间距和路堤填料的黏聚力增大，土拱效应-分荷比增加，拉膜效应-分荷比减小；筋材强度和筋材布置层数增加，拉膜效应-分荷比增加，而土拱效应-分荷比减小；拉膜效应对荷载传递的效率更高，也就是说在相同的变化范围内，通过拉膜效应所传递的荷载更多。

4. 各影响因素用下的路堤内部竖向应力变化规律

未加筋条件下，填土内部竖向应力分布曲线主要包含三个阶段，分布曲线呈 Z 形，变形曲线出现两次拐点；加筋条件下，填土内部竖向应力分布曲线主要包含两个阶段，填土内部竖向应力只发生了一次偏转，该拐点为土拱结构的高度，在加筋材料的影响下土拱结构的内拱高度不明显，即土拱结构的内部形态发生改变。

当筋材总体抗拉强度相同时，铺设多层加筋体时的竖向应力分布曲线与填土重力分布曲线的重合区域较大，表明多层加筋体作用下土拱高度有一定下降，可见筋材的布置形式对土拱形态有一定的影响。

5. 路堤荷载作用下筋材的空间变形特点

增大桩间距、减小路堤填料黏聚力、降低筋材强度和减少筋材布置层数，都会使筋材拉伸应变增大；桩土差异沉降是引起筋材变形的主要原因，桩帽边缘处的筋材变形受桩土差异沉降的影响最大，两桩中心和桩角处次之，四桩中心处最小。从筋材变形规律可以得出，相邻两桩间的加筋条带和四桩之间的中心区域都能承担并传递荷载。因此，建议计算拉膜效应时，考虑筋材的三维空间变形。

筋材的拉伸应变分布极不均匀，沿桩帽中心向两桩中心处，筋材的拉伸应变分布呈 M 形，两桩中心处的筋材变形略小于桩边处的筋材变形。沿桩帽中心向四桩中心处，筋材的拉伸应变逐渐增大，在四桩中心处的筋材拉伸应变达到最大值。

2.4.2 Abaqus 有限元软件

采用 Abaqus 有限元软件，建立二维计算模型，分析桩长、桩间距、桩帽边长以及路堤高度等主要设计参数对桩承式加筋路堤荷载传递和沉降变形的影响。

1. 各影响因素作用下的荷载传递规律

增加桩长、桩间距、路堤高度和减小桩帽边长，可以在一定程度上促进土拱效应的发挥，桩土应力比增大。增大路堤填料的黏聚力、内摩擦角和路堤变形模量可以在一定程度上促进土拱效应的发挥。但是对于加筋路堤，在一定程度上增加黏聚力、内摩擦角和路堤变形模量会减小桩土差异沉降，从而影响荷载传递效率，使得桩土应力比减小。增大筋材强度，对荷载传递具有一定的促进作用，当格栅强度达到 120kN/m 时，继续增加筋材的拉伸强度，桩土应力比不会有明显的提高。

2. 路基横断面荷载变化规律

荷载分担比变化规律，相比于路基中心处，中心线右侧 10m 处荷载分担比降幅 0.1%～1.6%，路肩处荷载分担比降幅 2.5%～7.5%。也就是说，路基横断面荷载分担比变化规律与测点位置有关，从路基中心向路肩方向，荷载分担比逐渐减小，且路肩处荷载分担比降幅明显。

路基中心处土拱效应-分荷比较大，而路肩处的拉膜效应-分荷比较大，说明路肩处拉膜效应显著，土工格栅变形较大；对比各计算模型的土拱效应-分荷比，路基中心处分荷比为 65%～90%，路肩处分荷比为 51%～88%。可见路堤荷载传递以土拱效应为主，拉膜效应为辅。

3. 桩承式路堤沉降演化规律

增加桩长、桩帽边长，减小桩间距和降低路堤高度都能减小地基沉降提高路堤稳定性。从沉降位置上分析，桩长和路堤高度变化，主要影响下卧层沉降。桩间距和桩帽边长变化，主要影响加固区沉降。

路基中心线右侧 10m 处的沉降值略小于路基中心处，相较于中心线右侧 10m 处，路肩处沉降值明显小于路基中心处，即路基横断面沉降变化规律与测点位置有关，从路基中心向路肩方向，沉降值逐渐减小，并且在路肩处沉降值迅速减小。

3 基于水泥改良的高速公路细粒土路基刚度提升研究

3.1 高速公路路基填料强度与变形规律试验研究

3.1.1 土体的压实机理分析

路基强度是影响路基变形的主要因素，因此进行高标准路基的压实是保证路基、路面强度和稳定性的重要技术措施。压实后路基具有了一定的压实度，具备了一定的强度，可以减少路基压密沉降和行车荷载作用下的累积塑性变形，还可以增加路基强度稳定性和耐久性。提高路基压实度对于增强路面的使用性能和延长寿命是非常重要的。

土体中的水呈两种状态，一种是符合液体规律的自由水，另一种是包围在土颗粒表面的弹性水膜。由于土颗粒表面静电引力的作用，这层弹性水膜具有类似固体的性质，即具有特殊的黏滞性、抗剪性和弹性。水膜越薄，这种特性就会越显著，随着水膜的增厚，土粒表面的静电引力的控制作用减弱，从而使这些性能迅速丧失，当水膜增加到某一厚度时，它的抗剪性能降低到零。在这个厚度范围以内的水由于受土粒表面静电引力的束缚作用，称为结合水，而在这一厚度以外的水不受土粒表面静电引力的束缚呈自由状态，称为自由水。土样在压缩过程中，只有自由水才产生润滑作用，而受束缚的结合水具有抗剪性，构成土粒间相互位移的阻力，从这一观点出发就不难解释土体含水率对各种土样压实特性的影响。

土体中含水率越小，结合水膜就越薄，土样表面静电引力的控制作用就越大，土样的抗剪性能就越强，压实需要作功就越大，当结合水膜的厚度逐渐增加到使土样的抗剪能力趋于零时，只需耗费最小的压实功就能使土样达到最大的密实度，这时土样的含水率就是最佳含水率，相应的干密度就是最大密实度。当土样含水率超过最佳含水率时，土料逐渐饱和，随着自由水的增多，结合水的电势能逐渐消失，土粒间的黏结力和摩擦力逐渐消失，使土粒间产生润滑作用，同时土粒位移的阻力大为减少，导致土粒产生"滑跑"，即产生流塑现象。此时短暂的压实功只能作用在自由水上，而水又不能从土中排出。所以压实功不能全部传递到土粒上去，故产生了孔隙压力，这时压实功虽然消耗很大，却不能得到较好的压实效果，而停留在孔隙中的水就阻碍了颗粒的紧密排列，土的密实度反而降低。故含水率超过最佳含水率后曲线就下降。由此表明土的含水率是影响路基土压实的重要因素之一。

压实土的密实度和施加荷载时的含水率对其压缩性有重要影响。压实土的压缩试验表明：在某一荷载作用下，有些土样压缩稳定后，如加水使之含水率增大，土样就会在同一荷载作用下出现明显的附加压缩，而这一现象的出现与否和压实试样时制备含水率有很大关系：

(1) 当含水率 $w<w_{opt}$ 时，由于含水率低，黏粒扩散层不能充分发展，粒间的水化膜楔入力较小，而吸引力较大，团聚力较强，土体很难被压实，形成典型的松散集粒结构。

(2) 当含水率 $w=w_{opt}$ 时，黏粒扩散层加厚，粒间水化膜楔入力增大，颗粒间的作用力减小，土样在击实功作用下，团聚体间易于"滑动"压密。但团聚体黏粒间仍为无序排列，黏粒扩散层未能高度发育，致使其结构强度仍较大。

(3) 当含水率 $w>w_{opt}$ 时，由于含水率增高，粒间作用力减小，一部分含水率较高的团聚体结构强度减弱，易被其他颗粒挤扁，使黏粒团聚体产生定向排列，形成镶嵌结构。这种结构，由于颗粒周围存在着含水率较高的叠聚体，扩散层较厚，因而孔隙比要比含水率低时高，土体密度小。

3.1.2 路基填料的物理性质指标试验

为了研究压实土体密实度和含水率对其强度和变形的影响，对取自京雄高速公路河北段沿线典型细粒土路基填料的土体进行分析。测定土样的颗粒组成和物理性质指标的试验结果见表 3-1 和表 3-2。按照《公路土工试验规程》（JGT 3430—2020），该土定名为低液限粉土。

表 3-1 路基填筑土料粒径分析结果

粒径（mm）	>0.15	0.125～0.15	0.074～0.125	0.05～0.074	0.01～0.05	0.005～0.01	<0.005	<0.002
含量（%）	0	0.05	39.50	40.20	12.80	1.23	6.22	4.00

表 3-2 路基填筑土料物理性质指标试验结果

物理性质指标	天然含水率 w（%）	液限 w_L（%）
试验结果	15.3	26.8

粉土的不均匀系数 $C_u=3.2$，曲率系数 $C_c=2.05$，由于不能同时满足不均匀系数 $C_u>5$ 和曲率系数 $C_c=1\sim3$ 这两个条件，该土为级配不良土。

该土质颗粒主要由粉粒组成，黏粒含量极少，塑性指数偏低，成土条件单一，粒径较均匀，近乎球形体堆积，土颗粒之间容易滑动，稳定性较差。这些是导致该土体较难压实、板体性差的主要原因。

土样的击实试验结果如图 3-1 所示。其最大干密度 $\rho_{max}=1.84\text{g/cm}^3$，最佳含水率 $w_{opt}=14.4\%$。

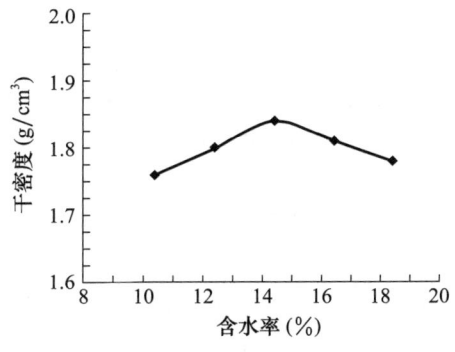

图 3-1 击实试验结果

3.1.3 路基填料的直剪试验

进行了不同含水率、不同压实度（K）的路基填料直剪试验，试验结果如表 3-3、图 3-2 和图 3-3 所示。

表 3-3 路基填料黏聚力 c、内摩擦角 φ 值试验结果

压实度 (%)	$w=10.6\%$		$w=12.6\%$		$w=14.6\%$		$w=16.6\%$	
	c (kPa)	φ (°)	c (kPa)	φ (°)	c (kPa)	φ (°)	c (kPa)	φ (°)
97	113.5	27.1	72.3	25.9	47.5	28.0	33.6	24.3
95	96.2	23.2	59.6	23.3	39.8	26.2	27.4	21.8
93	79.8	19.3	48.1	20.3	32.0	22.1	18.2	19.1

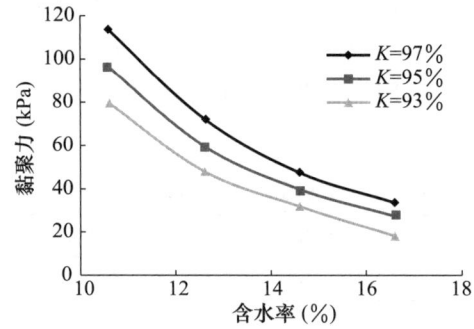

图 3-2 不同压实度条件下土体黏聚力随含水率的变化曲线

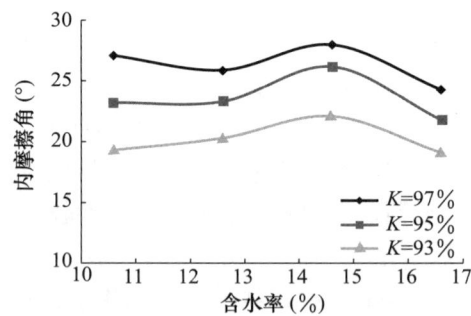

图 3-3 不同压实度条件下土体内摩擦角随含水率的变化曲线

试验结果显示：对于某一击实方法来说，压实土的抗剪强度性状取决于受剪时的密实度和含水率。含水率对强度的影响，在偏干和偏湿时均不相同。

（1）当含水率相同时，c、φ 值随着压实度 K 的增加而增加，黏聚力 c 相对增加稍快。

（2）当压实度相同时，随着含水率的增加，c 值减小，最优含水率为 14.6% 时内摩擦角 φ 值最大。

（3）当压实度相同时，小于最佳含水率试样的 c、φ 值比大于最佳含水率试样的 c、φ 值高，也就是说前者比后者较易获得更高的强度。

当土样的含水率大于其相应的最佳含水率时，土的强度降低。随着含水率的增加，水分在较大土粒（如砂土）表面形成润滑剂，使摩擦力降低。对于黏性土的细小黏粒而言，当含水率增加时，结合水膜变厚，由于土粒间的润滑作用降低了粒间的摩阻力，土的内聚力降低。饱和黏性土受压或蒸发作用使含水率降低，将使土粒周围的结合水膜变薄，使土粒间距缩小，这时通过公共结合水膜的水胶连接就逐渐增强，黏聚力相应增大。因此，黏性土的含水率越低，其黏聚力越大，土的强度越高。

随着含水率的减小，土的强度相应地逐渐增加。当土样的含水率低于其最佳含水率时，虽然土的干密度比较小，但其强度仍在随含水率的减小而增大，且比最佳含水率时的强度要大得多。一方面，土粒间毛细水的弯液面的曲率较大，使土粒间具有相当大的吸力，因而强度大。另一方面，因为此时的压实功虽未使土样达到最密实状态，但它克服了土粒间引力等的联结形成了新的结构，能量转化为土的强度的提高，而且较大的击实功不仅增加了土的密实度，也提高了土的强度。也就是说，压实土的强度在一定条件下可以通过增大压实功来提高。

从微观结构角度分析，细粒土结构破坏时，其抗剪强度会低于同密度和相同含水率的原状土，细粒土受扰动强度降低的原因主要是：一方面破坏了颗粒表面结合水水分子的定向排列，破坏了颗粒间的原始黏性，此部分降低的强度随时间是可以逐渐恢复的；另一方面，破坏了颗粒间的胶结物质，使强度降低，此部分降低的强度一般是不会恢复的。例如，含砂低液限粉土的自然含水率很低，强度较高，但浸水以后，强度会很快降低，并产生变形，虽然这是一个复杂的物理化学过程，但从土的微观结构角度分析，这主要是由于水的浸入使结合水膜变厚和胶结物溶解，导致土体的内聚力降低，结构遭到破坏。因此其黏聚力 c 随含水率的增大而显著减小。当粉土的天然含水率低于塑限时，含水率的变化对强度影响最大；当天然含水率 w 超过塑限 w_p 时，w 增加使强度的降低幅度减小；而在饱和含水率时强度为最低值。

3.1.4 路基填料的不固结不排水三轴试验

为了进一步分析压实度对土体强度的影响，进行了粉土填料的不固结不排水三轴试验。试验过程中分别按照 93%、95%、97% 的压实度制样进行试验。试验结果如图 3-4～图 3-6 和表 3-4 所示。依据试验结果，不同压实度的强度指标见表 3-5。由粉土的三轴试验结果可以看出：随着压实度的增加，粉土的黏聚力 c 和内摩擦角 φ 增幅明显，这说明土体的抗剪能力是和压实度密切相关的。

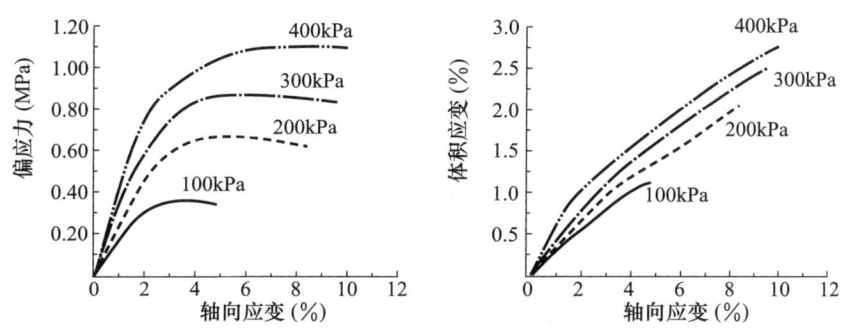

图 3-4 压实度为 93% 时偏应力-轴向应变关系曲线及体积应变-轴向应变关系曲线

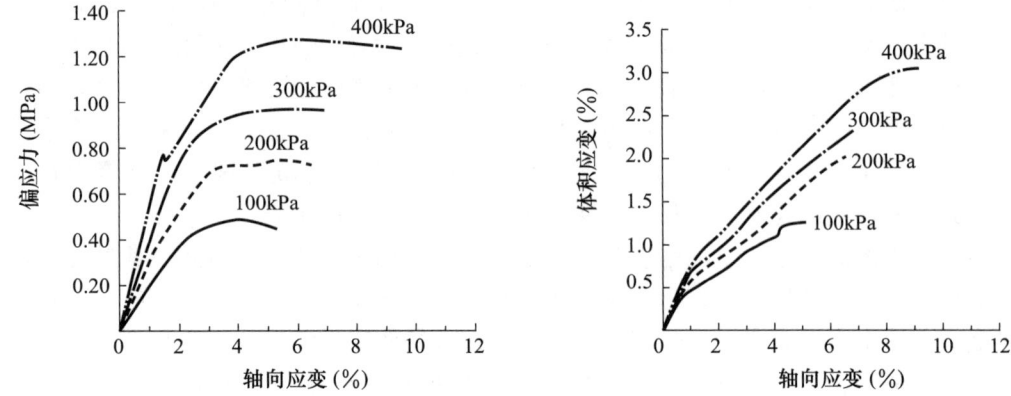

图 3-5　压实度为 95% 时偏应力-轴向应变关系曲线及体积应变-轴向应变关系曲线

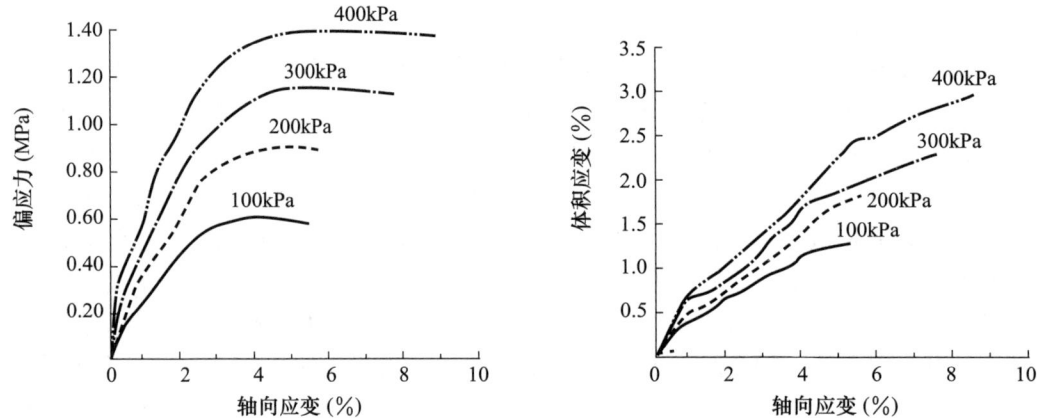

图 3-6　压实度为 97% 时偏应力-轴向应变关系曲线及体积应变-轴向应变关系曲线

表 3-4　三轴试验结果

压实度 K (%)	轴应力（kPa）	破坏偏应力（kPa）	破坏主应力（kPa）
93	100	382.5	482.5
	200	663.8	863.8
	300	877.2	1177.2
	400	1117.8	1517.8
95	100	477.9	577.9
	200	758.8	958.8
	300	992.8	1292.8
	400	1277.1	1677.1
97	100	584.4	684.4
	200	857.8	1057.8
	300	1095.7	1395.7
	400	1329.9	1729.9

表 3-5　粉土不同压实度的强度指标

压实度（%）	黏聚力 c（kPa）	内摩擦角 φ（°）
93	40.0	34.9
95	50.5	35.5
97	81.5	36.6

3.1.5　路基填料的压缩试验

根据击实试验结果制备不同含水率 w（$w_{opt}-2\%$，w_{opt}，$w_{opt}+2\%$）和不同压实度 K（93%、95%、97%）的试件，采用单轴固结仪法进行压缩试验，结果如图 3-7～图 3-9 所示。试验结果显示：

（1）相同含水率下，孔隙比随压实度的增加而减小，压实度越大，压缩性越小。同样 e-p 曲线斜率随压实度的增加而减小，压实度越大，e-p 曲线越平坦，压缩性越小。

（2）相同含水率下，不同压实度的 e-p 曲线的斜率基本一致。

（3）相同压实度下，e-p 曲线斜率随含水率增加而增大，含水率越大，曲线越陡，压缩性越大，表明在相同压力变化范围内，土的孔隙比减小得越多，土的压缩性越高。

（4）在不同压实度下，e-p 曲线总的趋势是，随着压力 p 的增加，孔隙比 e 越靠近，即当压力 p 较小时，压实度对压缩性的影响较大，当压力 p 较大时（如高填方路基），压实度对压缩性的影响减弱。

（5）土的沉降量不仅随其压实度的降低而增大，而且随其含水率的增大而增大。

压实土的压缩性主要取决于它的密度和加荷时的含水率。如填筑含水率偏干，击实土较为疏松，土粒周围的水膜薄，外部的击实功未能使土粒之间产生明显移位变密，一旦遇水，水膜变厚，土粒间引力减小，土粒之间就易于移动而出现附加压缩，而且这种附加压缩随含水率低于或高于最佳含水率的不同而不同。所以在填筑路基的设计和施工中必须引起重视，特别是水浸的路堤可能因此造成损坏和行车不安全。为了消除这一不利影响，有必要确定填土受水饱和时不会产生附加压力所需的最小含水率，以对填土含水率提出要求。

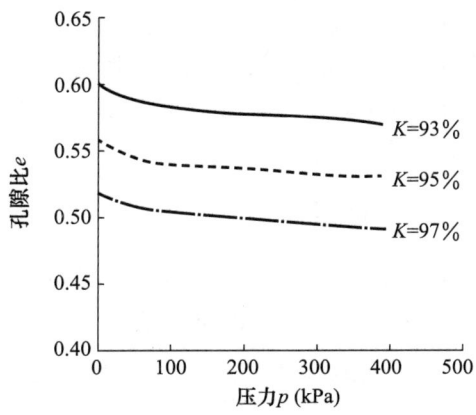

图 3-7　$w_{opt}-2\%$时试样的压缩曲线

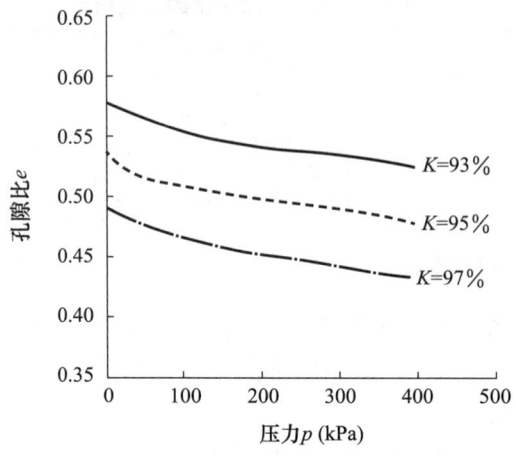

图 3-8　w_{op}时试样的压缩曲线

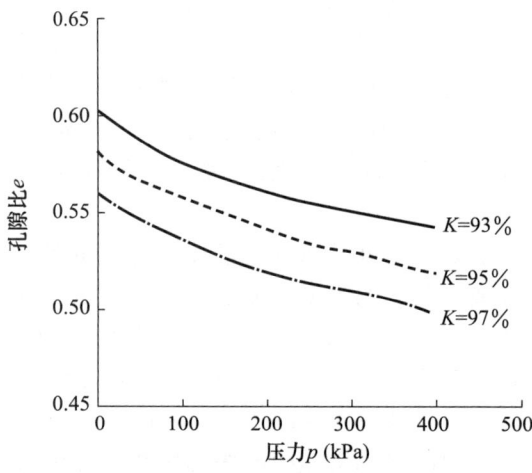

图 3-9　$w_{op}+2\%$时试样的压缩曲线

含水率的变化对黏性土的变形有着直接或间接的影响，失水收缩和吸水膨胀是黏性土的共同特性，也是含水率变化的结果。土体受压孔隙水排出，含水率降低，土体变形增大；土体卸荷含水率增加，土粒间隙增大，土体膨胀或回弹。含水率的变化对变形计算中有关常用计算参数有着直接影响，从参数大小间接反映出含水率的降低引起变形减小，含水率增加引起变形增大的趋向。

3.1.6　路基填料的室内回弹模量试验

表 3-6 和图 3-10 所示为最佳含水率条件下的室内回弹模量的试验结果，表 3-7 和图 3-11 所示为压实度为 100% 时室内回弹模量的试验结果。

表 3-6　最佳含水率条件下的室内回弹模量的试验结果

压实度（%）	93	95	97
回弹模量（MPa）	32.6	41.5	51.3

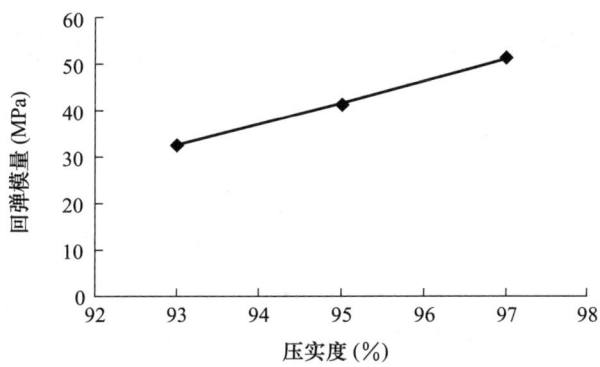

图 3-10 回弹模量与压实度的关系曲线

表 3-7 压实度为 100% 时室内回弹模量的试验结果

含水率（％）	10.4	12.4	14.4	16.4
回弹模量（MPa）	73.2	65.4	56.3	38.6

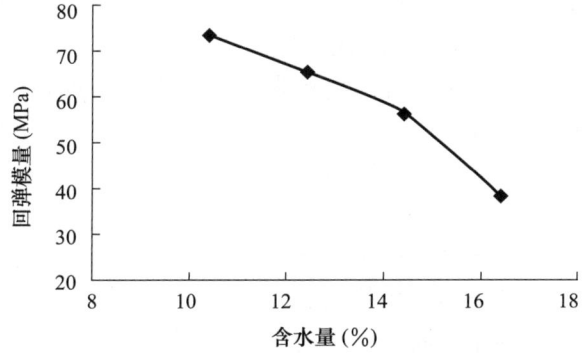

图 3-11 回弹模量与含水率的关系曲线

由含水率不变，压实度分别取 93％、95％、97％，所得的静态回弹模量与压实度的关系曲线可以看出：在上述压实度范围内，压实土的静态回弹模量随着压实度的增大而增大，而且增长的速度基本不变，表明在常用的 95％压实度的基础上继续提高压实度，仍可以有效提高土的回弹模量。

由压实度均取 100％，含水率分别取 10.4％、12.4％、14.4％、16.4％，所得的静态回弹模量可以看出：当土样的含水率大于最佳含水率时，土的回弹模量随含水率的增加降低得很快。当土的含水率低于最佳含水率时，土的回弹模量随含水率的减小而减小，但减小的速度较缓慢。由此可见，含水率对路基强度（回弹模量）的影响大，而且很敏感。一般而言，当含水率低于最佳含水率时，土样在浸水饱和前的回弹模量很高，但浸水饱和后的回弹模量随即大大降低。土样越干，回弹模量降低的幅度越大，即回弹模量的稳定性越差。而在最佳含水率下压实的土样，浸水饱和后的回弹模量很高，且浸水前后回弹模量的差异不大，水稳性最好，这就是在最佳含水率状态下把土压实至最大干密度的原因。

3.2 干湿循环条件下路基填料性能衰减试验研究

3.2.1 素土的干湿循环试验

1. 试验方法

本试验通过对不同干湿循环周次条件下的素土土样进行无侧限抗压强度试验及含水率试验，分析所得试验数据的规律，进行拟合分析，找出能预测路基填料最终稳定时的胀缩率、含水率及强度特性的最佳方法。

根据试验所需土样数量，将风干后的土样过 2mm 筛，按最优含水率加水拌匀再在塑料袋内润湿一夜后，按击实试样的制作方法在制样器内分四层制成高 8.0cm、直径 3.91cm、压实度为 96% 的击实试样 24 块，将制好的试样进行标准养护，共做 4 组平行试验。

为模拟路基填土在雨水入渗蒸发及地下水毛细作用下的干湿循环现象，将试样在开放式系统下做干湿循环试验，即有充足的外来水分补给。具体步骤如下：

(1) 将试样放入恒温烘箱中，在 (70±2)℃下烘干 24h 后取出并称重。

(2) 在水槽中铺设透水石，加水至透水石顶面以下约 1mm，保持水槽平稳，然后将在干燥环境下晾放至室温并包在特制饱和器中的试样置于透水石上，令其通过透水石从水槽中吸水 24h。饱和器的目的是限制试样在吸水过程中的侧向变形。

(3) 将吸水 24h 的试样从水槽中取出，脱去饱和器并擦干表面水分后测量其质量及高度。

(4) 取出 4 个试样进行无侧限抗压强度试验。试验中记录轴向百分表读数、量力环读数及破坏形态，并在试样破坏后从其中部取土测量含水率。

如此就完成了一个干湿循环周次；将剩下的试样重复 (1)～(4) 步，继续进行试验，直至土样强度稳定。

2. 试验结果及分析

经试验发现，素土土样只能做两个周次的干湿循环试验，在第三周试验中，吸水后的试样已不能直立，在自重作用下就会有明显变形，可认为没有无侧限抗压强度（图 3-12）。将所得 4 组平行试验数据取均值并绘制应力-应变曲线，如图 3-13 所示。

图 3-12 素土干湿循环后的照片

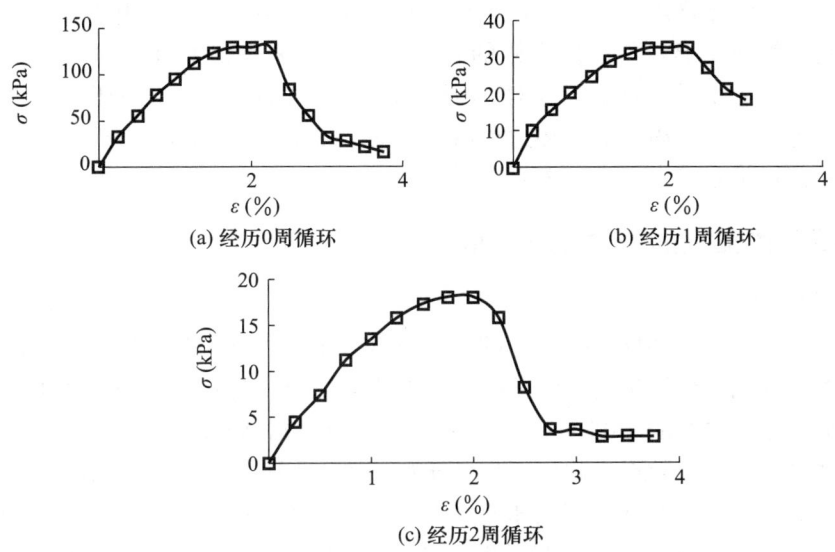

图 3-13 素土经不同干湿循环周次后强度

将各个干湿循环周次下所得无侧限抗压强度 q_u、含水率 w 及试样高度 h 与循环周次 n 之间关系绘制成曲线，如图 3-14 所示。

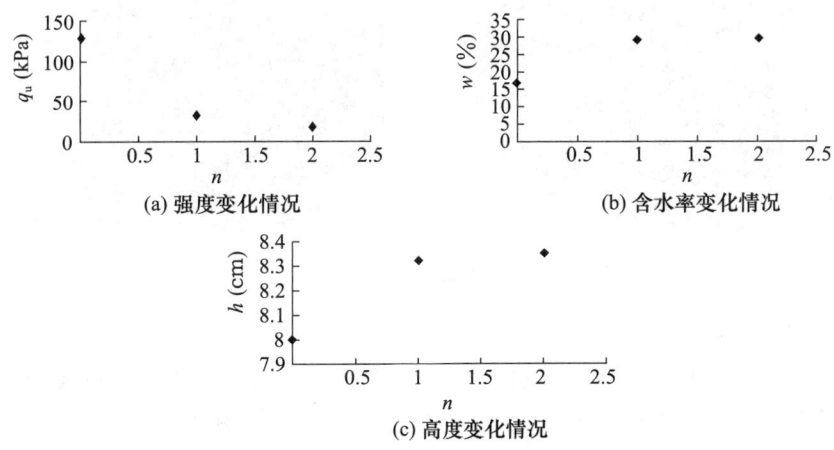

图 3-14 素土试样干湿循环结果

分析图 3-13、图 3-14 可以得出：

（1）所有素土试样不管是否经历干湿循环过程，达到应力峰值时应变均为 1.75%，说明干湿循环过程对素土应变影响不大。

（2）经历第 1 周干湿循环过程后，素土土样的强度发生急剧衰减，降幅达 75%，经历第 2 周循环过程后，降幅亦有 44%，而在第 3 周干湿循环过程后已失去无侧限抗压强度，可见素土的水稳性较差。

（3）未经历干湿循环时，土样的含水率为最优含水率 16.8%，而在第 1 周循环中，土样饱水后含水率为 29.0%，在第 2 周循环中，土样饱水后含水率为 29.6%，基本保持不变。

(4) 随着干湿循环周数的增加，土样饱水后的体积逐渐增大，由于在饱水过程中用饱和器限制了侧向变形，可以用土样的高度 h 的变化来表征其体变量，由图 3-14（c）可以看出，经历第 1 周循环后，土样的变形量较大，而在第 2 周循环过程中的变形很小。由此可得出经历 2 周干湿循环过程后试样的干密度 ρ_{d2} 为 1.64g/cm³，其值为未经历干湿循环时试样干密度 ρ_{d0} 的 95.8％。

3.2.2 石灰改良土的干湿循环试验

1. 试验方法

通过对不同干湿循环周次条件下的石灰改良土土样进行无侧限抗压强度试验及含水率试验，将所得试验数据进行拟合分析，并对不同的经验公式做出选比改进，找出能预测路基填料最终稳定时的胀缩率、含水率及强度特性的最佳方法。

根据试验所需土样数量，将风干后的土样过 2mm 筛，按最优含水率加水拌匀再在塑料袋内润湿一夜后，在制样器内压制成高 5cm、直径 5cm、压实度为 96％ 的压实试样 36 块，将制好的试样放入标准养护箱养护 6d，再浸水 1d 后做试验，共做 6 组平行试验（图 3-15）。干湿循环过程与素土试样干湿循环方法相同。

 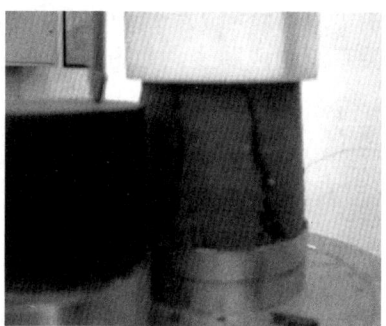

图 3-15　石灰改良土干湿循环试验照片

2. 试验结果及分析

试验发现，经过 5 次干湿循环过程后，石灰改良土的无侧限抗压强度已趋于稳定，将所得 6 组平行试验数据取均值并绘制应力-应变曲线，如图 3-16 所示。将各个干湿循环周次下所得无侧限抗压强度 q_u、含水率 w 及试样高度 h 与循环周次 n 之间关系绘制成曲线，如表 3-8 和图 3-17 所示。

表 3-8　干湿循环后改良土的变化特征

次数	峰值强度（kPa）	含水率变化（％）	高度变化（cm）
0	283.2	26.9	5.20
1	245.1	27.0	5.24
2	172.4	29.3	5.30
3	167.6	29.0	5.31
4	152.8	29.2	5.33
5	155.9	29.6	5.32

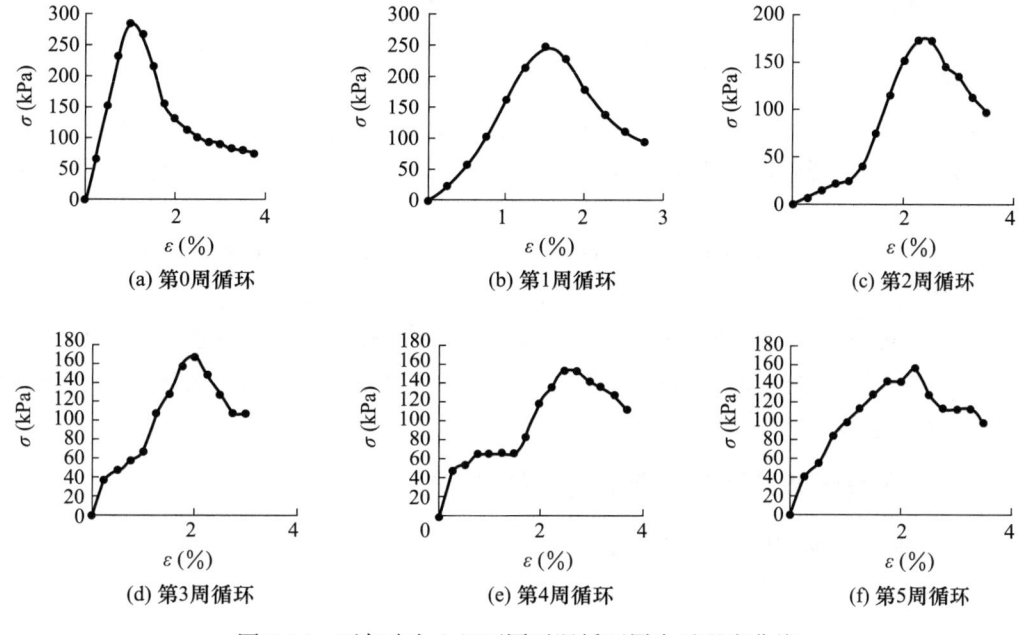

图 3-16 石灰改良土经不同干湿循环周次后强度曲线

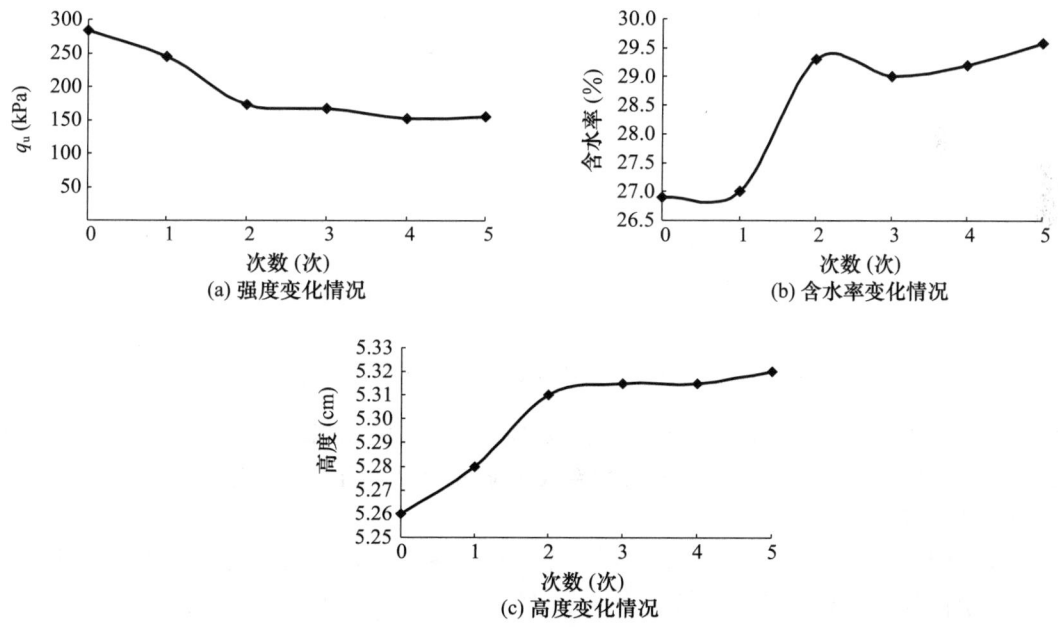

图 3-17 石灰改良土干湿循环试验结果

分析以上各图,可得出如下结论:

(1) 未经历干湿循环过程时,应变达到 1% 时应力就达到峰值,试样破坏,而在经历干湿循环后,试样破坏时的应变稍有增加,基本稳定在 1.5% 左右,说明其刚度有一定衰减。

(2) 随着干湿循环次数增加,石灰改良土的强度最初发生急剧衰减,前 2 周降幅达

20%左右，但经历3周循环过程后，逐渐稳定在未经历干湿循环试样强度的50%左右，其衰减程度较素土来说，有较大改善，水稳定性良好，试样无侧限抗压强度最终会稳定在156kPa。

(3) 在前2周循环过程中，土样饱水后含水率略有增加趋势，大约增加了2.4%，以后则保持平稳，说明经历2周循环后，其内部的微裂缝已扩展到一定程度，进一步扩展的趋势随之减弱。

(4) 随着干湿循环周数的增加，石灰改良土土样饱水后的体积在不断增大，由于在饱水过程中用饱和器限制了侧向变形，可以用土样的高度 h 的变化来表征其体变量，由图3-17 (c) 可看出，在前2周循环中，土样的变形量较大，其后则逐渐趋于稳定，最终稳定在5.31cm左右，最终稳定时的干密度 $\rho_{d\infty}=1.46g/cm^3$，其值为未经历干湿循环时试样干密度 ρ_{d0} 的90.4%。

3.2.3 干湿循环条件下路基填料破坏过程分析

对干湿循环条件下路基填料的应力-应变关系曲线进行分析，不难发现都基本经历了以下几个阶段（图3-18）：

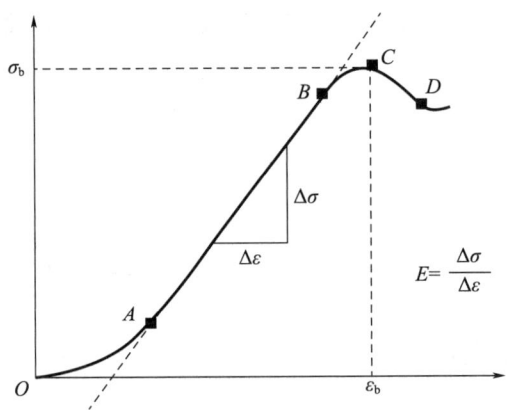

图3-18 路基填料应力-应变关系图

(1) 压密阶段（OA），表现出较低应力时具有一定的压缩性。

(2) 弹性段（AB），经过压密后骨架与水紧密结合，因为是不排水压缩，此时变形表现为弹性变形。

(3) 塑性屈服段（BC），在该阶段，土样受压变形具有塑性特征。释放荷载其变形不能完全恢复。在C点达到了抗剪强度的最大值，为峰值强度。

(4) 破坏阶段（CD），达到峰值强度后，试样开始产生裂纹，裂纹扩展导致应力突然释放，即CD段。从试验结果看，这些裂纹并没有形成主破坏面，土样仍具有一定的强度，为残余强度。

3.2.4 干湿循环条件下路基填料强度衰减机理分析

石灰改良土是一种复杂的多相分散体系，石灰与土拌和后，石灰矿物与土中的水分发生强烈的水解和水化反应，同时从溶液中分解出 $Ca(OH)_2$ 并形成其他水化物，有的自行继续硬化形成石灰石骨架，有的则与土相互作用。

离子交换及团粒化作用：在石灰水化后的胶体中，$Ca(OH)_2$和Ca^{2+}、OH^-共存，而细粒土作为分散体，当与水结合时一般表现为胶体的特征，通常其表面会带有Na^+、K^+等离子，析出的Ca^{2+}会与土中的Na^+、K^+进行当量吸附交换。吸附交换结果使土颗粒形成较大的土团。石灰水化产物$Ca(OH)_2$具有强烈的吸附活性，使这些土团粒进一步结合起来，形成稳定的石灰土链条状联结结构，具有封闭土团间孔隙的作用。

硬凝反应：随着石灰水化反应的深入，溶液中析出大量的Ca^{2+}，当Ca^{2+}的数量超过上述离子交换的需要量后，就在碱性的环境中与组成黏土矿物的部分发生化学反应，生成不溶于水的稳定结晶矿物。这些重新结合的结晶化合物，依靠比较强的化学键结合，构成结晶网状结构，增强了土的强度和水稳性。

碳酸反应：石灰水化物中游离的$Ca(OH)_2$不断地吸收水中的CO_2，生成$CaCO_3$。这种反应能使土结团，起粗粒化作用，增强土的强度；另外还可以形成所谓的"晶边-晶面结合"的蜂窝状结构，而土中的矿物颗粒包覆于蜂窝状结构中，这就是石灰改良土的结构。

对于路基工程中使用的石灰改良土，改良后的土结构中土颗粒团起着主导作用，当土颗粒团中含有黏粒时，就会导致石灰改良土具有吸水膨胀、失水收缩的特性。因此，石灰改良土经历干湿循环后，在其内部将发生干缩与湿胀变形。由于石灰改良土本身具有一定的结构强度，干缩与湿胀变形必然受到石灰改良土自身结构强度的限制。当变形产生的应力超过石灰改良土自身的结构强度时，就会在土颗粒团间相互连接的薄弱环节处产生应力集中，形成微裂缝，随干湿循环次数的不断增加，干缩与湿胀变形将进一步增大，并导致微裂缝不断扩展，造成石灰改良土自身结构的破坏，从宏观上就会使土强度逐渐衰减。特别是随土料中黏粒含量的增加，每一次干湿循环引起的改良土体内部的湿胀和干缩变形增大，从而使干湿循环后土体强度的降低程度随土中黏粒含量的增加而增大，上述试验结果在一定程度上证明了这一推论。另外，石灰改良土在经历几次干湿循环后，其内部的微裂缝就会扩展到一定程度。如果再经历干湿循环过程，土体内部的干缩湿胀变形也就有了一定空间，此变形在石灰土结构中产生的应力就会减小，微裂缝进一步扩展的趋势也随之减弱，从而导致石灰改良土强度衰减程度随干湿循环次数的增加而逐渐趋于稳定。

3.3 冻融循环条件下路基填料性能衰减试验研究

在季节性冻土地区，由于大气温度下降，土体中的水尤其是外界补给水分聚集冻结，使土体的体积增大，导致路基、底基层或基层冻胀，引起附加的应力和变形。随着春季气温的上升，冻结后的土体从上层开始融化，但冻土层的下层尚未溶解，水分无法下渗，使土体含水率增大，在行车荷载作用下就会使上部结构发生沉陷变形及道路融沉等现象。无论是冻胀还是融化，都将造成路面平整度的降低甚至破坏，严重地威胁着道路结构物的安全与稳定，给公路尤其是高速公路的正常运行造成了安全隐患，也额外增大了公路养护费用，给公路工程建设带来巨大危害，给国民经济造成重大的损失。

3.3.1 冻融循环过程石灰土结构变化机理分析

土样在冻结过程中,温度由外向内逐渐降低,外层首先冻结,如图 3-19 所示,最外侧是冻结层,其次是相变带,最内层是未冻土。在冻结过程中,对于饱和土忽略水分迁移影响,仅在各相相对稳定状态下进行分析,当外部冻结层具有一定强度时,中间相变带内的孔隙水在负温作用下同时产生相变过程,由于其受内外土层约束,要发生体积膨胀必然要对内外层同时作用一个冻胀力 F,当冻胀力 F 同时作用于内外土层时,外部冻土层在力的作用下产生弹性变形 $\Delta\varepsilon$,而内部土层在冻胀力的作用下也可能会发生一定压缩变形 $\Delta\delta$。当外部冻结层的抗压强度远大于内部融土的压缩强度时,内部压缩量等于 $\Delta\delta$,当内部土被压缩到一定程度,其压缩强度与外部冻结层的抗压强度相当时,外部冻结层则产生弹性变形 $\Delta\varepsilon$。随着冻结过程的深入,内部未动土继续被压缩,当其抗压强度大于冻土层的弹性极限强度后,冻结层随之出现破损、裂隙,这是看到冻土表面出现纵横裂隙的原因。

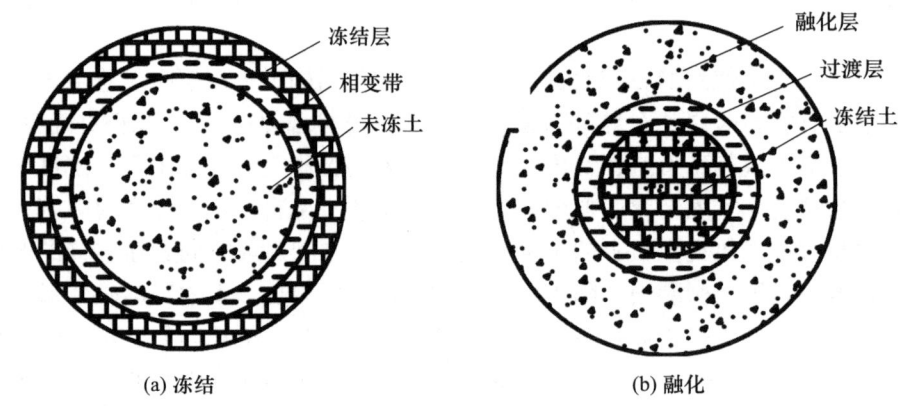

图 3-19 冻结状态和融化状态土样横断面图

而在融化过程中,由外而内升温,当外层融化时,内部仍处于冻结状态,外部融化土在冻结中出现的裂隙在周围压力的作用下会得到一定程度的压密,如果周围压力足够大,在一定程度上还可以压密外部土在冻结过程出现的疏松状态,直到融化完成。总的结果是,在冻结过程中土体由于水相变产生的冻胀力而被压密,而在融化过程中,外部松散土在周围压力作用下也被压密,土体在整个冻融过程中趋于被压密,孔隙比减小。

3.3.2 冻融前后土体抗剪强度的变化规律试验研究

进行了 6% 石灰改良土在不同含水率(w_{opt})(18%、21%和 24%)、不同冻结温度(-3℃、-7℃、-15℃)、不同冻融次数(1 次、3 次、5 次、7 次、9 次)的强度变化规律试验研究。未冻改良土的无侧限抗压强度为 283.1kPa。

3.3.2.1 含水率对无侧限抗压强度的影响研究

图 3-20、图 3-21 所示分别为冻结温度为-3℃与-7℃时,含水率变化对冻融土无侧限抗压强度的影响曲线。

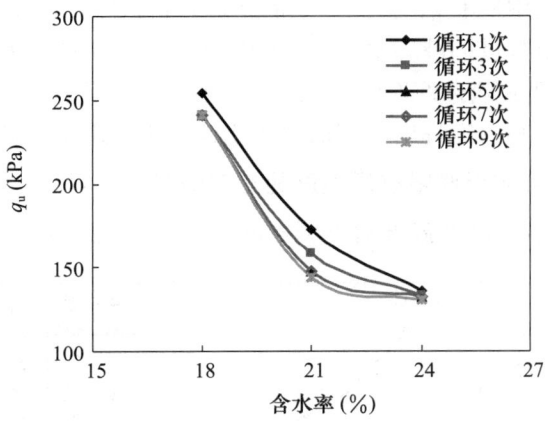

图 3-20　循环次数和温度（−3℃）一定时，含水率对 q_u 的影响曲线

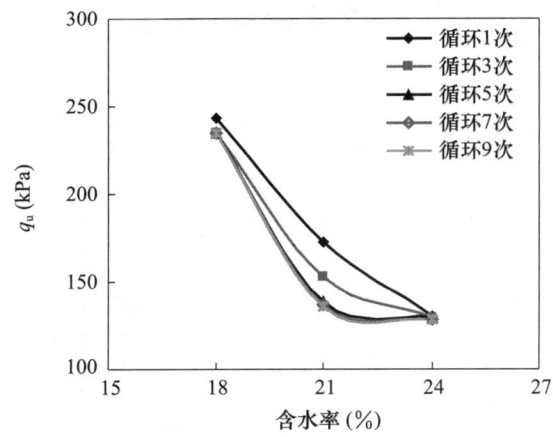

图 3-21　循环次数和温度（−7℃）一定时，含水率对 q_u 的影响曲线

由图 3-20、图 3-21 可知，含水率对土的冻融力学效应有较大影响，当含水率在 18.0%～21.0%时，冻融对土抗压强度的影响较为显著，随着含水率的增加，冻融土无侧限抗压强度急剧降低。但当含水率增至 21.0%以上时，其降幅开始逐渐减小，当含水率增至 24.0%时，无侧限抗压强度变化基本已趋于稳定。表明当含水率较小时，土中水大部分以强结合水形态存在，而强结合水的冰点低于 0℃很多，正常负温条件不存在相变过程，所以在较小含水率条件下发生冻结相变水量较小，相变体积膨胀量不大，对土的原始结构破坏也相应较弱；随着含水率的增加，土内自由水含量开始增多，自由水相变体积膨胀量随含水率的增量近似呈线性增大，在强大冻胀力的作用下土体也发生相应体积膨胀，孔隙结构、土颗粒之间联结力均遭到大幅的破坏。同时由于此种试验模式下的冻结过程与融化过程均是在无压条件进行的，由冻胀引起的体积膨胀、裂隙、孔隙增量等在融化过程中均没有得到有效的压密，使土颗粒之间的联结力、颗粒接触面积与冻结前相比都大为降低，从而引起冻融土无侧限抗压强度的大幅降低。但随着含水率的进一步增加，孔隙水相变对土结构的破坏能力已趋于极限，此时冻融效应逐渐趋于相对稳定。

土冻结后，并非土中所有液态水已全部转变为固态冰，而是由于颗粒表面能的作用，其中始终保持一定数量的液态水，称作未冻水。冻土中的未冻水含量与温度之间保持着动态平衡关系，即随着温度降低，未冻水含量减少，反之，含水量增加。而冻融土的无侧限抗压强度的衰减一定程度上则取决于土体内未冻水量及结构性的强弱程度。

3.3.2.2 冻结温度对无侧限抗压强度的影响研究

图 3-22、图 3-23 表示冻结温度对土冻融前后无侧限抗压强度变化的影响规律。

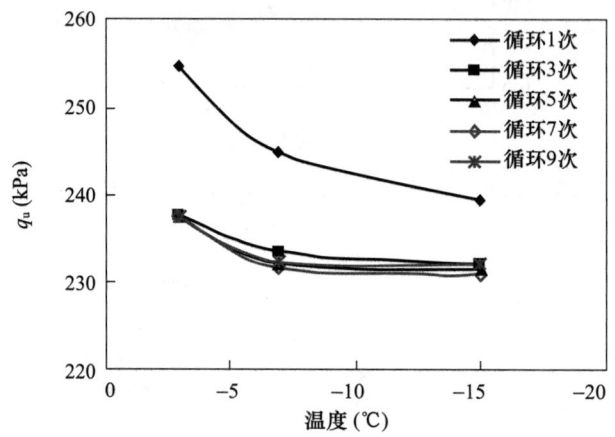

图 3-22　循环次数和含水率（18.0%）一定时，温度对 q_u 的影响曲线

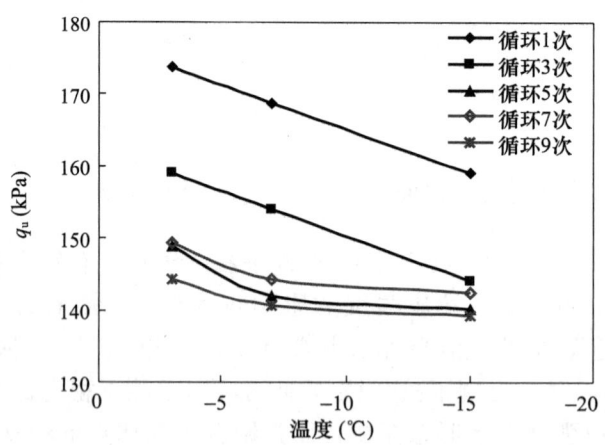

图 3-23　循环次数和含水率（24.0%）一定时，温度对 q_u 的影响曲线

由图 3-22 可知，当含水率为 18.0%，冻结温度分别为 -3℃、-7℃、-15℃时，经历 1 次冻融循环后，融后土体无侧限抗压强度分别为 254.6kPa、244.7kPa、239.3kPa，与未冻土的抗压强度 283kPa 相比降低幅度均不太大。图中曲线线形与幂函数具有相似形式，表明若忽略冻融过程中土体内部存在的化学反应，土体力学性质变化的内因可大致归结于孔隙水的相变体积膨胀过程，该膨胀量又由初始含水率、冻结未冻水含量、负温梯度等因素共同作用决定。在初始孔隙水含量一定的情况下，未冻水含量与负温成幂函数关系，相应冻融土的强度衰减也与负温近似成幂函数关系，负温变化在一定范围内对土冻融力学效应作用明显，这个范围与土质、水质等条件相关。

3.3.2.3 冻融循环次数对土体无侧限抗压强度的影响

图 3-24、图 3-25 所示为含水率、冻结温度一定时，土样经历不同冻融循环次数后无侧限抗压强度的变化曲线。当含水率一定时，经历 1 次冻融循环后，土样的无侧限抗压强度降低很快，经历 3 次冻融循环后，土样无侧限抗压强度则趋于稳定，继续增大冻融循环次数对其无侧限抗压强度影响甚微。

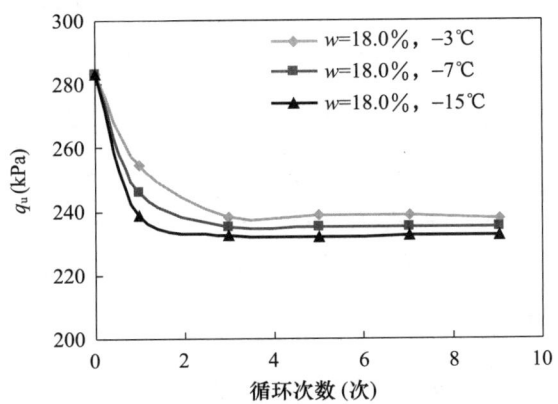

图 3-24　含水率和温度一定时，冻融循环次数对 q_u 的影响曲线

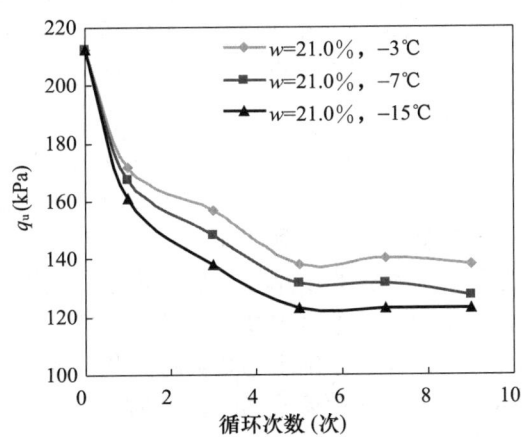

图 3-25　含水率和温度一定时，冻融循环次数对 q_u 的影响曲线

3.4　行车荷载作用下路基累积塑性变形研究

3.4.1　破坏偏应力试验结果

破坏偏应力值是指试样达到破坏时的偏应力值，一般认为破坏偏应力为轴应变达到 10% 的偏应力。美国道路研究报告指出，在行车路面上，超过 4% 的应变就是不可接受的。在本研究中的破坏偏应力值指轴应变达 5% 时的数值。而在轴向应变未达到 5% 前破坏者，则以峰值应力作为破坏偏应力。

通过室内不固结不排水静三轴试验确定各含水率试样的破坏偏应力值,然后确定在进行累积塑性变形试验时,各不同应力水平（SL）下的偏应力值（σ_d）。应力水平是施加的偏应力值与破坏偏应力值的比值（σ_d/σ_{df}）。

三种不同含水率的破坏偏应力（$K=97\%$）和对应的应力水平见表3-9。

表3-9 不同含水率试样的破坏偏应力与应力水平

含水率	破坏偏应力(kPa)	应力水平（SL）（%）						
		2	4	8	16	24	32	40
w_{opt}	1329.9	26.6	53.2	106.4	212.8	319.2	425.6	532.0
$w_{opt}+2\%$	568.3	11.4	22.7	45.5	90.9	136.4	181.9	227.3
$w_{opt}+4\%$	148.6	3.0	5.9	11.9	23.8	35.7	47.6	59.4

破坏偏应力试验的结果显示较高含水率的试样,其破坏偏应力值较低。

3.4.2 累积塑性变形试验

累积塑性变形试验主要是模拟路面结构下的路基填料在受到车辆荷载反复作用之后所累积的塑性变形行为。

含水率为 w_{opt} 时永久变形试验共分为8个应力水平,分别为2%、4%、8%、16%、24%、32%、40%和60%;含水率为 $w_{opt}+2\%$ 时共分为6个应力水平,分别为4%、8%、16%、24%、32%、40%;含水率为 $w_{opt}+4.0\%$ 时共分为6个应力水平,分别为16%、24%、32%、40%、48%、60%。

研究使用的应力水平（SL）范围在2%~60%之间变化,依不同含水率状况而使用不同的应力水平值。一般而言,较高含水率所需使用的应力水平值较高,因为在高含水率时其破坏偏应力值较低。当受测试样达到明显稳定状态时,累积的塑性变形与回弹应变在较低应力水平时较为显著。本研究使用较低应力水平,是因为当受测试样在小于破坏临界应力水平的荷载循环作用下,才会出现明显的稳定状态,若荷载循环作用的应力水平超过临界应力水平值,则试样不会出现明显的稳定状态而会出现破坏状况。

永久变形试验每次都进行10000次荷载循环,根据分析上的需要取其第10、第30、第100、第300、第600、第1000、第3000、第6000、第10000次荷载循环数据进行受测试样累积永久变形的各项分析。

3.4.2.1 试样的累积塑性变形

累积塑性变形量（$\Sigma\varepsilon_p$）是指受测试样在每次荷载循环作用之后,因残余应力存在而累积无法恢复的塑性变形量。

图3-26~图3-28为路基填料在 w_{opt}、$w_{opt}+2.0\%$、$w_{opt}+4.0\%$ 等不同含水率下的反复荷载次数与累积塑性变形关系图。

从图3-26~图3-28可以看出,在不同的应力水平条件下,随着反复荷载次数的增加,路基土体塑性变形逐渐积累,并且较大应力水平下会有较大的塑性变形。此外,应力水平高低决定初始变形的大小。应力水平越高,在受载一开始时即有较大的塑性应变产生;反之,则有较小的塑性应变。

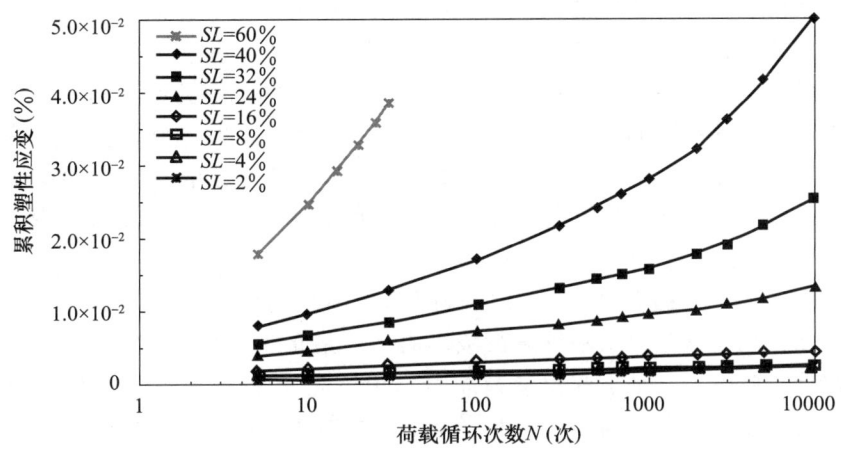

图 3-26　路基填料在含水率为 w_{opt} 时的荷载循环次数与累积塑性变形关系曲线

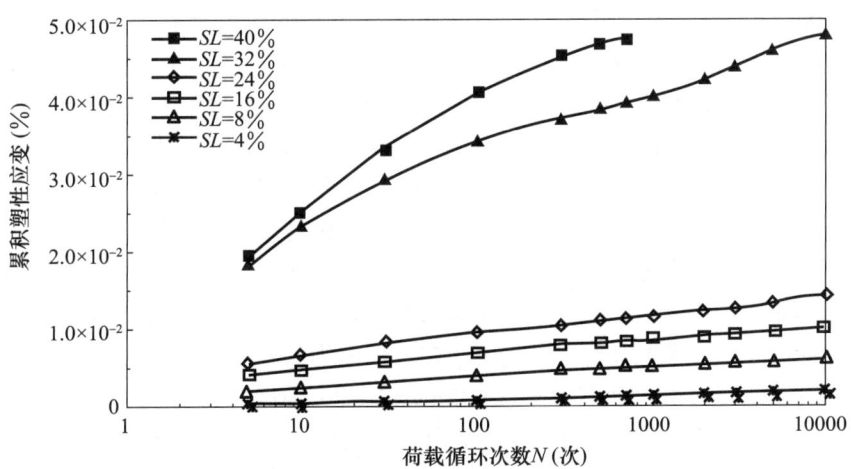

图 3-27　路基填料在含水率为 $w_{opt}+2\%$ 时的荷载循环次数与累积塑性变形关系曲线

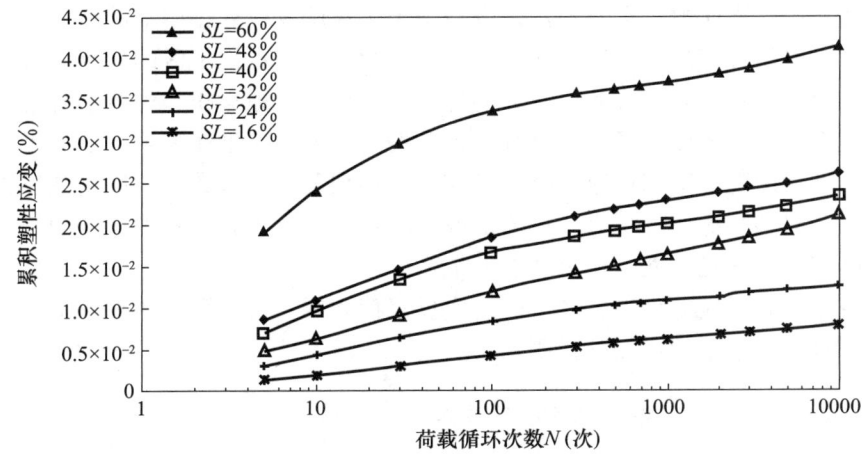

图 3-28　路基填料在含水率为 $w_{opt}+4\%$ 时的荷载循环次数与累积塑性变形关系曲线

在含水率影响方面，相同应力水平下，含水率由 w_{opt} 增加至 $w_{opt}+2\%$，塑性应变会增大，但含水率增至 $w_{opt}+4\%$ 时，塑性应变反较 w_{opt} 时小。原因在于不同含水率下，试样破坏时的偏应力不同，因而在相同应力水平下所对应的偏应力也不同，且该填料含有的黏土颗粒对含水率的影响较为敏感。该土体含水率为 w_{opt} 时的破坏偏应力为含水率为 $w_{opt}+2\%$ 时的 2.3 倍，是含水率为 $w_{opt}+4\%$ 时的 8.9 倍。因此，在含水率为 $w_{opt}+4\%$ 时，虽较含水率为 w_{opt} 时高，但试样受到远较含水率为 w_{opt} 时小的应力作用，故塑性应变有较含水率为 w_{opt} 时小的可能。

此外，由图 3-26～图 3-28 可明显发现路基土体在超出某一应力水平后，塑性应变迅速累积，而在高于该应力水平反复荷载作用下，路面处于不稳定状态，即所谓增量崩溃状态；在低于此应力水平下受反复荷载时，塑性应变在 1000 次加载后则有趋向和缓的现象，即处于稳定状态，与高应力水平下的塑性行为不同。

图 3-26 所示是在含水率为 w_{opt} 状态下，路基土体塑性变形在应力水平 16% 以上时，塑性应变有突然增大的趋势，且应变率开始增加，故可将 16% 确定为临界应力水平。而在含水率为 $w_{opt}+2.0\%$（图 3-27）的高应力水平下，应变率在某一荷载次数下虽没有增加的趋势，但当应力水平提高到某一程度后，塑性应变仍有突然增大的行为发生，就塑性应变发展形态趋势不同而言，仍可作为判断临界应力水平的依据，即其应力水平可定为 24%；在含水率为 $w_{opt}+4.0\%$（图 3-28）状况下，应力水平达到 24% 时，塑性应变突然增大，且应变率开始增加，其临界应力水平可界定为 24%。因此，路基土体受低于应力水平 24% 以下的应力作用，将不会有突然的车辙破坏发生。

此外，随着含水率的增加，路基土体所能承受应力水平有增大并趋于平缓的趋势，但由于含水率较高时，路基土体破坏时的偏应力较小，其虽能承载较大的应力水平，但将应力水平转换成路面实际所能承受应力大小，在含水率为 w_{opt} 时对应的临界应力为 246.2kPa（临界应力水平为 16%）；含水率为 $w_{opt}+2\%$ 时为 136.4kPa（临界应力水平为 24%）；含水率为 $w_{opt}+4\%$ 时为 35.7kPa（临界应力水平为 24%）。因此，含水率越高，路基土体所能承载的临界应力越低。由此可见含水率对路面临界应力的影响非常重要。

3.4.2.2　试样的累积塑性变形速率

上节界定的临界应力水平方式，是以路基土体在反复荷载作用下的塑性应变行为作为依据的。同时塑性应变速率也可作为区分变形稳定区和不稳定区的标准，并且当应力水平高于临界应力水平时，反复荷载下的塑性应变会不断地累积，此时塑性应变速率会随着荷载次数的增加缓慢下降，而路基土体塑性应变也随之迅速累积。然而处于临界应力水平时，塑性应变速率则迅速下降，且在反复加载至某一次数后塑性应变率即会低于某一数值，此时塑性应变可视为不再增加或是增加和缓。因此，塑性应变速率的变化也可作为判断路基土体是否处于稳定状态的依据。

本研究采用临界应力水平下经 10000 次反复荷载后，所计算出的塑性应变速率作为界定值。塑性应变速率计算如下式所示：

$$累积永久应变速率 = \frac{\sum \varepsilon_{p_{i+100}} - \sum \varepsilon_{p_i}}{N_{i+100} - N_i}$$

式中　$\sum \varepsilon_{p_i}$ ——加载至第 i 次所累积之塑性应变；

　　　N_i ——加载循环次数。

本研究采用后 100 次计算塑性应变速率,例如第 1000 次循环的塑性应变速率是以第 1100 次循环时的塑性应变与第 1000 次循环的塑性应变间的差值除以 100。而采用后 100 次塑性应变计算主要是基于有较明显的变化,如采用后一次塑性应变计算,则塑性应变速率可能为零,其主要原因是量测设备所得试验数据无法精确反映第 N_i+1 与 N_i 次的塑性变形差异,而在相同塑性应变下,塑性应变速率则为零。

因此,塑性应变速率界定值可采用临界应力水平下经 10000 次反复荷载后所计算出的塑性应变速率确定。由图 3-29～图 3-31 知,路基土体在不同的含水率条件下,塑性应变速率界定值不尽相同,在含水率为 w_{opt} 时,塑性应变速率的界定值可定为 3.04×10^{-8};含水率为 $w_{opt}+2\%$ 时,可定为 2.76×10^{-7};在含水率为 $w_{opt}+4\%$ 时,可定为 2.38×10^{-7}。此外,在固定含水率时,偏应力越高,塑性应变速率越大。且初始塑性应变速率与应力水平高低有关。表 3-10 所示为试验土体在不同含水率时的临界应力界定值与塑性应变速率界定值。

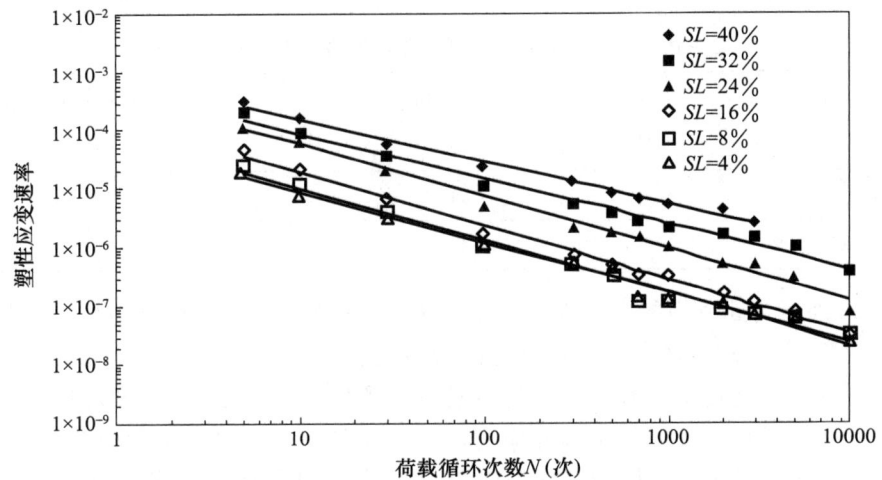

图 3-29 路基填料在含水率为 w_{opt} 时的塑性应变速率与荷载循环次数的关系曲线

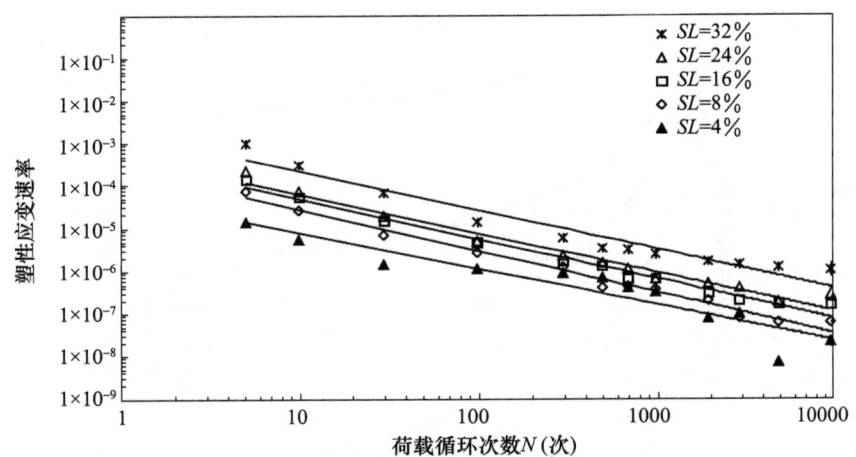

图 3-30 路基填料在含水率为 $w_{opt}+2\%$ 时的塑性应变速率与荷载循环次数的关系曲线

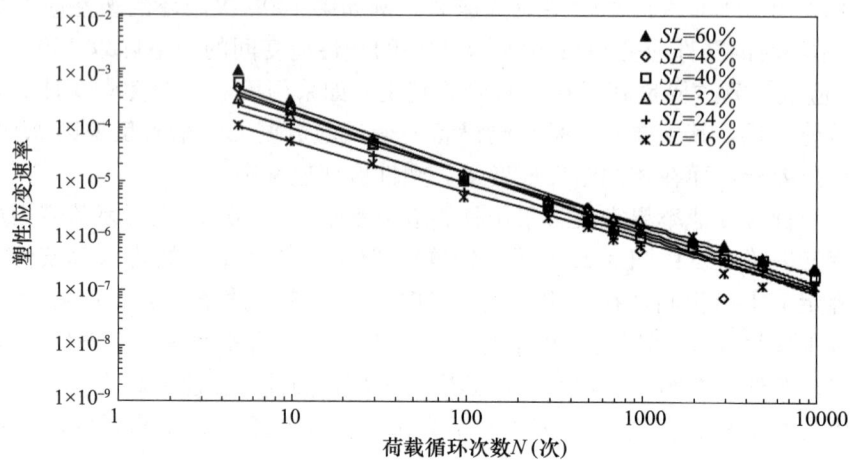

图 3-31　路基填料在含水率为 $w_{opt}+4\%$ 时的塑性应变速率与荷载循环次数的关系曲线

表 3-10　土体的临界应力界定值与塑性应变速率界定值

含水率	临界应力界定值（%）	塑性应变速率界定值
w_{opt}	16	3.04×10^{-8}
$w_{opt}+2\%$	24	2.76×10^{-7}
$w_{opt}+4\%$	48	2.38×10^{-7}

图 3-32 所示为路基填料在含水率 w_{opt} 条件下，其塑性应变与塑性应变速率的关系曲线。由图 3-32 中的关系曲线可将其行为区分成两类。在临界应力水平（16%）以上的应力水平，塑性应变速率随着塑性应变的累积而缓慢下降，而塑性应变却增加迅速，因而曲线呈向上凹的形态。但位于临界应力水平以下的应力水平，塑性应变已趋向稳定，且塑性应变速率迅速下降，因而曲线呈向左凹的形态，同样的曲线形态也出现在含水率为 $w_{opt}+2\%$ 及 $w_{opt}+4\%$ 时，如图 3-33、图 3-34 所示。

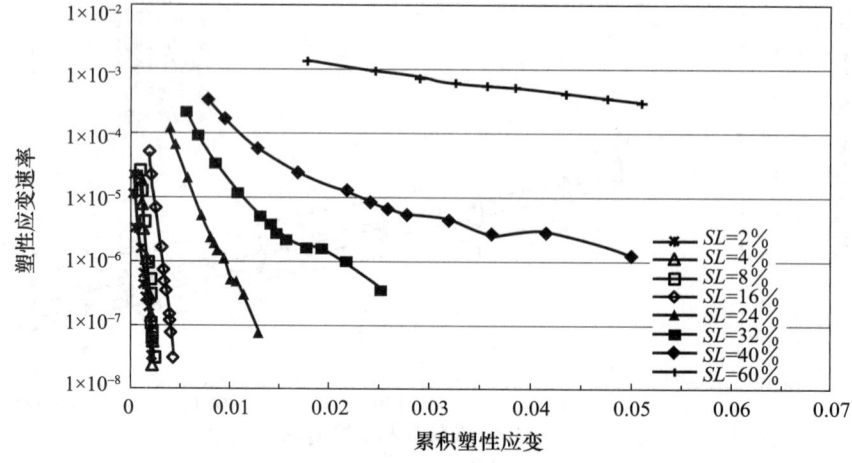

图 3-32　路基填料在含水率为 w_{opt} 时塑性应变与塑性应变速率的关系曲线

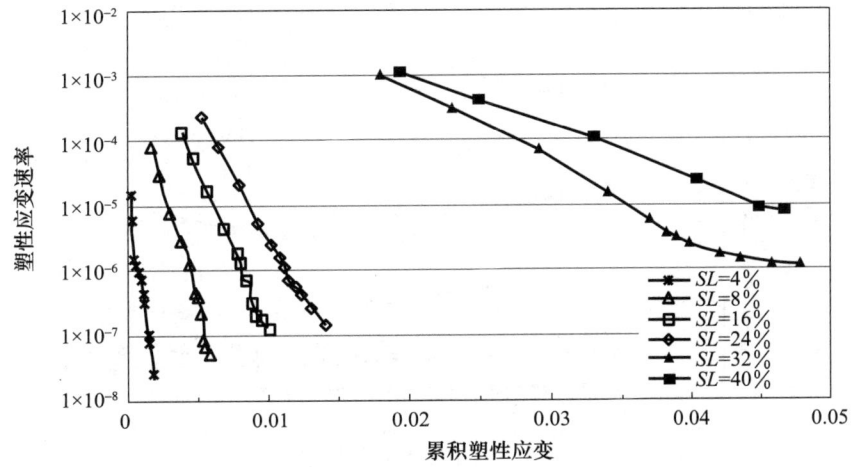

图 3-33 路基填料在含水率为 $w_{opt}+2\%$ 时塑性应变与塑性应变速率的关系曲线

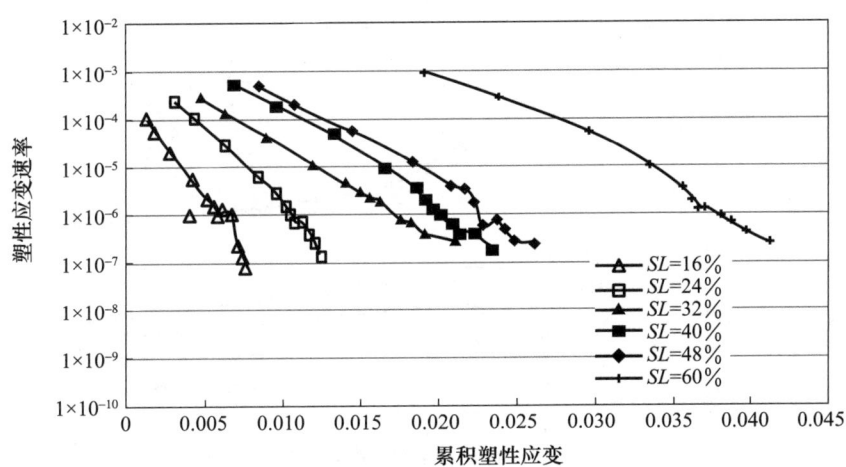

图 3-34 路基填料在含水率为 $w_{opt}+4\%$ 时塑性应变与塑性应变速率的关系曲线

3.4.2.3 试样的轴向弹性应变

轴向弹性应变量（ε_e）是指试样在受循环偏应力作用时，每次荷载循环当中所产生的最大与最小轴应变量差值。

综合图 3-35～图 3-37 可见，重复加载时的应力水平越高，回弹应变量越大；同时轴向回弹应变量随着荷载循环次数的增加而逐渐减小，此现象在较高应力水平时较为明显。在不同含水率同一应力水平之下，高含水率将产生较高的轴向回弹应变量。

试样在试验过程中的轴向回弹应变显示：

当含水率为 w_{opt} 时（图 3-35），在低于应力水平 2%、4%、8% 及 16% 时，回弹应变都随荷载循环次数增加而递减，且在应力水平为 2% 及 4% 时，当荷载循环至第 100 次后回弹应变渐趋稳定；当应力水平为 8% 及 16% 时则须至第 1000 次后。

当含水率为 $w_{opt}+2\%$ 时（图 3-36），在任何应力条件下，回弹应变值随荷载次数增加而降低，且随应力水平提高，下降的趋势更为显著。此外，在应力水平 4% 及 8% 时，回弹应变在荷载循环 1000 次后有趋于平稳的趋势。

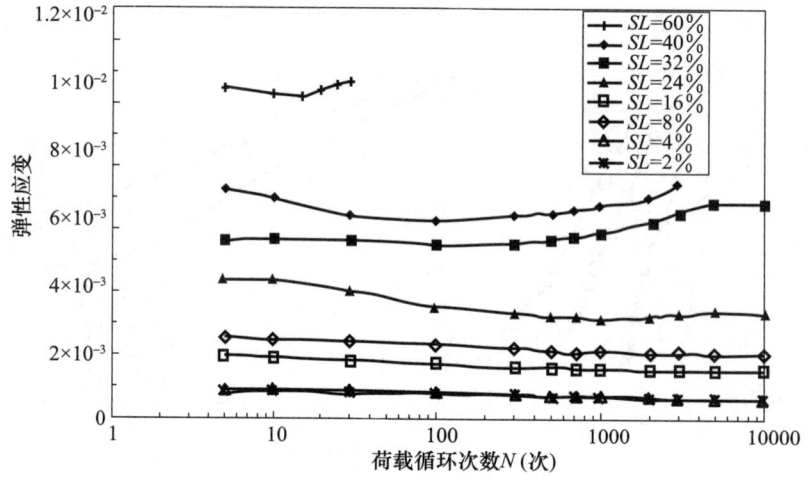

图 3-35　路基填料在含水率为 w_{opt} 时弹性应变与荷载循环次数的关系曲线

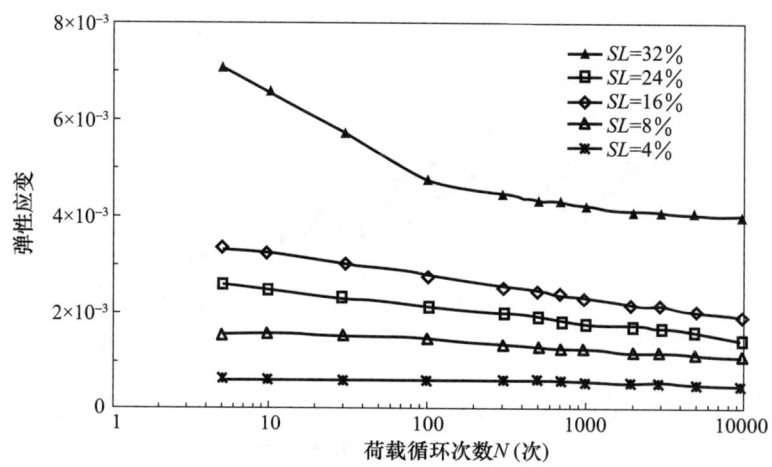

图 3-36　路基填料在含水率为 $w_{opt}+2\%$ 时弹性应变与荷载循环次数的关系曲线

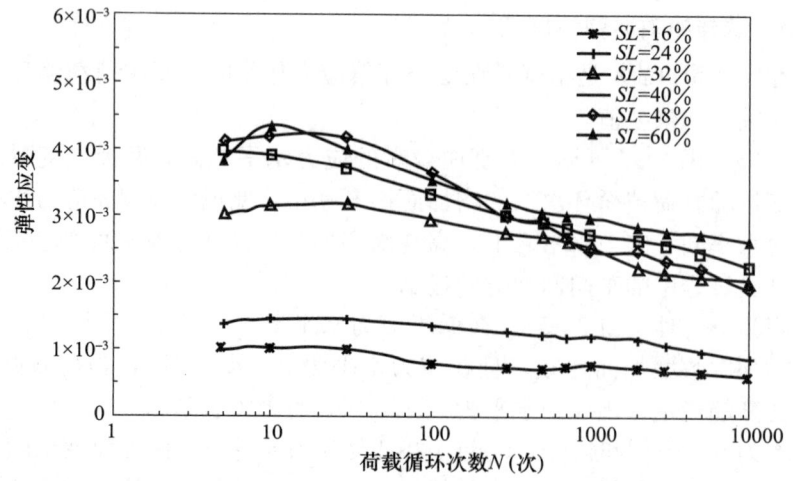

图 3-37　路基填料在含水率为 $w_{opt}+4\%$ 时弹性应变与荷载循环次数的关系曲线

当含水率为 $w_{opt}+4\%$ 时（图 3-37），回弹应变在任何应力水平下，随荷载循环过程的变化则是先增后减，约在荷载循环 10 次前有微幅上升，而在加载 10 次后则开始持续下降。最优含水率时，应力水平 4% 及 32% 有类似现象，但不明显。

进一步研究分析在不同含水率条件下，不同应力水平间的回弹应变差异。发现大致上随着应力水平的升高，回弹应变有较大的趋势，当最优含水率时，应力水平在 8% 时的回弹应变反而比 16% 时大。分析其原因，可能是由于采用夯实方式制作试样，有较大试验结果变异产生，导致试验的变异超过应力水平的影响。

3.4.2.4 试样的回弹模量

实际路面反复受到交通荷载作用，路基土体的回弹模量可能随着反复荷载作用而变化。为此，针对 10000 次反复荷载试验结果进行分析，路基土体回弹模量随荷载循环次数的变化关系如图 3-38、图 3-39 所示。图 3-38 所示为含水率为 w_{opt} 且在低应力水平 2%、4%、8% 及 16% 时的回弹模量情况。由图 3-38 中可观察出回弹模量随荷载循环次数增加而递增，土体可视为有逐渐硬化的行为。由于土体受反复荷载过程中，内部孔隙逐渐被压实，因此其回弹应变随荷载循环次数增加而降低，表现为有较高的回弹模量。图 3-39 所示为在高应力水平 24%、32%、40% 及 60% 时的回弹模量变化情形。由图 3-39 中可观察出回弹模量初期随荷载循环次数增加而递增，但至某一荷载循环次数后立即下降。主要是因为在荷载循环初期，内部孔隙先被压实，而后由于施加应力过大，土体结构重组，其结果使土体有软化的行为。软化开始的时机与回弹应变后来升高的时机相同。

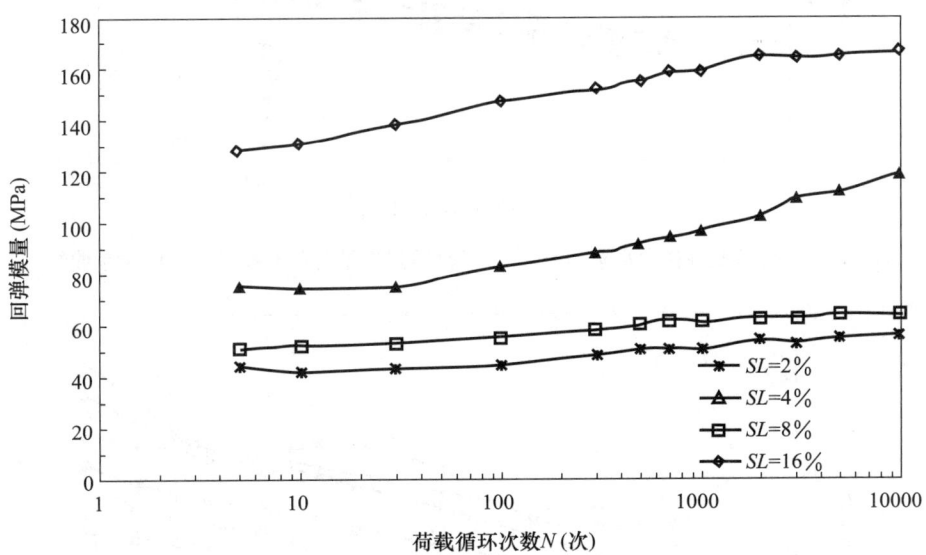

图 3-38 路基填料在含水率 w_{opt} 及低应力水平下回弹模量与荷载循环次数的关系曲线

图 3-40 所示为含水率为 $w_{opt}+2\%$ 时的规律。可发现在任何应力水平下，回弹模量大致维持上升的趋势，在含水率为 $w_{opt}+4\%$（图 3-41）时也相同。因此表现为在含水率大于 w_{opt} 时，部分应力水平条件下，回弹模量随荷载循环次数变化有先降低而后再升高的行为，在含水率为 $w_{opt}+4\%$ 时更加明显。

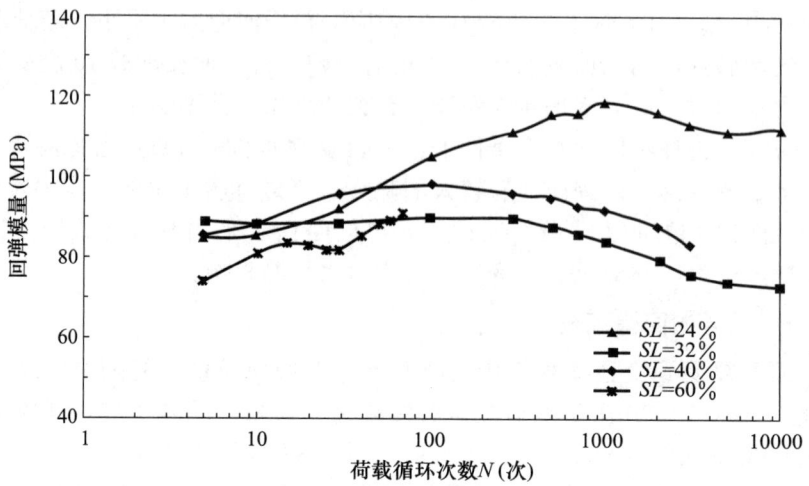

图 3-39　路基填料在含水率为 w_{opt} 及高应力水平下回弹模量与荷载循环次数的关系曲线

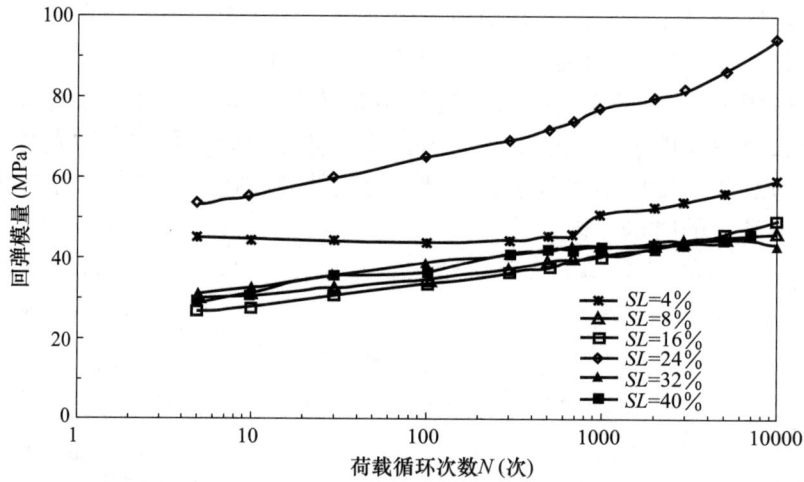

图 3-40　路基填料在含水率为 $w_{opt}+2\%$ 时回弹模量与荷载循环次数的关系曲线

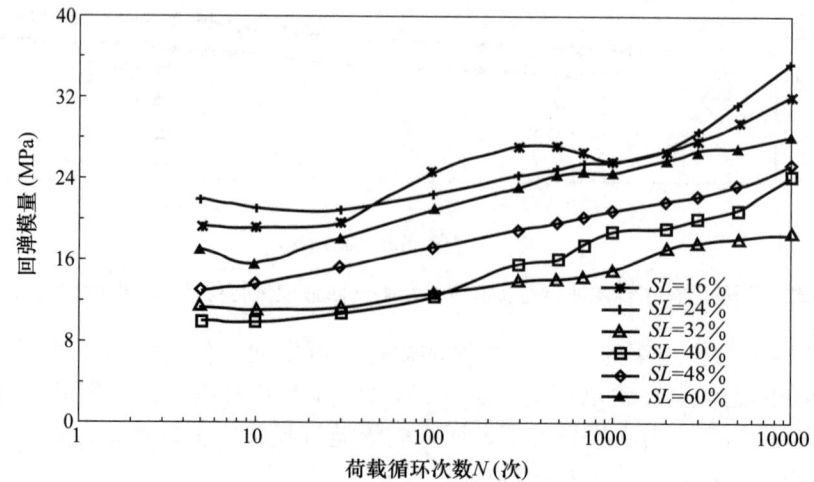

图 3-41　路基填料在含水率为 $w_{opt}+4\%$ 时回弹模量与荷载循环次数的关系曲线

此外，含水率在 w_{opt} 时，回弹模量在应力 49kPa 附近有复而升高而后趋稳的行为，可能是由于黏聚性土体在应力升高至某一程度后会使试样刚度增加，但在含水率为 w_{opt} +2％及 w_{opt}+4％时则没有该现象。当含水率大于 w_{opt} 时，应力的提高不会造成土体刚度的增加。而当含水率越高时，回弹模量随应力有降低的趋势。

总体来看，随着填料含水率的增加，回弹模量有降低的趋势，因而含水率的提高使得路基填料有软化现象发生，对于路面将造成车辙破坏，显示含水率对于路面有负面的影响。

3.5　路基顶面回弹模量对于沥青路面结构性能的影响研究

3.5.1　路基路面病害类型

1. 不均匀沉降

路基出现不均匀沉降会降低道路的平整度，增加路面出现裂缝的可能性，影响道路的正常运营，同时不均匀沉降也是路基沉陷病害的主要成因。分析其产生的原因主要包括以下几点：

（1）路堤填料的选取问题。如果填料由于自身性质较差，抵抗变形能力不满足要求，在长期荷载及温度作用下，填土路堤容易出现沉陷的情况。而在水的作用下，如果填料具有膨胀性，路面就会产生隆起。

（2）在压实过程中未能完全控制有效的压实厚度、压实工艺，并且未控制填料含水率在最优含水率附近，导致压实效果不理想。局部路基顶面回弹模量不达标，导致填方路基的不均匀沉降。

（3）降雨导致地下水增多。地下水的作用使得路基土的含水率发生变化，路基受到水的侵蚀，工程性质会发生变化，在水的干湿循环作用以及汽车荷载的反复作用下，土体会软化使路基的强度、刚度、稳定性下降，导致路基在长期影响下会产生不均匀沉降。

2. 沉陷

路基沉陷主要是由不均匀沉降造成的，沉陷可分为均匀沉陷及不均匀沉陷两大类。

（1）均匀沉陷产生的原因为部分路段路基顶面的回弹模量未达到验收要求，待完成路面各层铺设后，在路基土自身重力以及上部行车荷载作用下，路基土会产生二次密实的情况，随着时间的推移，路基会发生整体的下沉，并且沉陷呈均匀性，这会降低道路的平整度，影响道路的安全运营。

（2）不均匀沉陷产生的原因是在压实过程中局部点处回弹模量未达到标准，并未对这些点进行及时的加固处理，从而导致在路基填筑完成后整体结构出现了薄弱点，这些薄弱点随着时间的推移逐渐显现出来，最终形成不均匀沉降。

3. 裂缝类病害

裂缝类病害是沥青路面结构最常见的一类病害，在运营期间路面产生裂缝。一方面会影响道路的美观、行车的舒适性，另一方面会降低使用寿命。大量的相关研究表明，路面开裂按照主要成因分成以下几类：

（1）路基不均匀沉降引起的裂缝。如上述提到的，产生不均匀沉降的原因是多方面的，有路基的压实度不足，运营期超载车辆的重复挤压，温度、湿度环境的多重影响等。亦或是在路段出现软土地基，沿线软土层深度及组成成分不同，导致承载能力不同，在上部行车荷载重复作用下出现不均匀沉降，在出现不均匀沉降的部位由于结构受拉受剪而产生裂缝，沉降裂缝多为纵向裂缝。在高填方路段路基由于填筑高度大而对路基压实质量提出了很高的要求，压实度不足、某地段路基回弹模量低会出现沉降；或是在填挖方结合路段处、改扩建路段路基加宽部位，由于结合路段路基的刚度不均匀而形成沉降，这些裂缝大多数为纵向裂缝，纵向裂缝也是公路中最常见的一种裂缝。

（2）半刚性基层的反射裂缝。出现反射裂缝是半刚性基层沥青路面最普遍的问题，在交通及温度荷载的双重作用下，无机结合料稳定粒料基层易产生开裂，裂缝处是承受拉应力和剪应力的薄弱处，应力在基层开裂处向上传递至沥青路面结构层，基层的裂缝也开始向上逐渐扩展至沥青层形成反射裂缝。由基层开裂反射到上部结构的裂缝多为横向裂缝，裂缝病害严重时会形成错台。

（3）沥青面层产生的疲劳裂缝。在沥青路面结构层层底处存在临界拉应变，在沥青路面上部荷载重复作用的影响下，该位置处容易出现由于应变的累积而产生的疲劳开裂，并且裂缝会扩展到整个沥青结构层。因此在确定疲劳开裂时一般用沥青结构层层底最大拉应变作为指标来计算。由于半刚性基层沥青路面的面层拉应变较小亦或是为负值，该形式裂缝一般出现在柔性基层路面结构中。

（4）沥青路面发生老化出现龟裂。由于路面作为道路的上部结构长期暴露在自然环境下，并承受着数以千万计的车辆荷载，超载车辆的行驶也会对路面结构产生很大的影响，以上因素使得路面黏结能力降低出现裂缝，裂缝不断增加和扩大形成龟裂。

图 3-42 所示为几种常见的裂缝病害。

(a) 纵向裂缝　　　　　　　(b) 斜裂缝　　　　　　　(c) 裂缝产生的错台

图 3-42　几种常见的裂缝病害

3.5.2　沥青路面结构形式

高速公路沥青路面基层应当具有较强的承载能力、抵抗变形能力和较好的板体性。

目前我国广泛使用的沥青路面结构形式为半刚性基层沥青路面。半刚性基层具有整体性强、承载能力较强、初期建设成本低等优点，然而半刚性基层易出现开裂产生裂缝，再加上由于无机结合料稳定类基层与沥青面层之间的黏结不紧密以及受到环境条件等因素的影响，我国高速公路沥青路面的使用寿命一般要比设计使用年限低。

半刚性基层沥青路面结构实际上在国外的高速公路设计中使用较少，因为该类型路面结构虽然建设初期需要投入的成本相对较少，却易出现开裂，这对于行车的平稳性及舒适性是不利的，并且后期需要经常维修，国外广泛应用的结构为柔性路面结构。当然，这与各个国家的实际情况相关，我国在建设高速公路中实行"强基薄面"的设计思想，加之我国道路重载交通多的情况，并且国土面积大而导致环境差异大等因素，因而我国对半刚性基层沥青路面的研究较为成熟。

1. 半刚性基层沥青路面

半刚性基层沥青路面的沥青面层普遍设计较薄，而基层一般采用无机结合料稳定粒料类材料，该基层具有较高的刚度，抵抗变形的能力较强，路面结构受到上部荷载作用时路基顶面的竖向压应变小，可以用于重级、特重级交通荷载路面。沥青面层由于半刚性基层的刚度大，其底面几乎没有拉应变或者处于受压的状态，因而沥青面层不会发生疲劳开裂，并且使用半刚性基层相较于柔性基层可以减少初期成本，可以使当地资源得以充分利用。

半刚性基层也存在很多缺点，其中最为普遍的一点是路面易出现开裂，并且开裂的形式多种多样，路面一旦开裂就会使整体结构的渗水性增加，水的加入会使结构的承载能力下降，再考虑周围气候及环境因素，会出现龟裂、唧浆等水损害，这些水损害进而加速对道路的破坏，并且半刚性基层的模量及强度会随着上部荷载作用次数的增加而衰减。

2. 柔性基层沥青路面

柔性基层沥青路面常见于国外各等级的道路中，是国外沥青路面的主流形式，柔性基层沥青路面主要分为两种形式：

（1）基层为粒料类材料，根据沥青层厚度又可详细分为两类，即薄沥青层＋厚粒料基层，厚沥青层＋粒料底基层；

（2）全厚式沥青路面。

薄沥青层＋厚粒料基层结构沥青路面，一般不宜用于重级交通荷载的道路，只适合用于中等、轻级交通荷载道路。在国外的道路设计中，此类型路面结构的沥青层厚度一般小于20cm，其厚度一般为粒料类基层的1/4～1/3。该结构的基层材料一般选用级配碎石，级配碎石具有较强的应力扩散能力，相较于半刚性基层所采用的水泥稳定碎石材料，能够更好地防止裂缝的产生，并且具有良好的排水能力。然而，此类柔性路面存在着一些缺点。一方面，级配碎石用于基层时的模量为300～700MPa，用于底基层时的模量为190～440MPa，而半刚性基层中水泥稳定粒料类基层的模量为7000～14000MPa，相比较下由于级配碎石层的承载能力远小于无机结合料稳定碎石基层的承载能力，并且该结构沥青面层较薄，会使沥青层层底拉应变较大，在如今快速及重载的交通趋势下，此类柔性基层结构的使用年限明显小于半刚性基层沥青路面。另一方面，粒料基层本身的厚度较大，增加粒料基层的厚度对于提升整体结构层稳定性的效果一般，并且增加了建设成本。

厚沥青层＋粒料底基层结构，是国外高速公路最常见的沥青路面结构形式，该路面结构的基层采用的是沥青混合料，沥青层的厚度与粒料类底基层的厚度接近，它们之间的比值在 1 左右。由于该类结构选用了较厚的沥青层，路面具有很高的强度。与半刚性基层相比，沥青稳定碎石基层与上部沥青混凝土面层的黏结性更好，由于上部面层与下部基层性质相似，所产生的变形更加协调，彼此之间的联系更加紧密，在上部荷载传递过程中使得应力扩散，避免了应力集中的现象。与半刚性基层沥青路面相比，在建设初期柔性沥青路面的成本较高，然而该路面的耐久性能好，后期维修费用少，发生结构性破坏的可能性较小，并且不会发生路面结构一旦出现问题则只能重建的情况。

3. 组合式基层及倒装式基层路面

在国外的道路设计中，使用半刚性基层路面作为高速公路路面形式的情况较少，与半刚性基层相似的结构为组合式基层沥青路面，该路面结构形式采用了较厚的沥青层，由于增加了沥青层的厚度，无机结合料稳定粒料由基层变为了底基层，而取而代之的基层材料是沥青稳定类材料。其沥青层的厚度与无机结合料稳定粒料底基层的厚度相近，它们的比值一般接近 1 或大于 1。相较于半刚性基层沥青路面，该类型路面结构提升了耐久性能，延缓了反射裂缝的出现，并且保证了路面结构的承载能力。近年来，针对高速公路出现的早期病害，我国也在尝试新型的沥青路面结构形式，以求改善路面的耐久性能。合理的组合式基层沥青路面结构则能为延长路面的使用寿命提供一种路径。

为延缓路面反射裂缝的产生，倒装式基层沥青路面是在无机结合料稳定粒料类基层与上部沥青层之间铺设了一层一定厚度的粒料层。粒料层可使上部荷载传递过程中产生应力扩散，然而倒装式基层沥青路面并不是国外很多国家所主要采用的路面结构。

3.5.3 不同类型沥青路面结构的选取及计算指标的确定

3.5.3.1 HPDS 2017 软件介绍

HPDS 2017 软件的全称为公路路面设计程序系统，该程序系统是根据我国在 2017 年出版的《公路沥青路面设计规范》（JTG D50—2017）进行设计和编程的，HPDS 2017 软件在沥青路面结构的计算中，涉及新建路段沥青路面的设计与验算等方面。

图 3-43 所示为 HPDS 2017 软件所包含的计算程序，其中部分内容主要用到的计算程序为沥青路面的设计与验算程序，在给定界面中输入各结构层的模量、泊松比及其他的材料参数，并且输入交通参数、路面结构验算公共参数等，来对已设计完成的沥青路面结构进行验算，不同的路面结构形式所对应的验算指标不同，在后面小节会详细分析各路面结构组合的验算指标，在计算完成后若验算指标满足设计要求，则该路面结构设计完成，若不满足设计要求，则程序会自动提升结构层厚度至符合设计要求为止。

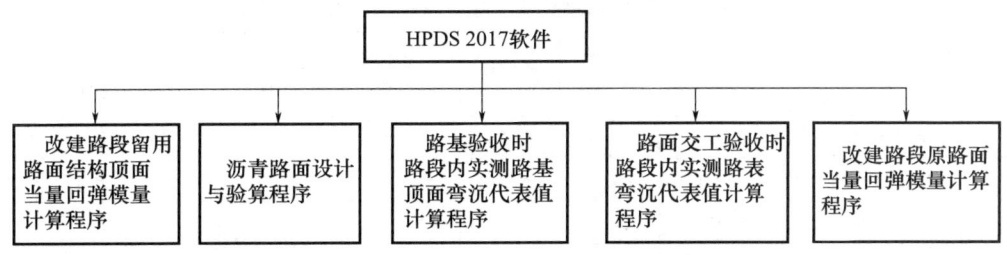

图 3-43 HPDS 2017 软件所包含的计算程序

3.5.3.2 沥青路面结构的选取

1. 半刚性基层沥青路面

无机结合料稳定基层＋无机结合料稳定底基层这种半刚性基层结构 1 型式为我国最常见的路面结构形式，见表 3-11。其余路面结构的选取根据《公路沥青路面设计规范》（JTG D50—2017）中的组合形式及厚度范围进行确定。其中，无机结合料稳定基层＋粒料类底基层为半刚性基层结构 2 型式，结构参数见表 3-12。

表 3-11 半刚性基层路面结构 1 型式（无机结合料稳定基层＋无机结合料稳定底基层）

层位	结构层材料名称	厚度（mm）	模量（MPa）	泊松比	无机结合料稳定类材料弯拉强度（MPa）	沥青混合料车辙试验永久变形量（mm）
1	细粒式沥青混凝土	40	11000	0.25	—	1.5
2	中粒式沥青混凝土	60	10000	0.25	—	2.5
3	粗粒式沥青混凝土	80	10000	0.25	—	2.5
4	水泥稳定碎石	200	7500	0.25	1.4	—
5	水泥稳定碎石	200	7500	0.25	1.4	—
6	水泥稳定碎石	200	7500	0.25	1.4	—
7	新建路基	—	40~200	0.40	—	—

表 3-12 半刚性基层路面结构 2 型式（无机结合料稳定基层＋粒料类底基层）

层位	结构层材料名称	厚度（mm）	模量（MPa）	泊松比	无机结合料稳定类材料弯拉强度（MPa）	沥青混合料车辙试验永久变形量（mm）
1	细粒式沥青混凝土	40	11000	0.25	—	1.5
2	中粒式沥青混凝土	60	10000	0.25	—	2.5
3	粗粒式沥青混凝土	80	10000	0.25	—	2.5
4	水泥稳定碎石	200	7500	0.25	1.4	—
5	水泥稳定碎石	200	7500	0.25	1.4	—
6	级配碎石	200	250	0.35	—	—
7	新建路基	—	40~200	0.40	—	—

2. 柔性基层沥青路面

薄沥青层＋厚粒料基层为柔性路面结构 1 型式，其结构参数见表 3-13。厚沥青层＋粒料底基层为柔性路面结构 2 型式，其结构参数见表 3-14。

表 3-13　柔性路面结构 1（薄沥青层＋厚粒料基层）

层位	结构层材料名称	厚度（mm）	模量（MPa）	泊松比	无机结合料稳定类材料弯拉强度（MPa）	沥青混合料车辙试验永久变形量（mm）
1	细粒式沥青混凝土	40	11000	0.25	—	1.5
2	中粒式沥青混凝土	50	10000	0.25	—	2.5
3	粗粒式沥青碎石	120	9000	0.25	—	2.5
4	级配碎石	340	500	0.35	—	—
5	天然砂砾	100	200	0.35	—	—
6	新建路基	—	40～200	0.40	—	—

表 3-14　柔性路面结构 2（厚沥青层＋粒料底基层）

层位	结构层材料名称	厚度（mm）	模量（MPa）	泊松比	无机结合料稳定类材料弯拉强度（MPa）	沥青混合料车辙试验永久变形量（mm）
1	细粒式沥青混凝土	60	11000	0.25	—	1.5
2	中粒式沥青混凝土	80	10000	0.25	—	2.5
3	粗粒式沥青碎石	180	9000	0.25	—	2.5
4	级配碎石	350	500	0.35	—	—
5	新建路基	—	40～200	0.40	—	—

3. 组合式基层及倒装式基层沥青路面

沥青混合料基层＋无机结合料稳定底基层组合式基层路面结构的参数见表 3-15。粒料类基层＋无机结合料稳定底基层倒装式基层路面结构的参数见表 3-16。

表 3-15　组合式基层路面结构（沥青混合料基层＋无机结合料稳定底基层）

层位	结构层材料名称	厚度（mm）	模量（MPa）	泊松比	无机结合料稳定类材料弯拉强度（MPa）	沥青混合料车辙试验永久变形量（mm）
1	细粒式沥青混凝土	40	11000	0.25	—	1.5
2	中粒式沥青混凝土	60	10000	0.25	—	2.5
3	粗粒式沥青碎石	150	9000	0.25	—	2.5
4	水泥稳定碎石	350	7500	0.25	1.4	—
5	新建路基	—	40～200	0.40	—	—

表 3-16　倒装式基层路面结构（粒料类基层＋无机结合料稳定底基层）

层位	结构层材料名称	厚度（mm）	模量（MPa）	泊松比	无机结合料稳定类材料弯拉强度（MPa）	沥青混合料车辙试验永久变形量（mm）
1	细粒式沥青混凝土	40	11000	0.25	—	1.5
2	中粒式沥青混凝土	60	10000	0.25	—	2.5
3	粗粒式沥青混凝土	80	10000	0.25	—	2.5
4	级配碎石	200	600	0.35	—	—
5	水泥稳定碎石	300	7500	0.25	1.4	—
6	新建路基	—	40～200	0.40	—	—

3.5.3.3 不同类型沥青路面结构的验算指标

我国《公路沥青路面设计规范》(JTG D50—2017)优化了以路表弯沉为控制指标进行设计的方法。根据各沥青路面结构对不同结构组合路面提出了不同的设计指标。图3-44所示为不同结构组合路面的设计指标。

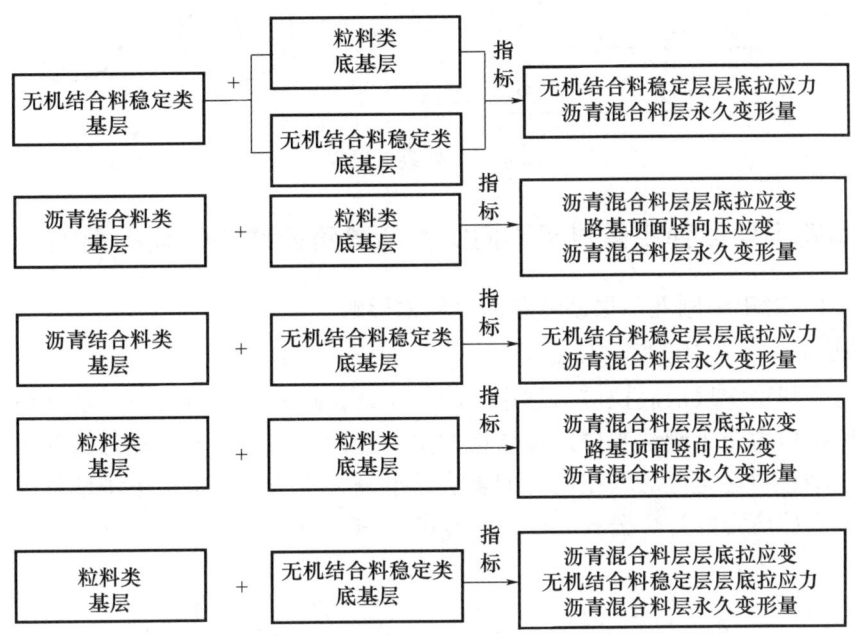

图3-44 不同结构组合路面的设计指标

对于半刚性基层结构来说，在受到上部荷载时基层主要承受拉应力，而沥青面层不会产生拉应力及拉应变，此类结构需要验算的是半刚性基层层底拉应力，这是导致路面产生反射裂缝的主要因素。

对于柔性基层结构，与半刚性基层相比，该类路面主要发生损伤的类型是沥青层的疲劳开裂，以及在长期荷载作用下路基以及沥青路面的永久变形。路基作为整个路面结构的承重层，其变形对于路面结构的性能具有一定的影响，路基顶面竖向压应变能够直观地反映在荷载作用下路基的力学响应，若路基顶部压应变过大，则会更容易产生较大的塑性变形，塑性变形向上反映到路面，使得路面发生车辙病害的可能性大大增加，因而选取路基顶面压应变这一指标能准确地反映路基的变形对于沥青路面的影响。而与半刚性基层的疲劳破坏有所差异，柔性基层沥青路面的疲劳破坏主要发生在沥青层，在长期的应力状态下沥青面层会累积产生较大的层底拉应变，这会直接影响路面的疲劳寿命。

对于组合式基层结构来说，由于底基层为无机结合料稳定粒料类材料，需要考虑层底拉应力对整个结构的影响，因此需要验算该层层底拉应力。

对于倒装式基层结构路面来说，作为基层材料的粒料层可能会消散一部分应力，但仍需对无机结合料稳定粒料类底基层的层底拉应力进行验算。由于该结构粒料类基层承载能力弱，需要对上部的沥青混合料层层底拉应变进行验算。

在进行力学响应计算时，应按照图 3-45 所示计算点位置进行计算。

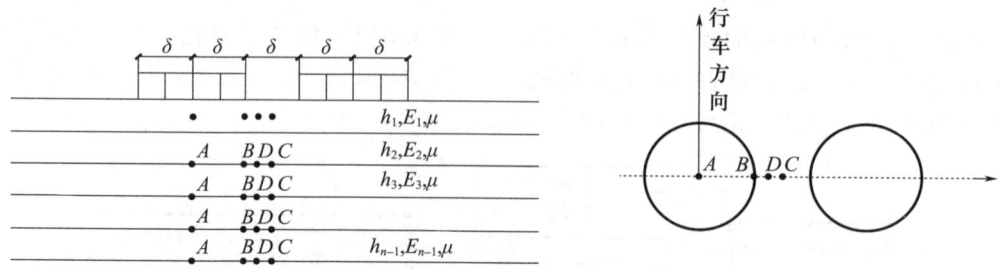

图 3-45　计算点位置

3.5.4　路基顶面回弹模量对于不同类型沥青路面结构性能的影响

3.5.4.1　对于半刚性基层沥青路面性能的影响

1. 无机结合料稳定层层底拉应力

无机结合料稳定层层底拉应力越小，越能够延长路面的疲劳寿命，延缓路面结构的开裂，层底拉应力是半刚性基层路面结构的重要指标。因此，分析提升路基顶面回弹模量对于无机结合料稳定层层底拉应力的影响是十分必要的。规范中半刚性基层（无机结合料层）层底拉应力的计算公式（3-1）、公式（3-2）如下：

$$\sigma_t = p\bar{\sigma}_t \tag{3-1}$$

$$\bar{\sigma}_t = f\left(\frac{h_1}{\delta}, \frac{h_2}{\delta}, \cdots, \frac{h_{n-1}}{\delta}; \frac{E_2}{E_1}, \frac{E_3}{E_2}, \cdots, \frac{E_0}{E_{n-1}}\right) \tag{3-2}$$

式中　σ_t——底基层层底拉应力；

$\bar{\sigma}_t$——理论拉应力系数。

设定不同的路基顶面回弹模量，由 40MPa 增加至 200MPa，增量步为 10MPa，利用 HPDS 2017 软件计算不同路基顶面回弹模量所对应的无机结合料稳定层层底拉应力，进而分析改变 E_0 对无机结合料稳定层层底拉应力的影响。

分析图 3-46 可知：

（1）对于两种半刚性基层结构，随着路基顶面回弹模量 E_0 的增加，无机结合料稳定层层底拉应力在不断降低。当回弹模量 E_0 越小时，层底拉应力随 E_0 的变化越明显。

对于半刚性基层结构 1，回弹模量由 40MPa 升至 120MPa 时，层底拉应力由 0.119MPa 降低至 0.099MPa，降低幅度为 0.02MPa，变化率为 16.81%。回弹模量由 120MPa 升至 200MPa 时，层底拉应力由 0.099MPa 降低至 0.089MPa，降低幅度为 0.01MPa，变化率为 10.10%。

对于半刚性基层结构 2，回弹模量由 40MPa 升至 120MPa 时，层底拉应力由 0.186MPa 降低至 0.161MPa，降低幅度为 0.025MPa，变化率为 13.44%，而回弹模量由 120MPa 升至 200MPa 时，层底拉应力由 0.161MPa 降低至 0.148MPa，降低幅度为 0.013MPa，变化率为 8.07%。

（2）相比半刚性基层结构 1，半刚性基层结构 2 的层底拉应力相对较大，这是由于半刚性基层结构 1 的基层与底基层选用的材料为水泥稳定碎石，因此承载能力更强，在受到上部车辆轴载作用时层底拉应力较小。而半刚性基层结构 2 基层选用水泥稳定碎石，底基层选用级配碎石，级配碎石虽有更好的应力消散作用，并且水稳定性更好，但承载能力远不及水泥稳定碎石，因此无机结合料稳定层层底会出现相对较大的拉应力。

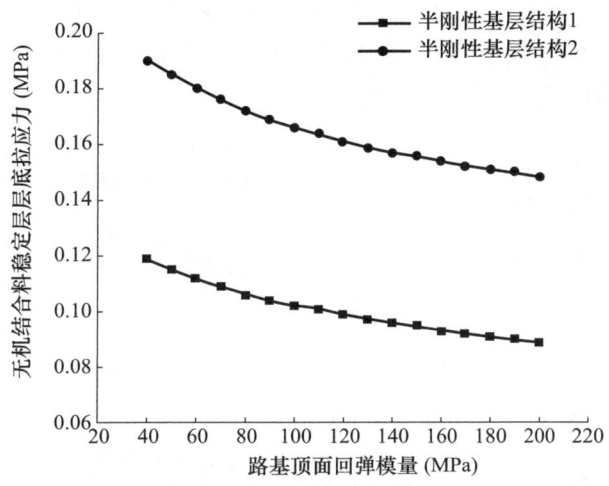

图 3-46　路基顶面回弹模量对无机结合料稳定层层底拉应力的影响

2. 无机结合料稳定层疲劳开裂寿命

高速公路在建成后的运营期内会受到上部车辆荷载的重复作用，路面结构所承受的重复车辆荷载可能远小于其极限承载力，但车辆荷载的重复作用是数以千万计的，因此沥青路面结构在出现损坏时所处的极限状态并不是由于在运营期内出现了超过路面材料极限承载力。在我国沥青路面设计体系中，通常将各层路面结构看作弹性体，即路面在受到车轮荷载作用时所处的状态为弹性工作状态。随着交通量的增加及车辆荷载的重复作用，路面所出现的微小损伤也在不断累积，在路面结构长期处于应力交替变化的情况下，路面结构的强度衰减，达到极限状态后路面出现疲劳损伤，疲劳损伤也是路面病害中一种主要的破坏形式。因此，研究提升路基顶面回弹模量对于路面疲劳寿命的影响是必要的。规范中给出了无机结合料稳定层疲劳开裂寿命的计算公式，并详细地分析了式中各个参数的意义及取值，在此不做赘述。

由图 3-47 可知，路基顶面回弹模量会提升无机结合料稳定层的疲劳开裂寿命。E_0 由 40MPa 增至 200MPa，对于半刚性基层结构 1 相应的疲劳开裂寿命由 $5.563e^9$ 次提升至 $10.319e^9$ 次，提升率为 85.49%，对于半刚性基层结构 2 相应的疲劳开裂寿命由 $1.471e^9$ 次提升至 $3.277e^9$ 次，$E_0=200$MPa 与 $E_0=40$MPa 相比疲劳开裂寿命提升了的 1.23 倍。这是由于提升路基回弹模量对于降低无机结合料层层底拉应力具有明显作用，因此也降低了微小损伤的累积，发生损坏的概率减小，提升了疲劳开裂寿命。

3. 路表弯沉值

虽然在最新的规范中路表弯沉值这一设计指标被优化，但目前我国在施工过程中路面的竣工验收主要还是以测量弯沉值来控制，测量弯沉的常用方法为贝克曼梁法、落锤式弯沉仪法以及更便捷的手持落锤式弯沉仪法。路表弯沉值是表征沥青路面或水泥混凝土路面整体结构刚度的重要性能指标，指路面结构在受到上部标准轴载作用下，抵抗竖向变形的能力。规范中规定在路表面车辆荷载轮隙中心处的可恢复变形称为弯沉。路表弯沉值能便捷、直观地反映出公路的实际使用状况。在荷载相同的情况下，路基作为路面结构的基础，其回弹模量的大小对于抵抗变形的能力有一定的影响，弯沉值大则表征路面整体刚度小，即抵抗变形的能力较弱。因此，分析研究路基顶面回弹模量与路表弯沉之间的关系是必要的。

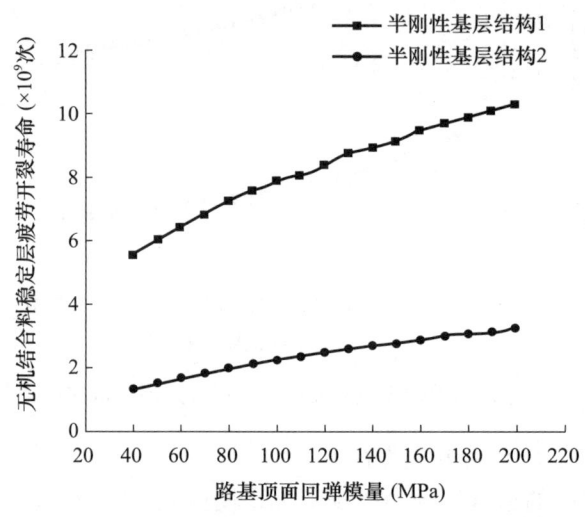

图 3-47 路基顶面回弹模量对无机结合料稳定层疲劳开裂寿命的影响

在公路沥青路面设计规范中，路表验收弯沉值 l_a 的计算公式（3-3）、公式（3-4）如下：

$$l_a = p\,\bar{l}_a \tag{3-3}$$

$$\bar{l}_a = f\left(\frac{h_1}{\delta},\ \frac{h_2}{\delta},\ \cdots,\ \frac{h_{n-1}}{\delta};\ \frac{E_2}{E_1},\ \frac{E_3}{E_2},\ \cdots,\ \frac{k_1 E_0}{E_{n-1}}\right) \tag{3-4}$$

式中　　$\bar{l}_a$——理论弯沉系数；

p——标准轴载轮胎与地面相接触的压强（MPa）；

δ——接触面圆的半径（mm）；

k_1——路基顶面回弹模量调整系数，对于不同基层材料有相应的取值，半刚性基层沥青路面的取值为 0.5；

E_0——平衡湿度状态下的路基顶面回弹模量；

E_{n-1}——各结构层模量；

$h_1, h_2, \cdots, h_{n-1}$——路面各结构层的厚度。

设定不同的路基顶面回弹模量，E_0 由 40MPa 增加至 200MPa，增量步为 10MPa，利用 HPDS 2017 软件计算不同路基顶面回弹模量所对应的路表验收弯沉值，在现场利用落锤式弯沉仪或便携的手持式落锤弯沉仪实际所测得的路表弯沉值应小于验收值，因此分析改变 E_0 对路表弯沉值的影响具有实际意义。

分析图 3-48 可知：

(1) 路基顶面回弹模量的大小对于路表弯沉值的影响显著。随着回弹模量 E_0 的增大，路表弯沉值不断降低。当 E_0 由 40MPa 提升至 200MPa 时，对于半刚性基层结构 1 来说路表弯沉值由 22.8 降低至 9.2，降低幅度为 13.6，总变化率为 59.65%，对于半刚性基层结构 2 来说，路表弯沉值由 28.6 降低至 11.3，降低幅度为 17.3，总变化率为 60.49%。上述路表弯沉值的单位为 0.01mm。

(2) 在 E_0 处于较低值时，路表弯沉值的降低速率较快，在 E_0 增至一定值后，弯沉值降低的幅度逐渐变小。对于半刚性基层结构 2，在 E_0 由 40MPa 提升至 120MPa 时，路表弯沉值降低了 47.20%，在 E_0 由 120MPa 提升至 200MPa 时，路表弯沉值降低了 25.17%，降低速率减小。

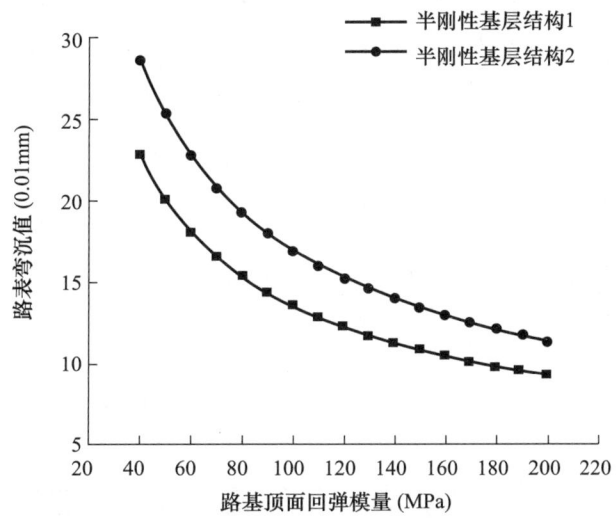

图 3-48 路基顶面回弹模量对于路表弯沉值的影响

4. 路基顶面弯沉

根据《公路工程质量检验评定标准》(JTG F80/1—2017)，在公路检测项目中，土方路基施工结束之后，路基顶面弯沉是作为关键项目来检测的。对于路基顶面弯沉值的检测方法来说，在 2017 版的规范中已由老版本的利用贝克曼梁法测量静弯沉值转变为利用落锤式弯沉仪测量动弯沉值，公式（3-5）即为通过落锤式弯沉仪来计算的路基顶面的验收弯沉值，在现场实际测得的弯沉值应小于验收弯沉值，即应满足公式（3-6）。若大于验收弯沉值，则应对路基继续压实或采取其他加固方法。

$$l_g = \frac{176pr}{E_0} \tag{3-5}$$

式中 l_g——路基顶面验收弯沉值（0.01mm）；
  p——落锤式弯沉仪承载板施加荷载（MPa）；
  r——承载板直径（mm）；
  E_0——平衡湿度状态下路基顶面回弹模量（MPa）。

$$l_0 \leqslant l_g \tag{3-6}$$

式中 l_0——路段内实测的路基弯沉代表值（0.01mm）。

路基顶面弯沉值是在填筑路基施工完成之后进行检测的，而不受沥青路面结构参数的影响。通过上式可看出，无论是半刚性基层路面、柔性基层路面，还是组合式基层路面，在路基顶面回弹模量一致的情况下，各路面结构的路基顶面验收弯沉值都相同。

由图 3-49 可知，路基顶面回弹模量 E_0 对于路基顶面弯沉值的影响显著，回弹模量由 40MPa 增加至 200MPa 时，路基顶面弯沉值由 373.5 降低至 74.7，降低幅度为 298.8，$E_0=200$MPa 时的弯沉值是 $E_0=40$MPa 的 1/5，并且在 E_0 值较低时，随着 E_0 的增加路基顶面弯沉值的降低幅度很大，在 $E_0=40$MPa 增大到 $E_0=120$MPa 时，弯沉值由 373.5 降低到 124.5，降低幅度为 249，变化率为 66.7%。在 $E_0=120$MPa 增大到 $E_0=200$MPa 时，弯沉值由 124.5 降低到 74.7，降低幅度为 49.8，变化率为 40%，降低速率明显减慢。上述路基顶面弯沉的单位为 0.01mm。

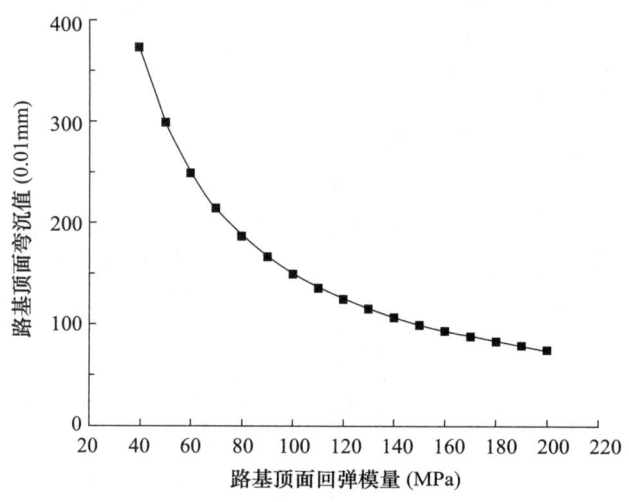

图 3-49 路基顶面回弹模量对路基顶面弯沉值的影响

3.5.4.2 对于柔性基层沥青路面性能的影响

1. 路基顶面竖向压应变

在受到上部荷载时，路基的变形情况对于整个路面结构的工作状态都产生重要的影响。在长期作用下，较高的路基顶面压应变值会使路基产生较大的永久变形。在美国的壳牌设计法中就是利用路基顶面竖向压应变来建立具有 95% 可靠度的路基车辙损伤模型的。我国规范对于路基顶面竖向压应变 ε_z 的计算公式如公式（3-7）、公式（3-8）所示：

$$\varepsilon_z = p\bar{\varepsilon}_z \tag{3-7}$$

$$\bar{\varepsilon}_z = f\left(\frac{h_1}{\delta}, \frac{h_2}{\delta}, \cdots, \frac{h_{n-1}}{\delta}; \frac{E_2}{E_1}, \frac{E_3}{E_2}, \cdots, \frac{E_0}{E_{n-1}}\right) \tag{3-8}$$

式中 $\bar{\varepsilon}_z$——理论竖向压应变系数；其余参数意义见公式（3-2）。

观察图 3-50 可分析得出：

（1）在两种柔性基层路面结构中，厚沥青层＋粒料底基层类沥青路面所产生的竖向压应变值相对较小，由于该类结构中沥青层的厚度与粒料底基层的厚度接近，比值接近1，因此该结构强度高，承载能力强，因此在上部轴载作用时沥青层结构承担了大部分的荷载，使得路基顶面的应力状态处于较低的状态，路基顶面竖向压应变值偏小。而薄沥青层+厚粒料基层路面结构由于粒料层厚度相对较大，沥青层厚度相对较小，承载能力较有限，因此路基顶面承受上部传递下来的荷载值相对偏大，路基顶面压应变较大，在 $E_0=40\mathrm{MPa}$ 时，路基顶面压应变值为 204×10^{-6}，而厚沥青层+粒料类沥青路面相对应的值为 128×10^{-6}。

（2）对于上述两种柔性基层路面结构，路基顶面压应变均随着路基顶面回弹模量的增加而降低，并且在 E_0 较低时，压应变的降低幅度相对较大，而当 E_0 较高时，压应变的降低幅度趋于稳定。例如，对于薄沥青层+厚粒料基层路面结构，E_0 由 40MPa 增至 120MPa 时，压应变总降低了 38.73%，当 E_0 由 120MPa 增至 200MPa 时，压应变降低了 24.8%。

（3）两种路面随路基顶面回弹模量的增大变化趋势有所差异，E_0 由 40MPa 增至 200MPa 时，薄沥青层+厚粒料基层路面结构的路基顶面压应变由 204×10^{-6} 降低至 94×10^{-6}，变化率为 53.92%，厚沥青层+粒料底基层路面的路基顶面压应变由 128×10^{-6} 降低至 64×10^{-6}，变化率为 50%。

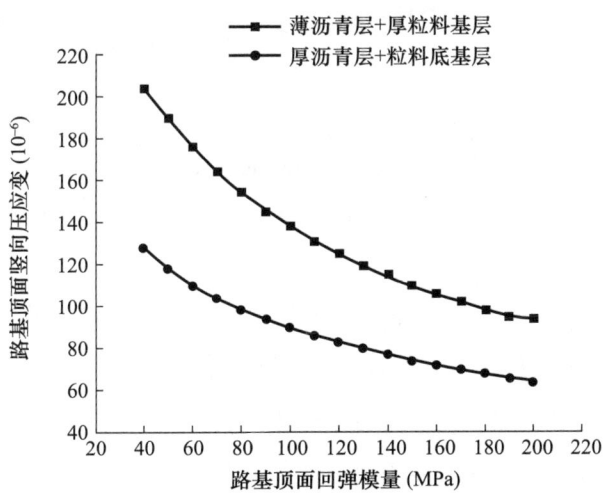

图 3-50　路基顶面回弹模量对路基顶面压应变的影响

2. 沥青面层层底拉应变

一般情况下，沥青面层层底拉应变对于柔性沥青面层的疲劳开裂寿命有着重要的作用。当面层层底某位置产生最大拉应变并在上部车辆荷载的重复作用下不断累积达到临界值时，该位置出现疲劳损伤的概率最大。美国沥青协会的设计方法是根据沥青面层层底拉应变以及沥青混合料的模量来确定疲劳开裂寿命。而在我国沥青路面设计规范中，沥青面层层底拉应变的计算公式如公式（3-9）、公式（3-10）所示：

$$\varepsilon_\mathrm{a}=p\bar{\varepsilon}_\mathrm{a} \tag{3-9}$$

$$\bar{\varepsilon}_\mathrm{a}=f\left(\frac{h_1}{\delta},\frac{h_2}{\delta},\cdots,\frac{h_{n-1}}{\delta};\frac{E_2}{E_1},\frac{E_3}{E_2},\cdots,\frac{E_0}{E_{n-1}}\right) \tag{3-10}$$

式中 ε_a ——沥青混合料层层底拉应变；

$\bar{\varepsilon}_a$ ——理论拉应变系数；

其余符号与上述公式意义相同。

由图3-51可知，对于两种柔性路面结构来说，增加路基顶面回弹模量对于降低两种路面结构的沥青混合料层层底拉应变具有一定的作用，当 E_0 由40MPa提升至200MPa时，两种柔性路面结构的拉应变分别降低了10.89%、16.12%，并且路基顶面回弹模量的升高对于厚沥青层+粒料底基层路面结构的影响要高于薄沥青层+厚粒料基层路面结构的影响。

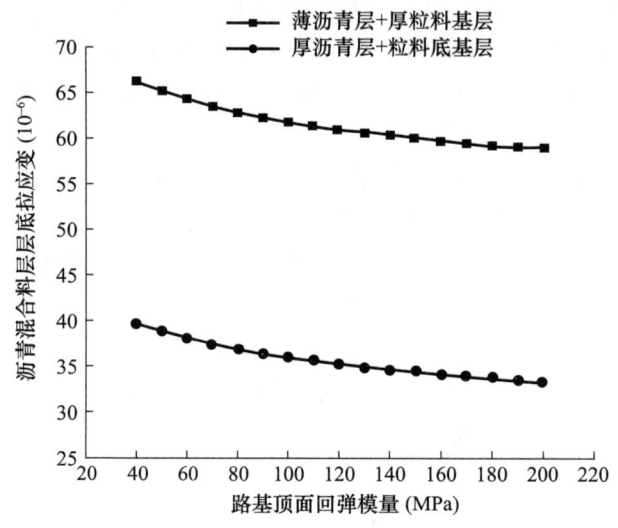

图3-51 路基顶面回弹模量对沥青混合料层层底拉应变的影响

3. 沥青混合料层疲劳开裂寿命

在我国沥青路面设计规范中，详细列出了计算沥青混合料层疲劳开裂寿命的公式，以及式中各参数的选取，计算公式如公式（3-11）所示：

$$N_{f1}=6.32\times10^{15.96-0.29\beta}k_ak_bk_{T1}^{-1}\left(\frac{1}{\varepsilon_a}\right)^{3.97}\left(\frac{1}{E_a}\right)^{1.58}(VFA)^{2.72} \quad (3-11)$$

式中 N_{f1} ——沥青混合料层疲劳开裂寿命；

β ——目标可靠指标；

k_a ——季节性冻土地区调整系数；

k_b ——疲劳加载模式系数；

k_{T1} ——温度调整系数；

VFA ——沥青混合料的沥青饱和度（%）；

E_a ——沥青混合料的动态压缩模量（MPa）。

由图3-52可知，对于两种柔性路面结构，路基顶面回弹模量的增加对于延长沥青混合料层疲劳开裂寿命具有显著的影响。对于厚沥青层+粒料底基层路面结构，当 E_0 由40MPa提升至200MPa时，疲劳开裂寿命由 $2.79e^7$ 次提升为 $5.61e^7$ 次，提升幅度为 $2.82e^7$ 次，提升率为101.08%；对于薄沥青层+厚粒料基层路面结构，当 E_0 由40MPa提升至200MPa时，疲劳开裂寿命由 $2.05e^7$ 次提升为 $3.27e^7$ 次，提升幅度为 $1.22e^7$ 次，提升率为 59.51%。

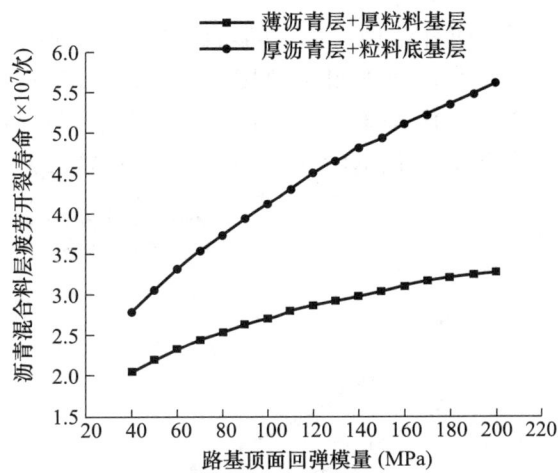

图 3-52 路基顶面回弹模量对沥青混合料层疲劳开裂寿命的影响

以上两种柔性路面中，厚沥青层＋粒料底基层路面结构随着 E_0 的增大疲劳寿命提升幅度较大，并且疲劳寿命要明显高于薄沥青层＋厚粒料基层路面，也侧面反映了厚沥青层＋粒料底基层路面结构的强度高、稳定性能好的特点。而薄沥青层＋厚粒料基层由于沥青面层较薄，粒料层承载能力相对较弱，在交通荷载反复作用下沥青面层层底产生的拉应变值较大，随着拉应变的累积达到临界值而发生疲劳损坏。因此只适合用在中低级交通道路，不适合用在重级交通道路中。

4. 路表弯沉值

由图 3-53 可知，对于两类柔性路面结构，路基顶面回弹模量的提升均会使路表弯沉值产生不同程度的降低，并且在 E_0 较小时路表弯沉值的下降趋势更为明显，当 E_0 由 40MPa 增至 200MPa 时，薄沥青层＋厚粒料基层、厚沥青层＋粒料底基层结构的弯沉值分别降低了 57.30%、60.57%。

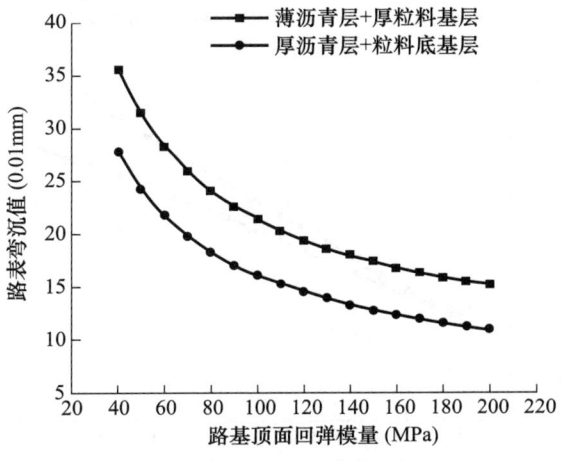

图 3-53 路基顶面回弹模量对路表弯沉值的影响

3.5.4.3 对于组合式基层及倒装式基层沥青路面性能的影响

1. 无机结合料稳定层层底拉应力

观察图 3-54 可知,对于两种结构来说,随着路基顶面回弹模量的增加,无机结合料稳定层层底拉应力逐渐减小。当 E_0 由 40MPa 增至 200MPa 时,组合式基层路面由 0.190MPa 降至 0.143MPa,降低幅度 0.047MPa,减小率为 24.74%。倒装式基层路面由 0.215MPa 降至 0.155MPa,降低幅度 0.06MPa,减小率为 27.90%。

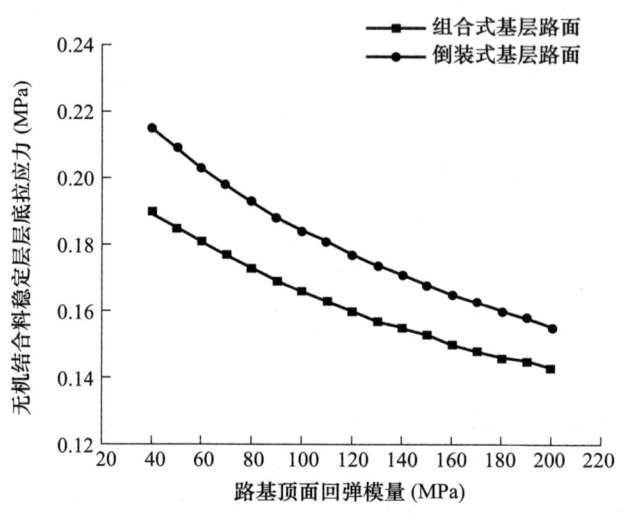

图 3-54 路基顶面回弹模量对于无机结合料稳定层层底拉应力的影响

2. 无机结合料稳定层疲劳开裂寿命

观察图 3-55 可知,路基顶面回弹模量的增加对于延长组合式及倒装式基层路面的无机结合料稳定层疲劳寿命有着显著的作用,E_0 由 40MPa 增至 200MPa 时,组合式基层路面的疲劳寿命由 $1.23e^9$ 次提升至 $3.28e^9$ 次,提升 1.67 倍。倒装式基层路面的疲劳寿命由 $1.19e^9$ 次提升至 $4.23e^9$ 次,提升 2.55 倍。

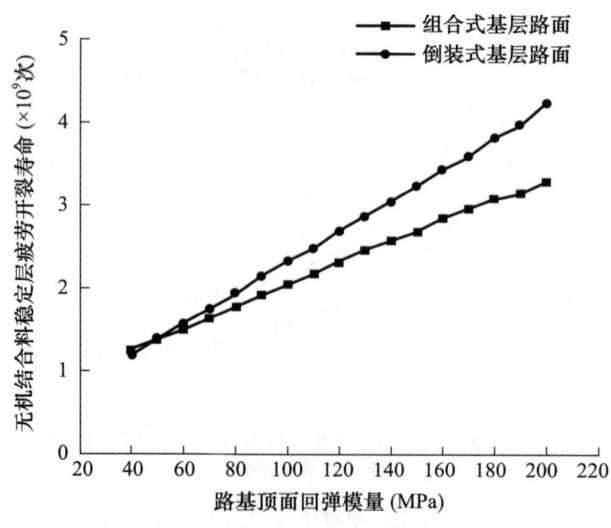

图 3-55 路基顶面回弹模量对于无机结合料稳定层疲劳开裂寿命的影响

3. 路表弯沉值

观察图3-56可知,随着E_0的增大,组合式基层路面以及倒装式基层路面的路表弯沉值均发生了不同程度的降低。当E_0由40MPa增至200MPa时,两种结构的弯沉值分别由28.8降低至11.4,由33降低至15.2,减小率分别为60.42%、53.93%,组合式结构较倒装式结构变化幅度较大,并且两类路面的降低速率随着回弹模量的增加而逐渐变缓。上述路表弯沉值的单位为0.01mm。

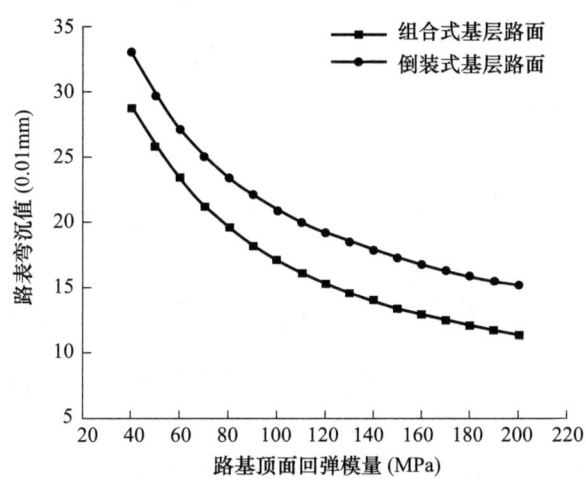

图3-56 路基顶面回弹模量对于路表弯沉值的影响

3.5.4.4 不同结构形式的对比

路基顶面回弹模量的增加会提升各类型路面的路用性能。对于半刚性基层沥青路面来说,回弹模量的增加会降低无机结合料稳定层层底拉应力;而对于柔性基层沥青路面来说,回弹模量的增加会降低沥青混合料层层底拉应变与路基顶面压应变;对于组合式沥青路面及倒装式沥青路面来说,回弹模量的增加会降低无机结合料稳定层层底拉应力。由此可见,路基顶面回弹模量的增加对于各类型路面的关键计算指标都产生了一定的影响。

通过表3-17可以看出,随着路基回弹模量的增大,各路面结构的疲劳寿命均有不同程度的提升,并且提升效果显著。半刚性基层的承载能力要远远超过其他结构形式路面,疲劳寿命在提升路基刚度后最多达到$10.32e^9$次,但无机结合料稳定层对于疲劳荷载有较强的敏感性,可能会出现使用寿命达不到设计年限的情况。

表3-17 路基顶面回弹模量对于疲劳寿命的影响

疲劳寿命类型	路面类型	$E_0=40$MPa	$E_0=200$MPa	提升率(%)
无机结合料稳定层疲劳寿命	半刚性基层结构形式1	5.56×10^9	10.32×10^9	85.61
	半刚性基层结构形式2	1.47×10^9	3.28×10^9	123.13
	组合式基层路面结构	1.23×10^9	3.28×10^9	166.67
	倒装式基层路面结构	1.19×10^9	4.23×10^9	255.46
沥青混合料层疲劳寿命	薄沥青层+厚粒料基层	2.05×10^7	3.27×10^7	59.51
	厚沥青层+粒料底基层	2.79×10^7	5.61×10^7	101.08

通过表 3-18 可以看出，随着路基回弹模量的增大，各路面结构的路表弯沉值均有不同程度的减小，并且效果显著。其中半刚性基层路面结构的弯沉值较低。除半刚性基层路面，柔性路面中厚沥青层＋粒料底基层以及组合路面结构的路表弯沉值较低，承载能力更强。

表 3-18　路基回弹模量对于路表弯沉值的影响　　　　（单位：0.01mm）

路面类型	$E_0=40MPa$	$E_0=200MPa$	降低率（%）
半刚性基层结构形式 1	22.8	9.2	59.65
半刚性基层结构形式 2	28.6	11.3	60.49
薄沥青层＋厚粒料基层	35.6	15.2	57.30
厚沥青层＋粒料底基层	27.9	11.0	60.57
组合式基层路面结构	28.8	11.4	60.42
倒装式基层路面结构	33.0	15.2	53.94

3.6　基于路基刚度提升的路面结构力学响应分析

在以往对沥青路面结构力学响应的研究中，通常建立弹性模型来分析在车辆荷载作用下结构的受力及变形情况，我国最新沥青路面规范中采用的也是基于弹性多层体系理论来计算结构的验算指标，并且大多数的分析模型均为静力分析，这可能与实际受力情况不符。研究路基在车辆动荷载下的力学响应是必要的，采用 Abaqus 软件来计算提升路基刚度对于循环荷载作用下沥青路面结构力学响应的影响。

3.6.1　有限元模型的建立

3.6.1.1　模型参数的选取

模型参数参考某高速公路标段填土路基横断面设计图，由于道路结构具有对称性，模型采用结构的半幅进行计算。如图 3-57 所示，路堤高 8m，顶面宽 12m，底面宽 24m，坡度为 1∶1.5，地基深度为 10m，宽度为 30m。沿行车方向，由于在之后的分析中将轮胎与路面的接触面设定为 0.16m×0.23m 的长方形，因此行车方向尺寸为 0.23m。模型中的路面结构为半刚性基层沥青路面，结构各层厚度、模量、泊松比等参数参照 3.5 节，路面材料参数见表 3-19。路基结构因路床填料的不同而分工况建立。模型结构层示意图如图 3-57 所示。

表 3-19　路面材料参数

材料参数	厚度（cm）	模量（MPa）	泊松比	c（kPa）	φ（°）	ρ（g/cm³）	α	β
细粒式沥青混凝土	4	11000	0.25	—	—	2.5	0.4	0.003
中粒式沥青混凝土	6	10000	0.25	—	—	2.5	0.4	0.003
粗粒式沥青混凝土	8	10000	0.25	—	—	2.5	0.4	0.003
水泥稳定碎石	20	7500	0.25	200	35	2.2	0.4	0.003
水泥稳定碎石	20	7500	0.25	200	35	2.2	0.4	0.003
水泥稳定碎石	20	7500	0.25	200	35	2.2	0.4	0.003

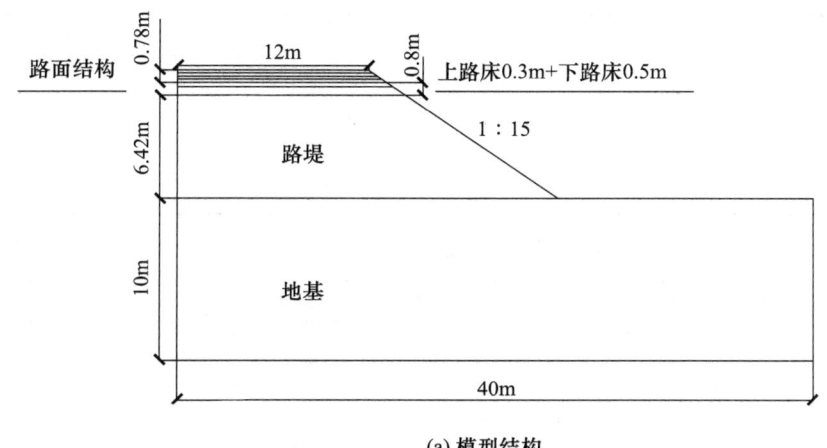

(a) 模型结构

面层为4cm细粒式沥青混凝土+6cm中粒式沥青混凝土+8cm粗粒式沥青混凝土

(b) 路面结构

图 3-57　模型结构层示意图

为模拟道路真实的工作情况，引入以下几个假设：

（1）由于面层刚度较大，沥青混凝土面层采用线弹性模型，而基层、路基以及地基层采用弹塑性模型中的莫尔-库仑（Mohr-Coulomb）模型来进行分析计算；

（2）在上部循环荷载作用时，结构中各层之间发生的变形是连续的，不发生相对的滑动，并且模型的参数是不随作用次数而变化的；

（3）在计算道路的变形时，只考虑道路在循环荷载作用下所发生的变形，而不考虑路基、地基土体自身的固结沉降。

在路面结构确定的情况下，改变路基工况，即改良路床填料，路床作为连接路面结构层与下部土基层的结构层，其性能的好坏对于整个结构具有重要的作用。工况 1 为上下路床均未改良的情况，工况 2 为上下路床均掺加 3％水泥改良的情况，工况 3 为上路床掺加 5％水泥改良、下路床掺加 3％水泥改良的情况，工况 4 为上下路床均掺加 5％水泥改良的情况。其中填料的 c、φ 值参考前述三轴试验所得结果，其中素土的弹性模量参考素土填料在压实度为 96％ 时的弹性模量数据，3％、5％水泥土的弹性模量参考填料在压实度为 96％、龄期为 14d 时的弹性模量数据。各工况时的技术参数见表 3-20～表 3-23。

表 3-20 工况 1 时的技术参数

材料	厚度（cm）	模量（MPa）	泊松比	c（kPa）	φ（°）	ρ（g/cm³）	α	β
上路床	30	116	0.35	46.9	26.1	1.83	0.25	0.005
下路床	50	116	0.35	46.9	26.1	1.83		
路堤	642	60	0.40	46.9	26.1	1.83		
地基	1000	40	0.40	46.9	26.1	1.83		

表 3-21 工况 2 时的技术参数

材料	厚度（cm）	模量（MPa）	泊松比	c（kPa）	φ（°）	ρ（g/cm³）	α	β
上路床	30	258	0.35	80.2	28.2	1.79	0.25	0.005
下路床	50	258	0.35	80.2	28.2	1.79		
路堤	642	60	0.40	46.9	26.1	1.83		
地基	1000	40	0.40	46.9	26.1	1.83		

表 3-22 工况 3 时的技术参数

材料	厚度（cm）	模量（MPa）	泊松比	c（kPa）	φ（°）	ρ（g/cm³）	α	β
上路床	30	302	0.35	111.5	31.5	1.77	0.25	0.005
下路床	50	258	0.35	80.2	28.2	1.79		
路堤	642	60	0.40	46.9	26.1	1.83		
地基	1000	40	0.40	46.9	26.1	1.83		

表 3-23 工况 4 时的技术参数

材料	厚度（cm）	模量（MPa）	泊松比	c（kPa）	φ（°）	ρ（g/cm³）	α	β
上路床	30	302	0.35	111.5	31.5	1.77	0.25	0.005
下路床	50	302	0.35	111.5	31.5	1.77		
路堤	642	60	0.40	46.9	26.1	1.83		
地基	1000	40	0.40	46.9	26.1	1.83		

3.6.1.2 荷载参数的选取

1. 荷载形式

车辆动荷载作用在路面上主要可分为四种模式：

（1）恒定荷载：在路面极为平整的情况下，车辆在行驶过程中产生的振动几乎为零，该形式的荷载始终稳定在某值，荷载的大小不随时间的变化而变化；

（2）稳态荷载：该形式的荷载随时间的增长而发生有规则的变化，变化波形可能为三角形、矩形、半波正弦形等；

（3）冲击荷载：该形式的荷载一般出现在桥头跳车处，是对路面偶然进行的冲击；

（4）随机荷载：在道路不平整的情况下，车辆在行驶过程中的振动波形呈现无序的形式，因此该形式荷载具有随机性。在分析行车荷载中忽略了水平荷载的影响。

本部分采用的车辆动荷载形式为半波正弦荷载，对于平整道路上的某点来讲，半波正弦荷载可以理想地模拟车辆从驶向该点到作用在该点再到驶离该点的真实情况，半波正弦荷载的表达式如公式（3-12）所示：

$$P_t = P_{max} \cdot \sin(\omega t) \tag{3-12}$$

式中 P_{max}——荷载接地压强，我国沥青路面设计规范中设计轴载为100kN，车辆轮胎的接地压强为0.7MPa；

ω——振动圆频率，ω的计算公式如公式（3-13）、公式（3-14）所示。

$$\omega = \pi/T \tag{3-13}$$
$$T = 12a/v \tag{3-14}$$

式中 T——荷载作用周期；

a——轮胎接地面积当量圆半径，取0.1065m。

当行车速度为80km/h时，通过计算得知 ω 为0.0575r/s，因此半波正弦荷载的表达式如公式（3-15）所示，荷载作用形式如图3-58所示。

$$P_t = 0.7 \cdot \sin(54.5992t) \tag{3-15}$$

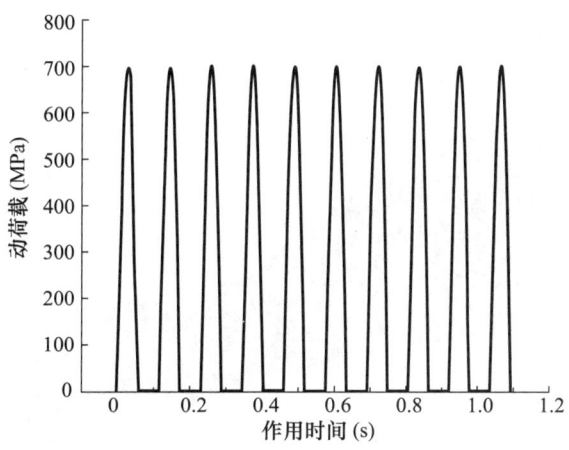

图3-58 半波正弦荷载波形

2. 荷载作用面积

我国《公路沥青路面设计规范》（JTG D50—2017）规定，车辆轮胎与地面接触面为双圆形，当量圆半径为0.1065m，两圆圆心之间距离为0.3195m（1.5倍圆直径），前人在大量研究后发现，可由两矩形代替双圆形作为轮胎与路面接触面。通过两矩形进行荷载的施加，本部分采用尺寸为0.16m×0.23m的矩形来代替圆，如图3-59所示。

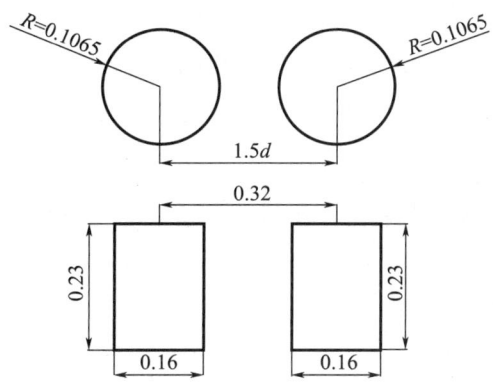

图3-59 荷载作用面积转化图（单位：m）

3.6.1.3 边界条件

若模型尺寸太小，边界条件则会影响模型计算结果，如在循环荷载作用下，应力在路基中依靠波的形式传递，在波传递到底部处时，由于边界刚度无限大会有反射作用，反射波在模型中的传递使得循环荷载作用下产生的位移出现回弹变形的现象，因此选取合适的尺寸使得荷载传递到边界面的应力为零，即可在边界面上施加约束。根据圣维南原理，在设置边界条件时将地基底部设置为完全约束，在地基的右侧边界设置水平向的约束，而对于整个模型的左侧边界需设置水平向的约束。

3.6.1.4 网格划分

网格的精细程度会影响模型的计算结果，但过多的网格会使计算效率变低，因此沿地基层水平向采用单精度布种，在离荷载位置较近处对网格进行加密，远离荷载位置处适当地增加网格尺寸，对于路基及上部路面结构设置网格尺寸为0.2m，单元类型采用C3D8R。有限元模型示意图如图3-60所示。

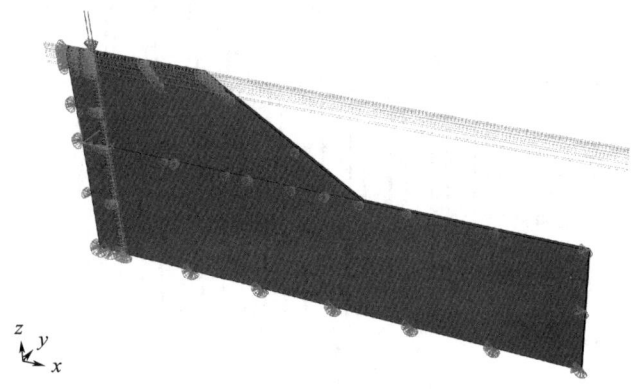

图 3-60　有限元模型示意图

3.6.1.5 阻尼参数的选取

系统在受到动荷载时由于材料的内部摩擦以及结合处的滑动、反应的滞后性等内部原因会使运动过程中发生能量的耗散，系统自由振动时的振幅会不断衰减，直至能量耗散为零，整个系统运动结束。由于材料内部摩擦及滑动等原因而使能量随时间耗散的现象称之为阻尼。采用 Abaqus 软件中的瑞利阻尼来定义模型参数，计算公式如公式（3-16）所示：

$$C = \alpha M + \beta K \tag{3-16}$$

式中　α，β——阻尼系数，通过公式（3-17）得出：

$$\alpha = \frac{2\omega_i\omega_j(\omega_j\xi_j - \omega_i\xi_i)}{\omega_j^2 - \omega_i^2}, \quad \beta = \frac{2(\omega_j\xi_j - \omega_i\xi_i)}{\omega_j^2 - \omega_i^2} \tag{3-17}$$

式中　ω_i，ω_j——不同结构的固有频率；

　　　ξ_i，ξ_j——不同结构的阻尼比。参照相关模型的固有频率以及阻尼比，计算得出阻尼系数 α，β。

3.6.2　力学响应分析

3.6.2.1 路表弯沉

图 3-61 所示为各结构的路表弯沉云图，图 3-62 所示为路表弯沉值沿水平方向的变

化。路表弯沉在车轮与路面接触位置处产生最大值，随着水平向距离的增加，弯沉值逐渐降低，并沿轮距中心的两侧呈对称分布。在远离荷载作用区域弯沉值很小，因此截取荷载作用附近的区域进行分析。

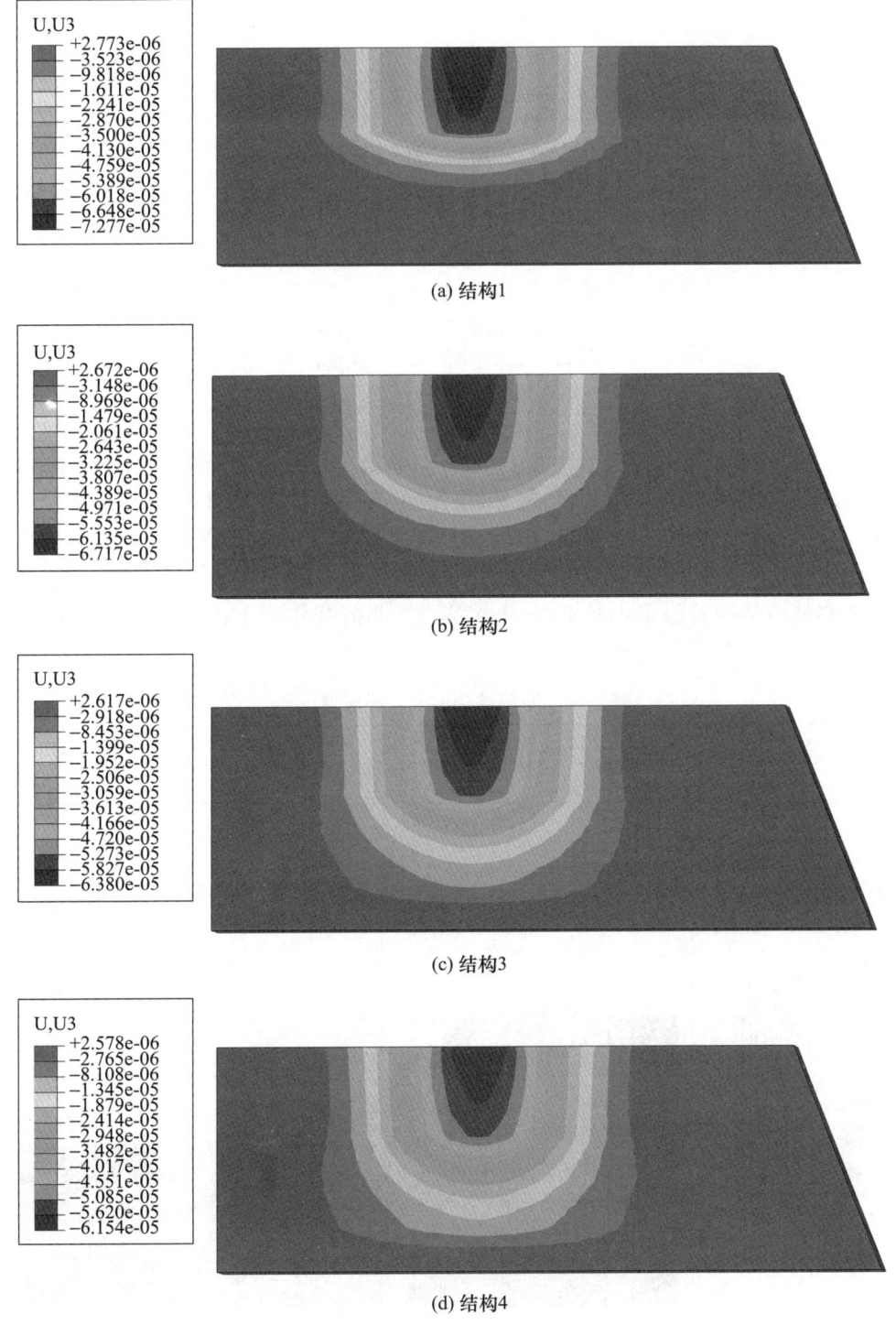

图 3-61　各结构路表弯沉云图

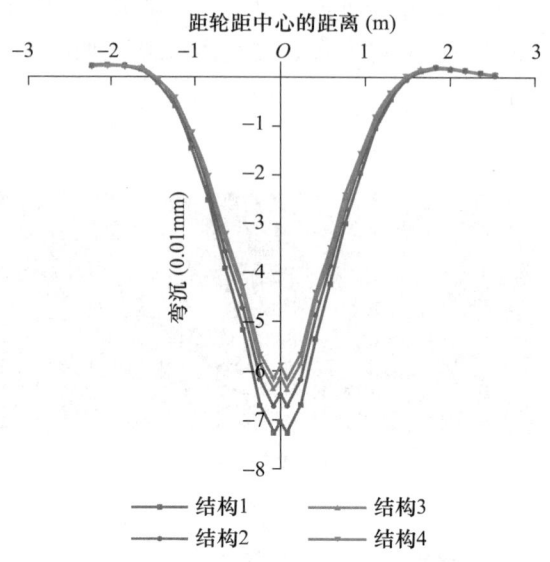

图 3-62 路表弯沉值沿水平方向的变化

由图 3-62 可知,最大弯沉值出现在荷载作用处,在轮距中心处产生的弯沉值略小于荷载作用处。由表 3-24 可知,随着路基刚度的提升,沿水平方向的各点路表弯沉值有一定程度的降低,结构 2 相对于结构 1 最大弯沉值减小了 7.57%,结构 3 相对于结构 1 最大弯沉值减小了 12.24%,结构 4 相对于结构 1 最大弯沉值减小了 15.41%。弯沉值越小,道路整体结构越稳定,承载能力越强,长期荷载作用下路面发生病害的可能性越小。

表 3-24　不同结构的最大路表弯沉值

结构	结构 1	结构 2	结构 3	结构 4
弯沉（0.01mm）	7.27	6.72	6.38	6.15

3.6.2.2　竖向位移

图 3-63 所示为各结构在循环荷载作用 7.13s 时发生的累积竖向位移云图。

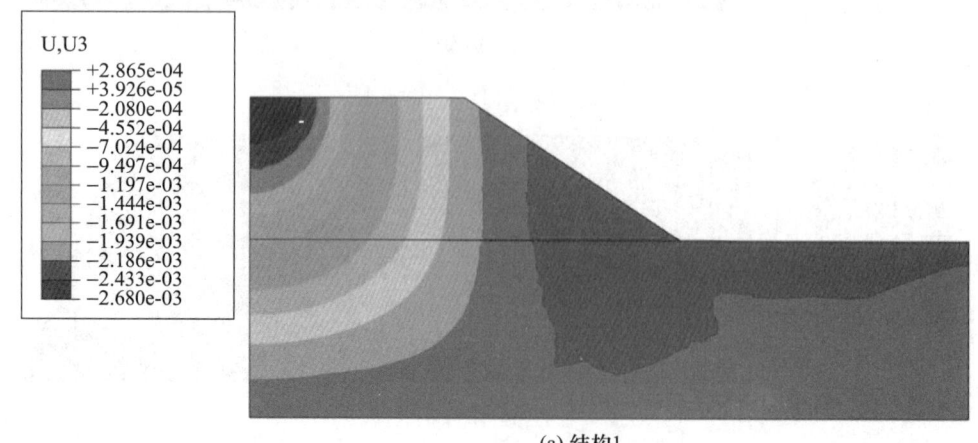

(a) 结构1

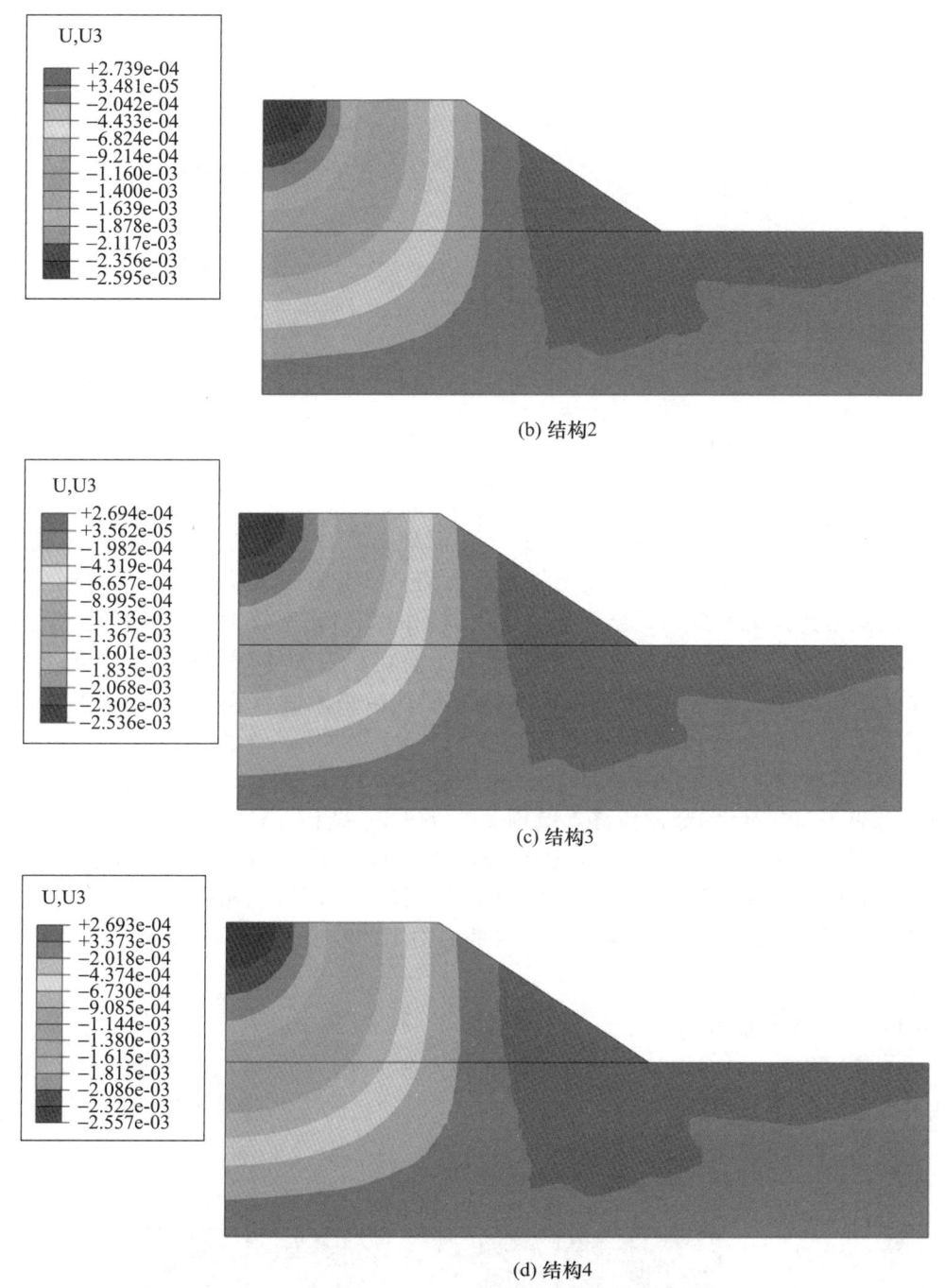

图 3-63 不同结构的竖向位移云图

在车辆的循环荷载作用下，路基土体会发生弹性变形和塑性变形，图 3-64 所示为不同结构的竖向变形图。若路基的刚度较小、强度较低，则路基在循环荷载作用一定次数下会发生较大的变形，可能发生下沉的现象，或者反映到上部结构表现为车辙等，路基刚度的提升能够有效地改善路基抵抗变形的能力。

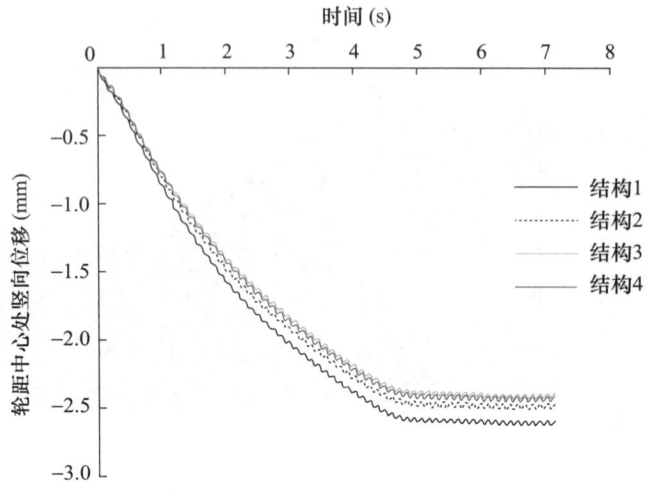

图 3-64　不同结构的竖向变形图

如图 3-64 可知，无论哪种结构形式，在循环荷载作用初期，路基土处于被压密的过程，当荷载达到零时一部分变形恢复，而另一部分变形无法恢复，无法恢复的变形为塑性变形并且不断累积，循环荷载作用前期的变形速率较大，随着时间的增长变形速率逐渐降低，在作用到接近 5s 时变形趋于稳定。当循环荷载作用 7.135s 时，未改良路基结构产生了 2.592mm 的竖向永久变形，当路床掺入 3% 水泥（结构 2）时，结构发生了 2.465mm 的竖向位移，当上路床掺入 5% 水泥、下路床掺入 3% 水泥（结构 3）时，结构发生了 2.410mm 的竖向位移，当时路床掺入 5% 水泥（结构 4）时，结构发生了 2.389mm 的竖向位移，结构 2、结构 3、结构 4 的位移分别相对于结构 1 减小了 4.90%、7.02%、7.83%，改良路基刚度能够减小结构的竖向位移。结构 3 与结构 4 的位移变化趋势十分接近，而两结构上路床水泥掺量相同，区别是下路床的水泥掺量不同，可见对于路基顶面，也就是上路床的改良对于降低竖向变形具有显著的影响。

3.6.2.3　竖向应力

由于远离荷载中心处的应力均处于较低的状态，在讨论上部荷载传递情况时只考虑荷载水平方向附近 2m 范围内的受力情况。各工况的竖向应力云图如图 3-65 所示。

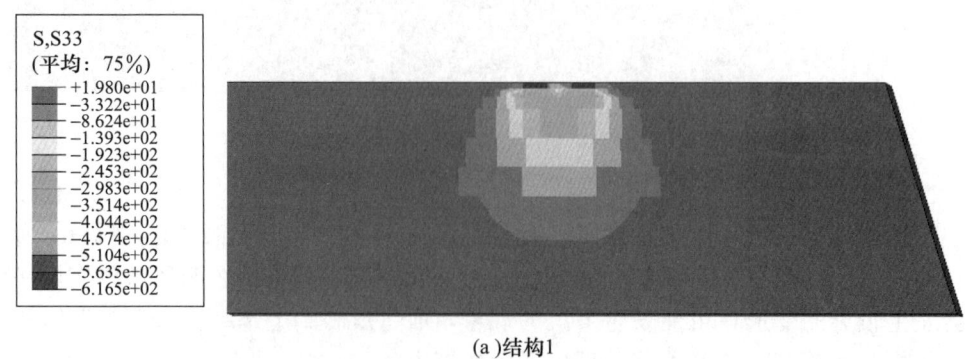

(a) 结构 1

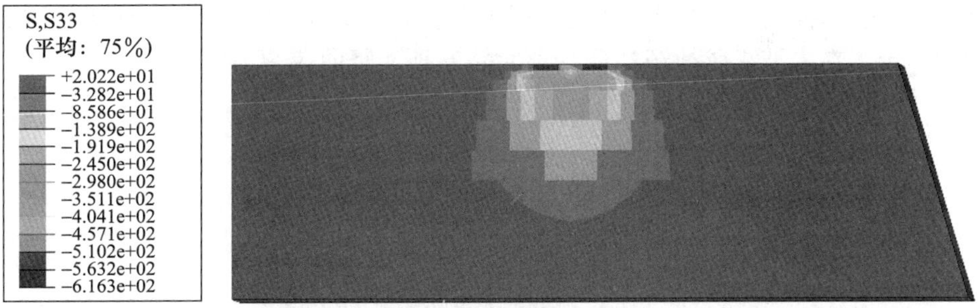

(b) 结构2

(c) 结构3

(d) 结构4

图 3-65 各工况的竖向应力云图

荷载作用时路表竖向应力沿水平方向的变化如图 3-66 所示,压应力集中分布在车轮与路面接触位置处,并沿深度方向进行扩散,路表其余位置竖向应力处于较低的状态,在距轮距中心较远位置处竖向应力几乎为零。

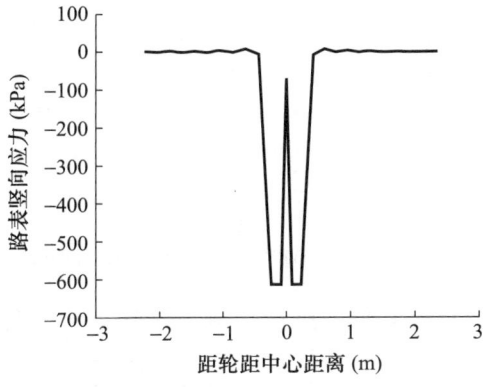

图 3-66 路表竖向应力沿水平向变化

结构 1 路基顶面竖向应力随时间变化的趋势如图 3-67 所示，随着时间的增长应力变化较为稳定。在半波正弦荷载达到峰值时路基顶面竖向应力最大。

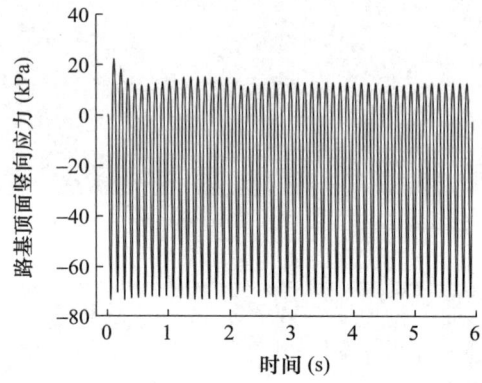

图 3-67　路基顶面竖向应力随时间变化的趋势

如图 3-68 所示，在荷载中心处，也就是轮胎接地面积中心位置处，附加应力随着深度方向距离的增加而衰减，并在 1.5m 深度处接近于零。在沿深度方向的某一位置处，路基的刚度值越大该位置所受上部结构传递的力越小。由于结构 1 的路床并未改良，其路基刚度相对较小，上部荷载传递下来的力衰减较慢，在 1.0m 深度处附加应力为 19.50kPa，而在路床改良后，路基刚度得以提升，应力衰减较快，结构 2 的路床为 3％水泥土，在 1.0m 深度处附加应力为 10.74kPa，结构 3 下路床填料为 3％水泥土，上路床为 5％水泥土，在 1.0m 深度处附加应力为 7.65kPa，结构 4 路床为 5％水泥土，在 1.0m 深度处附加应力为 0.96kPa，可见路基刚度的提升对于附加应力的衰减具有重要的影响。

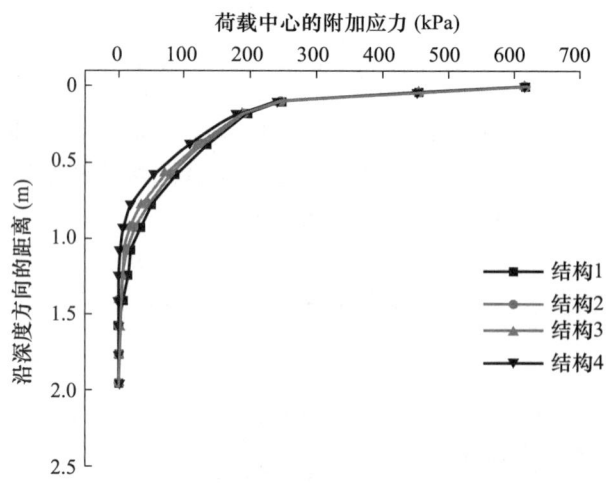

图 3-68　荷载中心（轮胎接地面积中心）附加应力沿深度方向的变化

如图 3-69 所示，在轮距中心处，竖向压应力沿深度方向先增加再减小，出现这种趋势的主要原因是路表所受压应力主要集中在车轮中心，其余水平向位置处应力较小，因此在路表轮距中心处应力处于一个较低的状态，由于上部荷载在路表产生的压力以一定角度扩散至下部结构，所以会在 0.2m 附近出现峰值，随后继续沿深度扩散至范围内压应力减小为零，因此轮距中心沿深度方向会出现先增加再减小的趋势。分析比较图 3-68、图 3-39 可知，轮距中心处产生的最大竖向应力要小于车轮中心处的竖向应力。

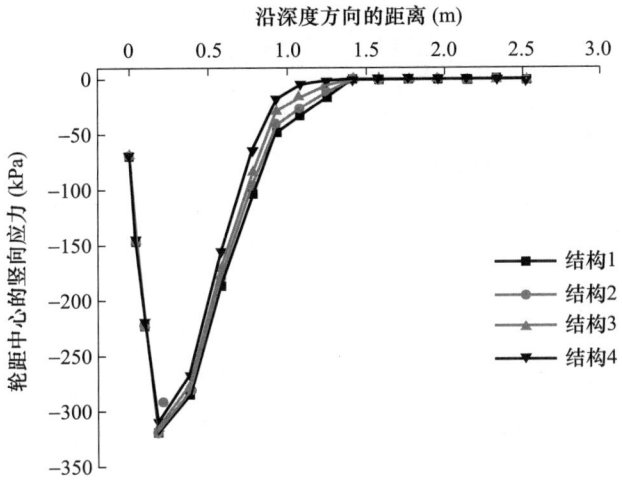

图 3-69　轮距中心竖向应力沿深度方向的变化

3.6.2.4　半刚性基层层底拉应力

由于远离荷载中心处的层底应力均处于较低的状态，在讨论半刚性基层层底拉应力时只考虑局部范围内的受力情况，图 3-70 所示为各结构的拉应力分布云图。

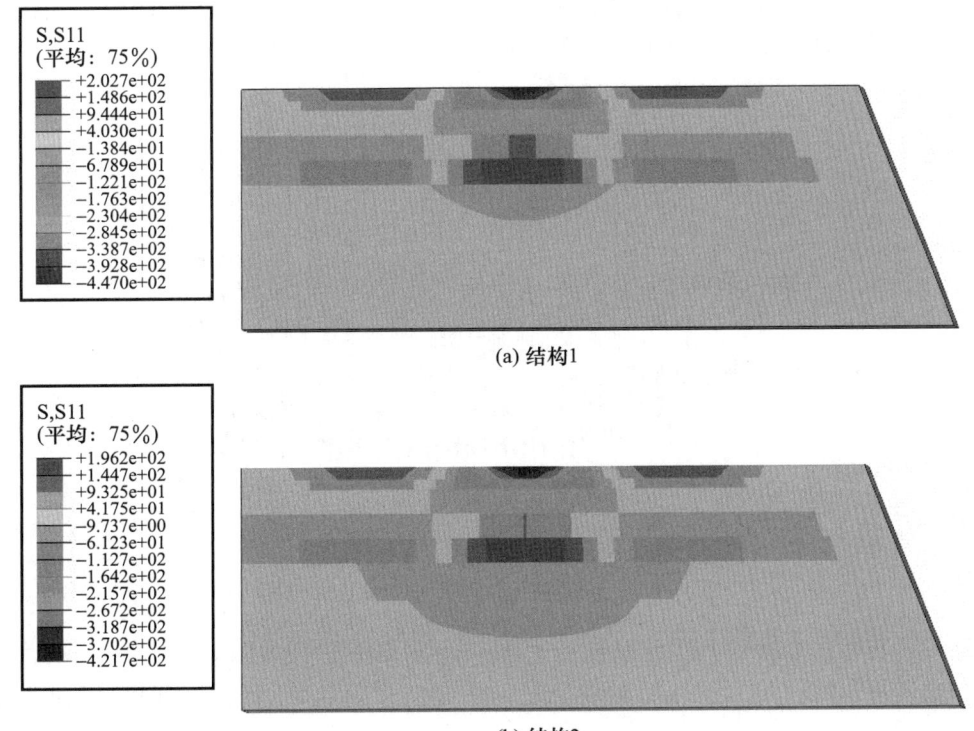

(a) 结构1

(b) 结构2

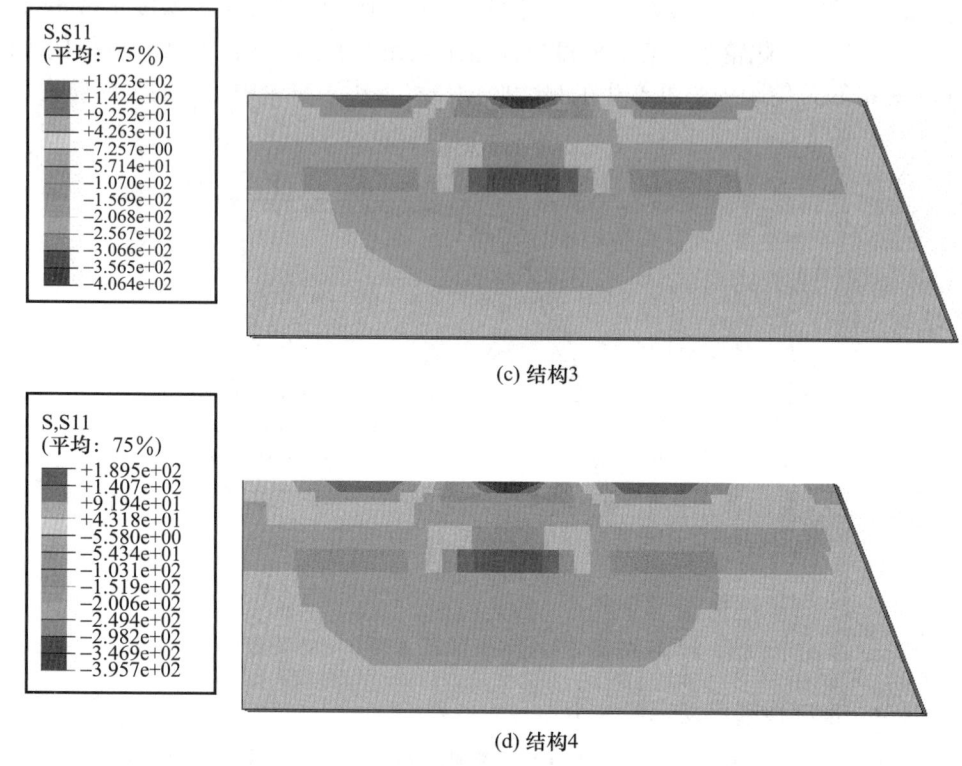

(c) 结构3

(d) 结构4

图 3-70 荷载作用下各结构的拉应力分布云图

根据图 3-71 可知，半刚性基层的底基层层底拉应力在轮距中心处产生最大值，并在轮距中心的两侧近似对称分布，层底拉应力由轮距中心向两侧递减。

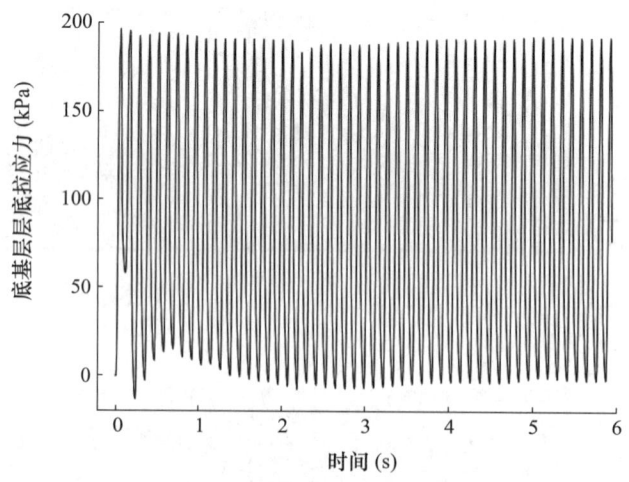

图 3-71 底基层层底拉应力随时间变化图

结构 4 轮距中心处底基层层底拉应力随时间变化的趋势如图 3-72 所示，随着时间的增长底基层层底拉应力变化趋势较稳定，在半波正弦荷载达到峰值时层底拉应力值最大。

根据图 3-72 可知，各结构的底基层层底拉应力随距轮距中心的距离的变化近似呈轴对称，底基层层底拉应力在轮距中心处产生最大值，并向两侧逐渐衰减。在水平方向距轮距中心 0.7m 左右位置处应力由受拉转为受压，在离轮距中心较远处衰减至零，各结构的底基层层底拉应力分布形式相近。路基刚度的提升会减小底基层的层底拉应力，这可以降低路面出现开裂的可能性。

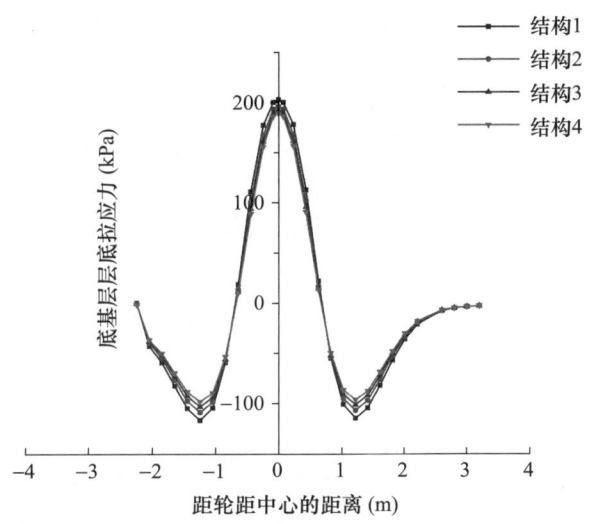

图 3-72 沿水平方向底基层层底拉应力变化图

由表 3-25 可知，在路基填料未掺入水泥改良时，底基层的最大层底拉应力为 202.72kPa，在路床掺入 3% 水泥改良时，最大层底拉应力为 196.23kPa，在路床掺入 5% 水泥改良时，最大层底拉应力为 189.47kPa，在上路床掺入 5% 水泥、下路床掺入 3% 水泥改良时最大层底拉应力为 192.30kPa，提升路基刚度对于减小层底拉应力具有一定的影响。

表 3-25 不同结构的最大层底拉应力值对比

结构	结构 1	结构 2	结构 3	结构 4
最大层底拉应力（kPa）	202.72	196.23	192.30	189.47

3.6.3 基于价值工程的改良方案评价

在利用无机结合料改良路床，提升路基刚度的同时，需注重掺入水泥改良所产生的经济成本。价值工程以提高研究对象（这里指路基性能）的价值为目的，以最低寿命周期成本为基础，使研究对象具备所要求的必要功能，最后能够获取一个既减少建设成本，又提升路基功能的最优方案。

本节基于价值工程对上述三种改良方案进行评价，获取最优的改良方案。将提升路床的刚度作为研究对象，通过掺入水泥路基的承载能力、抗变形能力、稳定性得到提高，路基刚度的提升对于整个结构性能的提升有着重要的影响，无机结合料稳定层层底拉应力作为半刚性基层的一项控制指标，对于半刚性基层路面结构的疲劳寿命起着重要的作用，将无机结合料稳定层层底拉应力作为价值工程的功能指标是可行的。同时，路表的弯沉值也反映了路面结构的整体刚度,弯沉值越大,整体刚度越小,结构抵抗变形的能力就越弱,路面结构更易发生整体破坏,因此将路表弯沉值作为价值工程的功能指标是可行的。

价值工程中的三个基本要素为功能、成本和价值,功能为产品的性能,能够满足功能的实现是价值工程的根本目的。成本为在整个寿命周期过程中所产生的全部费用之和,价值为衡量研究对象功能与成本的比值,提升研究对象的价值就是价值工程的终极目标,价值的最大化也是资源利用效率的最大化。

价值工程方法的基本工作程序为确定并计算各方案的成本系数、功能系数,然后计算价值系数,选取价值系数最高的为最优方案。计算公式如公式(3-18)所示,可知价值系数越大越能够充分地利用资源来提升研究对象的功能,从而达到既提升路面的路用性能,又控制了提升性能所付出的成本,获取最优的改良状态。

$$V = F/C \tag{3-18}$$

式中 V——价值;

F——功能;

C——所需成本。

参考相关文献,将水泥的价格定为450元/t。

表3-26、表3-27将层底拉应力和路表弯沉值作为两项功能指标,进行价值系数的计算,结构3的价值系数均为最高值,上路床掺入5%水泥、下路床掺入3%水泥为最优的改良方案。

表3-26 各改良方案的层底拉应力及价值分析

方案编号	成本(元)	底基层层底拉应力(MPa)	$\Delta\sigma$(MPa)	功能系数	成本系数	价值系数
结构2	13.500	196.23	6.49	0.215	0.255	0.843
结构3	16.875	192.3	10.42	0.346	0.319	1.083
结构4	22.500	189.47	13.25	0.439	0.426	1.032
总计	52.875	—	30.16	1.000	1.000	—

表3-27 各改良方案的路表弯沉及价值分析

方案编号	成本(元)	路表弯沉l_0(0.01mm)	Δl_0(0.01mm)	功能系数	成本系数	价值系数
结构2	13.500	6.72	0.55	0.215	0.255	0.841
结构3	16.875	6.38	0.89	0.348	0.319	1.089
结构4	22.500	6.15	1.12	0.437	0.426	1.028
总计	52.875	—	2.56	1.000	1.000	—

3.7 小结

(1)无侧限抗压强度试验表明,含水率、冻融循环次数及温度都不同程度地影响着冻融后土体的力学性质,其中以含水率的影响最为显著,含水率在18%~21%区间内变化时，冻融作用对土抗压强度的影响较为显著，当含水率增至 24% 时，冻融效应明显减弱。在冻融次数影响试验中，前 3 次冻融循环中，冻融作用较为明显，第一次冻融循环中土样的无侧限抗压强度降低 14% 左右。三个参量中，温度的影响主要表现在高温段，随着负温逐渐降低，冻融作用趋于稳定。

(2) 利用未冻水含量随负温的变化规律及冻融过程的冷生构造作用机理，解释了冻融循环过程中，冻融土力学性质变化的大致规律。土在冻融过程中的强度衰减主要是由于土内孔隙水相变膨胀作用，而在融化过程中，相变导致的膨胀裂隙、孔隙增量未能得到很好的压密，引起试样密度降低，颗粒间距增大是土体冻融后强度降低的主要原因。

(3) 不同冻结温度、压实度、含水率条件下的冻融循环过程，重塑土样微观孔隙和结构单元体均发生变化。冻中、冻后孔隙较冻前明显，连通性变好，冻融循环过程中孔隙大小排序是：冻中＞冻后＞冻前；冻中结构单元体容易产生聚集，且聚集体之间结构比较紧密，冻融后聚集现象略有减弱。冻融循环过程中孔隙和单元体形状多呈扁圆和长条状，且形状变化很大。

(4) 路基土体在不同的应力水平及含水率条件下，随着反复荷载作用次数的增加，其塑性变形逐渐累积，存在临界应力水平时。高于此临界应力水平时，在一定的作用次数之后，累积塑性变形会突然加大，土体处于不稳定状态。而低于此临界应力水平时，在反复荷载作用下，路基变形一直处于稳定状态。在反复荷载作用下，临界应力水平及与其相应的路基土体临界偏应力随含水率增加而下降。土体含水率越高，累积的塑性变形越大。

(5) 路基顶面回弹模量的提升对于半刚性基层路面结构的无机结合料稳定层层底拉应力和路表弯沉值有着显著的降低作用，并能延长无机结合料稳定层疲劳开裂寿命；路基回弹模量的提升对于柔性基层路面结构的沥青面层层底拉应变、路基顶面竖向压应变、路表弯沉值也有着明显的降低作用，能够延长沥青面层的疲劳开裂寿命；对于组合式路面结构、倒装式路面结构的无机结合料稳定层层底拉应力、路表弯沉值有着明显的降低作用，并能延长无机结合料稳定层疲劳开裂寿命。

(6) 根据竖向位移趋势图可知，改良路床会降低竖向位移变形，并且对于上路床的改良十分重要。根据各工况弯沉值沿水平向变化图可知，在荷载中心处产生最大弯沉值，并且改良路床会降低路表弯沉值。对于附加应力沿深度的衰减来讲，经过改良的路床会使衰减趋势变快，5% 水泥土路床的衰减速度最快。并且，经过改良后各结构的底基层层底拉应力均有一定的减小。

基于价值工程评价三种改良方案，将底基层层底拉应力、路表弯沉值作为功能指标，计算得出结构 3 的价值系数均最高，因此建议选取结构 3（5% 水泥土上路床＋3% 水泥土下路床）作为改良方案。

4 高速公路土质路基压实质量回弹模量快速无损检测与均匀性评价技术研究

要保证路基路面整体结构强度，不仅要保证路基施工质量，还要保证施工质量的均匀性。目前，通过弯沉法和灌砂法对路基压实质量进行检测，检测结果只能代表每个点位的压实质量，不能判断整段路基碾压面的压实均匀程度。施工完成后，路基压实均匀程度越高，表明路基压实质量越好，并且在施工过程中路基压实质量离散程度越小。因此，通过对高速公路路基压实均匀性的检测与评价，可直接对路基局部或整体的施工质量进行分析。目前对于利用单点检测指标进行路基压实均匀程度检测与评价的研究较少，国内外在高速公路路基压实均匀性检测、评价及控制方面没有较为全面的规程和规范。在施工过程中，要想在保证施工质量的前提下加快施工进程，需要对路基压实均匀性做出快速检测和客观可靠的总体评价，从而为现场施工提供极大的帮助。因此，有必要开展高速公路路基压实不均匀性评价与控制技术研究。

4.1 土壤刚度模量压实度仪 GeoGauge 特性分析

4.1.1 GeoGauge 简介

GeoGauge 是由美国 Humhold 公司制造的一种便携式检测仪器，能够在现场简便、快速、准确地检测和监控土的工程特性。GeoGauge 可有效监控土体的压密过程，使之达到特定的工程特性，避免多余劳动及过度压密造成的破坏。GeoGauge 能更容易地找到问题区域，从而得到及时、迅速地处理。GeoGauge 可以和施工同步进行，在路基施工过程中进行实时监测，不耽搁或干扰工程进度检测，能够快速、安全、无损地评估各压实层的质量。GeoGauge 快速无损检测仪器如图 4-1 所示。

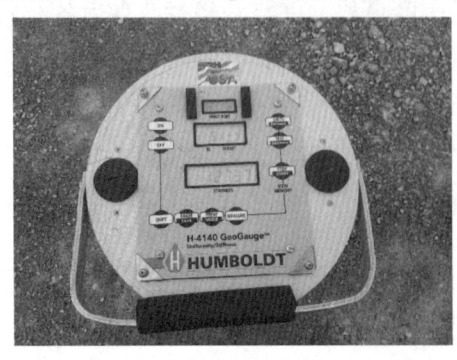
(a) 操作面板

(b) 底座

图 4-1 GeoGauge 快速无损检测仪器

当通过压实的方法抵抗变形时,通常是以"模量"为指标;当建立分层结构以抵挡来自表面的弯沉变形时,多是以路基层的"刚度"为指标。GeoGauge 可以将二者有效结合起来。GeoGauge 通过对路基土的表面施加一个恒定的振动力,测量由此产生的位移,可以在 75s 之内得出该测点的刚度值和弹性模量。这一动态技术很好地模拟了实际应用条件,可以将设计参数和压密过程联系在一起,动态地反映压实路基的工程特性,从而提高压实质量控制和评价水平。与传统的路基压实质量控制方法相比,GeoGauge 在模量评价、结构损伤识别以及强度随时间变化等方面应用更加广泛,实用性更强。

GeoGauge 可用于道路路基、底基层、基层等检测。与室内回弹模量试验、便携式落锤弯沉仪(PFWD)、现场加州承载比(CBR)试验、承载板试验、动态圆锥贯入试验,以及其他测量强度、刚度、模量以及变形的试验相比,GeoGauge 可以完成以上类似的功能,并且检测非常快速、简便,现场可以同时检测压实材料的刚度和弹性模量。

4.1.2 GeoGauge 的工作原理

GeoGauge 质量约 10kg,直径为 280mm,高 254mm。与土体表面接触的环形底座,外径为 114mm,内径为 89mm。仪器的环形底座直接与土体表面接触,并通过橡胶隔离块来支撑 GeoGauge 的质量。底座还附带有振动器以及速度传感器。其结构示意图如图 4-2 所示。

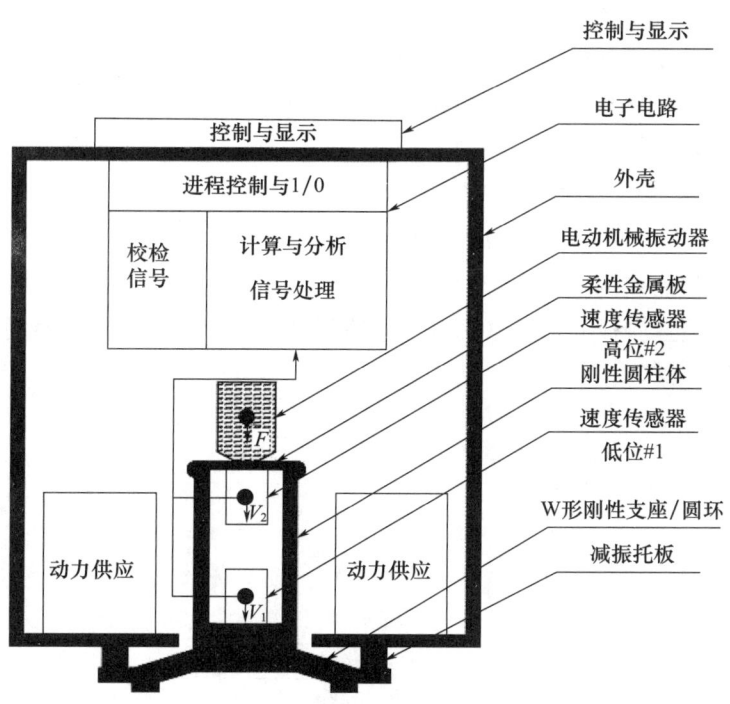

图 4-2 GeoGauge 结构示意图

当前现场检测土体模量或刚度的方法,都需要设备施加较大的荷载才能产生可测量的变形量。GeoGauge 采用的是军事级精密硬件,可测量小型荷载所产生的极小变形量。GeoGauge 测量的不是由仪器自重所引起的弯沉,而是由仪器的振动引起产生微小变形的变化。

GeoGauge 主要测量施加给土体的力以及由此产生的表面变形，并输出刚度作为抵抗变形的指标。GeoGauge 在 100Hz 到 196Hz 之间以 4Hz 的增量在 25 个稳态频率下，测试路基表面所产生的非常小的位移（<1.27×10⁻⁶m 或<0.00005m），得到每一个频率所对应的刚度值，最终显示 25 个频率下所测得的路基刚度值的平均值。

GeoGauge 的核心装置是电子机械振动器，它驱动一个与之相接触的柔性金属板（柔性金属板刚度是已知的），该柔性金属板通过一个刚性圆柱体与底座相连接。刚性底座和柔性金属板上各安装有一个速度传感器（V_1 和 V_2）。振动器施加的力通过刚性圆柱体传递到与底座接触的土体表面。刚度的计算公式为：

$$K = \frac{F}{\delta} \tag{4-1}$$

式中　K——刚度（N/m）；
　　　F——冲击荷载（N）；
　　　δ——弯沉/变形量（m）。

从而可以推导出以下公式：

$$F_{dr} = F_{soil} = K_{flex}(\delta_2 - \delta_1) \tag{4-2}$$

式中　F_{dr}——电子机械振动器施加的力（N）；
　　　F_{soil}——传递到土体表面的力（N）；
　　　K_{flex}——柔性金属板的刚度（N/m）；
　　　δ_2——柔性金属板的位移（m）；
　　　δ_1——刚性底座的位移（m）。

公式（4-2）对时间求导得：

$$\dot{F}_{soil} = K_{flex}(V_2 - V_1) \tag{4-3}$$

式中　V_1——刚性底座的速度；
　　　V_2——柔性金属板的速度（V_1 和 V_2 的值由仪器中的速度传感器测得）。

土体表面的刚度为：

$$K_{soil} = \frac{F_{soil}}{\delta_1} \tag{4-4}$$

即：

$$K_{soil} = \frac{\dot{F}_{soil}}{V_1} \tag{4-5}$$

可得：

$$K_{soil} = \frac{K_{flex}(V_2 - V_1)}{V_1} \tag{4-6}$$

如上述所述，GeoGauge 输出的刚度值是在 100Hz 到 196Hz 之间 25 个稳态频率下检测刚度的平均值，计算公式如下：

$$\overline{K}_{soil} = \frac{K_{flex}}{n} \sum_{1}^{n} \frac{(V_2 - V_1)}{V_1} \tag{4-7}$$

式中　n——在一次检测中所得到的刚度值的数量（25）。

GeoGauge 利用测量速度的方法来计算刚度，有效地避免了通过测量土体表面较大的变形量来计算刚度的方式，并且能够精确地测量微小的位移。在上述硬件设备条件下，GeoGauge 能够检测的刚度值的范围在 3～70MN/m。

GeoGauge 的动力由六节 1 号电池提供，速度传感器的信号在板载微处理器中进行数据处理、计算以及记录，然后将最终数据输出，通过显示器将数据显示出来。

GeoGauge 不但可以检测土体结构层的刚度，还可以测量土体的模量。土体的弹性模量和剪切模量可以从所测得的刚度中推导得出。根据弹性理论，Egorov（1965）研究了在线弹性、均匀、各向同性的半空间上刚性环的问题，在上述条件下，刚度 K 和弹性模量 E 满足以下函数关系：

$$K_{\text{soil}} = \frac{ER}{(1-\mu^2)\omega(n)} \tag{4-8}$$

式中　K_{soil}——GeoGauge 所测得的土体刚度（MN/m）；

　　　E——弹性模量（MPa）；

　　　R——GeoGauge 底座圆环的外半径（m）；

　　　$\omega(n)$——圆环内径与外径之比的函数（对于 GeoGauge 的几何结构，参数 $\omega(n)$ =0.565）；

　　　μ——泊松比。

因此：

$$K_{\text{soil}} = \frac{1.77ER}{1-\mu^2} \tag{4-9}$$

而弹性模量 E 和剪切模量 G 具有以下函数关系：

$$E = 2G(1+\mu) \tag{4-10}$$

因此，土体刚度 K_{soil} 和土壤剪切模量 G 之间的函数关系为：

$$K_{\text{soil}} = \frac{3.54GR}{1-\mu} \tag{4-11}$$

4.1.3　GeoGauge 的操作流程

在使用 GeoGauge 进行刚度/模量检测时，应严格按照仪器使用说明中的操作流程进行测量，具体流程如下：

（1）测试准备，在开始检测之前需要检查 GeoGauge 的状况是否良好；仪器的底座是否干净，不能有泥土或其他碎片；橡胶密封是否完好。

（2）确保测试土体表面整洁，有利于保障检测仪器和土体的充分接触。

（3）开机，按下"ON"按钮打开 GeoGauge，仪器将进行自检，然后显示电压和上一次的检测结果。根据所显示的电压值判断电力是否充足（大于 7.5V），确保系统正常运行。

（4）测试点选取，选择适当的测试点，不与周围障碍物（沟槽壁、管道等）接触、并对岩土体表面进行待测处理，确保土体与 GeoGauge 底座完全接触，必要时可以铺一层潮湿的细砂。握住 GeoGauge 的侧边或者底部，旋转不超过 1/2 圈（此过程不要对仪器施加向下的力）。

（5）按"MEASURE"按钮进行测试。GeoGauge 在检测过程中会显示如下几个数据：

首先在"TARGET"显示窗口中显示"noiS"，表示 GeoGauge 正在测量环境噪声。按下"MEASURE"按钮后，首先会进行大约 10s 的噪声测量，在此过程中"STIFF-NESS"显示窗口不会显示任何内容。

然后"TARGET"显示窗口中显示"dAtA"，表示 GeoGauge 正在获取 100～196Hz 的 25 个频率上的刚度数据。这是在噪声测量之后进行的，大约需要 55s。同时"STIFFNESS"显示窗口中不会显示任何东西。

随之"TARGET"显示窗口会显示"Snr"，表示现在显示的是噪声比的结果，与此同时"STIFFNESS"显示窗口中会显示信噪比的结果。

之后"TARGET"显示窗口将会显示"5d"，表示现在所显示的是所有 25 个与频率相关的刚度测量值相对于最后显示的平均刚度值的标准偏差，计算结果与之同步显示在"STIFFNESS"显示窗口中，如果该显示结果较大（大于或等于 1.5），则很有可能是因为仪器放置不正确，建议对该测点重新进行测量。

整个测量过程结束以后，显示窗口会显示刚度、弹性模量以及目标刚度分数中的一个，通过"PRINT"和"UNITS"两个按钮进行三者之间的切换（当"TARGET"显示窗口显示"51-Y"时，"STIFFNESS"显示窗口显示的是弹性模量的值；当"TARGET"显示窗口显示"51-5"时，"STIFFNESS"显示窗口显示的是刚度值；当"TARGET"显示窗口显示"目标刚度值"时，"STIFFNESS"显示窗口显示的是目标刚度分数）。

（6）储存数据，按下"SAVE"按钮，检测数据便会存储在 GeoGauge 中。GeoGauge 的内存容量允许最多存储 500 组数据。

（7）当测试完成时按下"OFF"按钮，关闭主机。

（8）下载数据，GeoGauge 支持把测试数据通过数据线下载到电脑中，方便后续的数据处理工作。

4.1.4　GeoGauge 的特点

相较于传统的路基压实质量检测仪器和方法，GeoGauge 具有以下特点：

（1）该仪器操作简单，检测人员无须具备相关的专业技能和知识就能快速掌握使用方法；可以简便、快速地现场检测压实土体的材料刚度和弹性模量。

（2）该仪器具有较高的检测效率，每个测点的平均用时不到 2min。相对于传统的检测方法，能够在短时间内对现场进行一组全面的检测，从而确保检测结果更具代表性。

（3）该仪器可以现场检测压实土体的承载能力特性，可使现场人员获得对道路性能的真实评估，同时也为施工均匀性提供依据。

（4）与其他无损检测仪器相比，GeoGauge 体积小、质量轻、移动方便，无须借助其他工具，一个人就可完成检测工作。

（5）该仪器的动态操作原理模拟了交通荷载，精确地测量了代表实际荷载条件下的土体反应。

（6）该仪器与其他多数的检测仪器不同，该仪器施加的应力是在压实土体的弹性阶段内，只有在这一阶段，才能确定弹性模量的实际值。

（7）由于该仪器的工作频率很高，现场的施工机械以及过往的车辆不会导致 GeoGauge 检测结果产生偏差，因此不会影响测量精度。

（8）借助该仪器能够实现基于压实土体模量或刚度的测量，其检测的路基路面压实质量的相关指标与传统检测方法相比，将减少 30% 的成本。

（9）该仪器可以用来评价水泥、石灰等稳定类材料在摊铺碾压施工之后的强度增长规律。

（10）该仪器还可以用于沥青或水泥混凝土路面的检测。

4.1.5 GeoGauge 检测结果的稳定性分析

4.1.5.1 GeoGauge 检测结果的可重复性分析

GeoGauge 作为新一代快速、无损检测仪器，检测结果的准确性以及稳定性至关重要。为了研究 GeoGauge 在不同路基填料中检测结果的可重复性，在京雄高速公路河北段 SG1 标段 K11+500 粉砂土路堤、K11+600 水泥土台背上，分别随机选取了 5 个测点，由同一个操作人员使用 GeoGauge 对各测点进行 5 次重复测量，计算变异系数，以评估该仪器检测结果的可重复性。GeoGauge 在不同填料路基上的检测结果见表 4-1 和表 4-2。

表 4-1　GeoGauge 在粉砂土路基上可重复性检测结果

测点编号	实测刚度值（MN/m）					平均值 M（MN/m）	标准偏差 SD（MN/m）	变异系数 C_V（%）
	第一次	第二次	第三次	第四次	第五次			
1	7.99	8.56	7.95	8.12	7.96	8.12	0.23	2.83
2	8.42	8.97	8.32	7.56	8.26	8.31	0.45	5.42
3	7.99	8.24	7.74	8.52	7.85	8.07	0.28	3.47
4	10.26	10.55	11.25	11.32	10.25	10.73	0.47	4.38
5	8.55	8.58	9.07	8.95	9.32	8.89	0.29	3.26

表 4-2　GeoGauge 在水泥土路基上可重复性测试结果

测点编号	实测刚度值（MN/m）					平均值 M（MN/m）	标准偏差 SD（MN/m）	变异系数 C_V（%）
	第一次	第二次	第三次	第四次	第五次			
1	12.17	13.26	12.19	11.98	12.23	12.37	0.46	3.72
2	13.86	12.88	13.81	11.86	13.66	13.21	0.76	5.75
3	10.56	11.23	9.87	9.66	10.33	10.33	0.55	5.32
4	10.94	11.58	11.33	10.55	11.13	11.13	0.35	3.14
5	15.21	16.32	15.56	15.24	15.22	15.51	0.43	2.77

由表 4-1 和表 4-2 的 GeoGauge 可重复性测试结果可知：总体上看，GeoGauge 在单点重复检测过程中所测得的结果差异性不大，变异系数均小于 15%，说明该仪器的检测结果有良好的可重复性。

4.1.5.2 GeoGauge 检测结果的再现性分析

考虑到在路基压实度检测过程中不会一直都是一个人进行该仪器的操作，为了分析

GeoGauge 检测结果的再现性，两名操作人员在上述三个检测位置对同一测点进行检测，每人每个测点重复检测 3 次，并对检测结果进行假设检验，以评估不同操作人员使用 GeoGauge 进行检测是否存在明显的差异。对两名操作人员的检测数据进行配对样本 t 检验，以研究 GeoGauge 检测结果的再现性。配对样本 t 检验的原假设为不同操作人员使用 GeoGauge 检测结果的平均值无显著性差异，备择假设为不同操作人员使用 GeoGauge 检测结果的平均值有显著性差异。表述为：

$$原假设\ H_0：\mu_1-\mu_2=0 \tag{4-12}$$

$$备择假设\ H_1：\mu_1-\mu_2\neq0 \tag{4-13}$$

式中　μ_1，μ_2——第一名操作人员和第二名操作人员检测结果的平均值。

经数据分析，显著性水平 α 取为 0.05，其计算结果见表 4-3～表 4-6。

表 4-3　粉砂土路基上不同操作人员检测结果基本描述统计量

操作人员	均值（MN/m）	N	标准差（MN/m）	标准误差平均值
操作人 1	9.530	3	0.266	0.154
操作人 2	9.333	3	0.225	0.130

表 4-4　粉砂土路基上不同操作人员检测结果两配对样本 t 检验结果

	操作人 1 检测结果与操作人 2 检测结果配对		
配对差值	平均值		0.197
	标准差		0.422
	差值 95% 置信区间	下限	−0.852
		上限	1.245
	t		0.807
	自由度		2
	显著性 P（双侧）		0.504

表 4-5　水泥土路基上不同操作人员检测结果基本描述统计量

操作人员	均值（MN/m）	N	标准差（MN/m）	标准误差平均值
操作人 1	12.540	3	0.624	0.360
操作人 2	12.267	3	0.365	0.211

表 4-6　水泥土路基上不同操作人员检测结果两配对样本 t 检验结果

	操作人 1 检测结果与操作人 2 检测结果配对		
配对差值	平均值		0.313
	标准差		0.365
	差值 95% 置信区间	下限	−0.594
		上限	1.221
	t		1.486
	自由度		2
	显著性 P（双侧）		0.276

由表 4-3～表 4-6 中 GeoGauge 检测数据的再现性分析结果可以得到以下结论：

（1）由表 4-3 和表 4-5 可知，不同操作人员分别在粉砂土路基和水泥土路基上用 GeoGauge 对同一测点进行检测所得结果的平均值差异较小，操作人员对仪器检测结果的影响很小。

（2）表 4-4 和表 4-6 分别显示了两名操作人员在粉砂土路基和水泥土路基上检测数据假设检验的结果。由表中数据可知，两段路基中 t 检验统计量观测值对应的双侧概率 P 均大于选定的显著性水平 α，故不能拒绝不同操作人员使用 GeoGauge 仪器检测结果的平均值无显著性差异的原假设，表明 GeoGauge 检测具有良好的再现性。

4.1.6　GeoGauge 动态力检测及影响深度

4.1.6.1　GeoGauge 动态力检测

GeoGauge 在工作时施加在土体表面的力很小且振动频率较高，常规检测方法很难测量出其施加力的大小。根据 GeoGauge 底座圆环的接触面积将微型应变式土压力盒放在钢板上，然后用标准砂进行覆盖，将 GeoGauge 放在土压力盒上，并确保 GeoGauge 底座圆环与土压力盒完全接触，将土压力盒的信号线接到动态应变仪的输入端，再将动态应变仪接到电脑上，利用 DASP 软件进行信号采集和数据处理，设备调试好后打开 GeoGauge，采集 GeoGauge 从开始测量到输出结果的全过程底座施加在土压力盒上的力。试验过程如图 4-3 所示。

(a) 施加动态力

(b) 信号采集

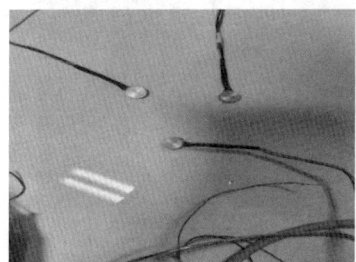
(c) 微型应变式土压力盒

图 4-3　GeoGauge 动态力检测过程

在 DASP 软件中分析 GeoGauge 所施加的力时，采用时域分析中的最大值进行分析，即每 5 个数据中选取最大值进行分析，得出 GeoGauge 在检测过程中施加在土体表面力的最大值在 17N 左右。

4.1.6.2 GeoGauge 影响深度分析

以室内模型试验中模型桶的尺寸为依据，建立三维有限元数值模型，对 GeoGauge 施加在土体表面的动应力传递规律进行分析，以应力衰减程度为 90% 的位置为 GeoGauge 的影响深度。圆柱形土体的尺寸为直径 610mm，高 600mm，动态力以圆环的形式施加在圆柱体中心位置，圆环尺寸与 GeoGauge 底座一致，荷载形式为半正弦曲线，荷载时程为 2s。模型采用四面体单元进行划分，共计 18088 个网格。模型如图 4-4 所示，模型参数见表 4-7。

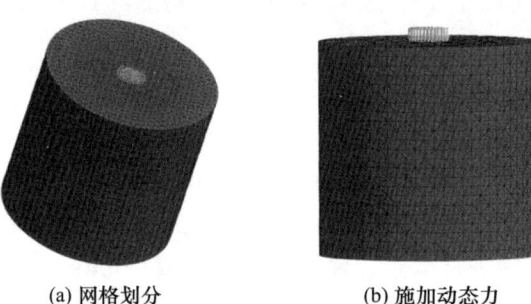

(a) 网格划分　　　　(b) 施加动态力

图 4-4　动态力作用下三维有限元数值模型

表 4-7　数值模型参数的选取

重度（kN/m³）	弹性模量（MPa）	摩擦角（°）	泊松比	冲击力（N）	作用时间（s）
20	50	26.1	0.35	17	2

GeoGauge 施加的动态力的频率在 100Hz 到 196Hz 之间，以 4Hz 为增量共 25 个频率。本部分在模型中分别施加了频率为 100Hz、150Hz、196Hz 的动态力，探究不同频率荷载下 GeoGauge 的影响深度。为了更清晰地展现在 GeoGauge 施加的动态力作用下土体内部应力变化规律，分别截取了 S-ZZ 平面和 S-YY 平面，分析应力沿深度方向和水平方向的分布情况，模拟结果如图 4-5～图 4-8 所示。

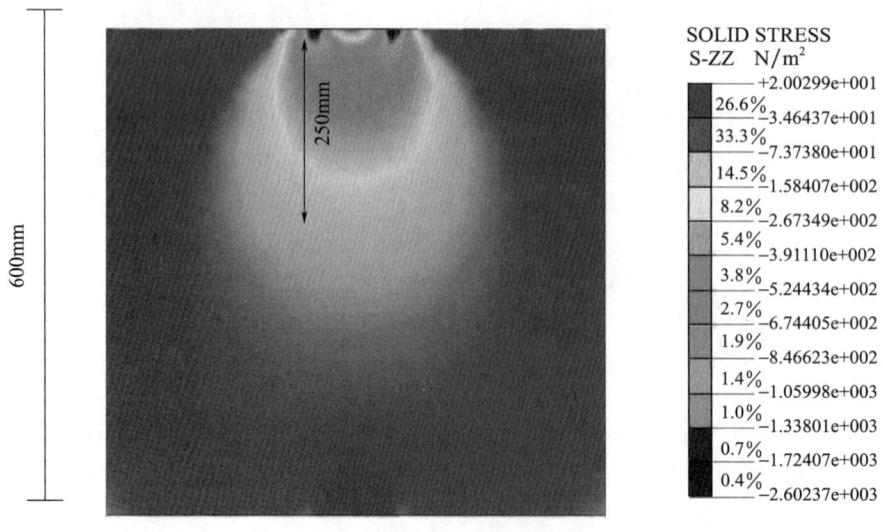

图 4-5　动态力 100Hz 时应力沿深度分布情况

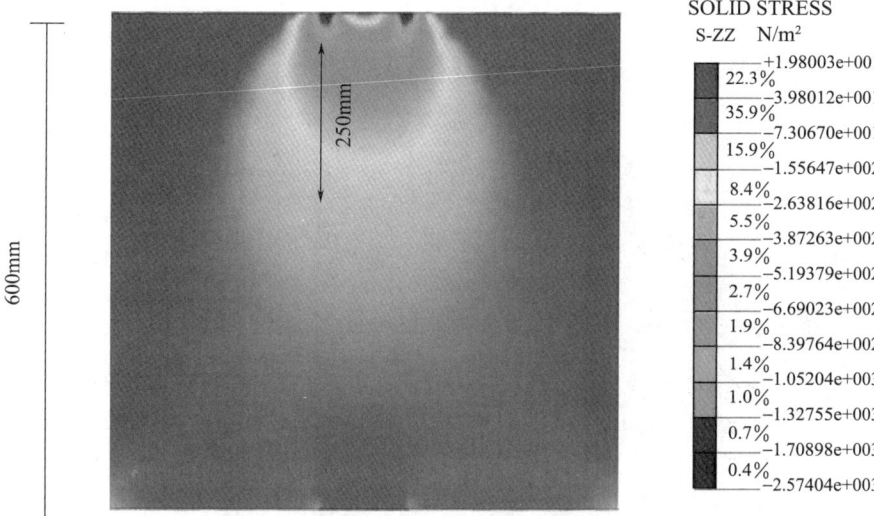

图 4-6　动态力 150Hz 时应力沿深度分布情况

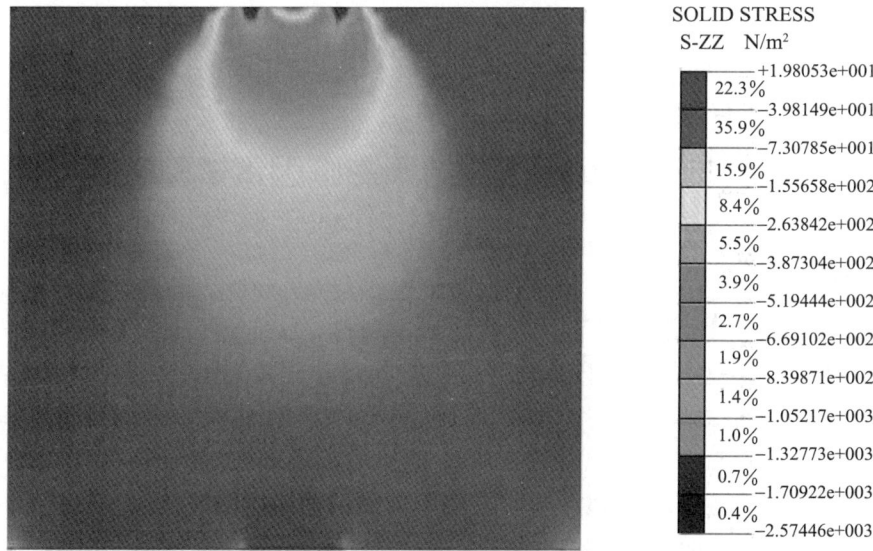

图 4-7　动态力 196Hz 时应力沿深度分布情况

由图 4-5～图 4-8 可以得到：

(1) 路基土体的表层压应力最大，沿着深度方向不断衰减，当深度为 250mm 时应力已衰减至初始应力的 10%。此时的深度为 250mm 左右。

(2) 在三种不同频率荷载作用下，应力在地基土体中的传递规律基本一致，由此可知荷载频率的大小对应力沿深度方向的传递影响较小。

(3) 应力以小于 45°的方向向下传递，圆环作用的表层应力最大，并向两侧迅速衰减，在模型的边界位置应力接近于零，由此可知内径为 610mm 的模型桶对 GeoGauge 不存在边界效应，满足室内模型试验的要求。

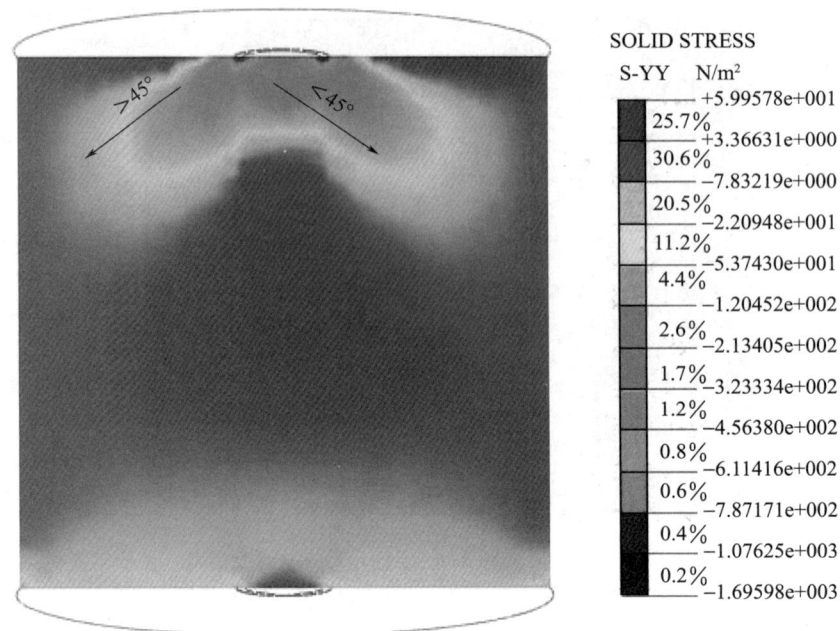

图 4-8 应力沿水平方向分布情况

4.2 GeoGauge 检测结果影响因素试验研究

4.2.1 试验方案

将 GeoGauge 应用到路基压实度检测之前,我们需要分析不同填料、不同含水率等影响因素对检测结果精度的影响。为了探究不同影响因素对 GeoGauge 检测结果的影响,进行了室内模型试验,以得出 GeoGauge 检测结果与含水率等影响因素之间的相关关系。

考虑到仪器的影响深度和边界效应,室内模型试验所用的模具是一个内径 610mm、高 600mm 的圆柱形钢桶。模型桶由四个半圆形钢片拼接而成。该模型桶的优点是方便拆卸,在试验结束后能够将桶内试样简单、快速地脱模,节省人力并能提高试验效率。

1. 土样制备

试验之前将粉砂土放在室外自然风干,使其含水率均匀。随机取三份试样测其天然含水率。通过室内击实试验得到粉砂土、3%水泥土的最优含水率和最大干密度。根据土样的最大干密度、模型桶体积以及目标压实度计算大概的土样质量。根据称量的土样质量和目标含水率,在风干土样中加入特定质量的水,充分搅拌均匀并闷料 4h 以上,以保证土样含水率均匀。

水泥土的制备与粉砂土有所不同,水泥土自然风干后,测量其天然含水率,根据土样的质量和天然含水率计算得到干土的质量,根据水泥的目标参量可以得到在土样中加入水泥的质量。加入特定质量的水泥充分拌和均匀得到目标参量的水泥土。然后在水泥土中加入一定质量的水,拌和均匀并闷料 4h 以上保证土样含水率均匀,得到目标含水率的水泥土。

2. 土料填筑与检测

根据目标压实度和制备好土样的含水率,称取特定质量的土料。由于模型桶的体积比较大用土量较多,一次性压实到目标高度难以实现,所以将土样分多次倒入桶内,用手动马歇尔击实仪分层压实,最终压实到目标高度。压实后整平表面,用卷尺测量模型桶内的土体高度,以控制压实度。达到目标压实度后将 GeoGauge 放在模型桶的中心进行检测,以减少或防止桶壁对检测结果的影响。使用 GeoGauge 进行检测时,每个测点检测 3 次,使用平均值作为最终的检测结果。整个试验过程如图 4-9 所示。

(a) 拌料　　　　　　　　(b) 压实

(c) 高度测量　　　　　　(d) 检测

图 4-9　室内模型试验过程

4.2.2　粉砂土 GeoGauge 检测结果影响因素分析

4.2.2.1　压实层厚度与刚度 K_{gr} 的关系

分析不同压实层厚度对 GeoGauge 检测结果的影响,就是研究在同一压实度下 GeoGauge 检测值随压实层厚度的变化趋势。本试验是将不带底座的模型桶放于混凝土地面上，然后将一定质量的最优含水率的粉砂土分层压实到模型桶中，每 5cm 为一层，且每层压实度相同。为了避免试验出现偶然性，分别在 93%、94%、96% 三个不同压实度下进行了试验分析，压实层厚度与刚度之间的关系曲线如图 4-10 所示。

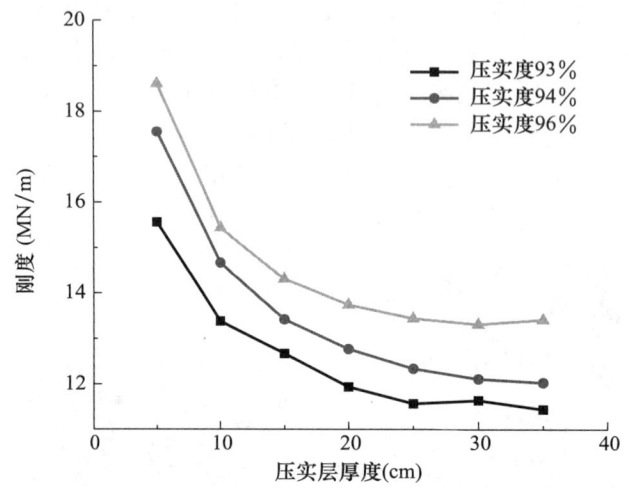

图 4-10　压实层厚度 H 与刚度 K_{gr} 的关系曲线

由图 4-10 可以得出：

(1) 在相同压实度下，粉砂土的土壤刚度 K_{gr} 均随着压实层厚度的增加而减小，表明压实层厚度较低时，GeoGauge 的检测结果受混凝土地面的影响。

(2) 三条曲线的斜率均随着压实层厚度的增加而减小，说明随着压实层厚度的增加，混凝土地面对 GeoGauge 检测结果影响变小。当压实层厚度小于 25cm 时，曲线斜率较大，说明混凝土地面对检测结果影响较大。GeoGauge 所测得的刚度值是混凝土地面和压实土体的综合刚度。当压实层厚度在 25cm 以上时，曲线斜率减小并趋于平缓，说明混凝土地面对检测结果的影响逐步减小。当压实层厚度达到一定高度后，混凝土地面将不会对检测结果产生影响。此时 GeoGauge 的检测结果将是压实土体的刚度值。压实层厚度在 25cm 以上，刚度值趋于平缓，说明压实层厚度在 25cm 之上，混凝土地面对检测结果的影响很小，同时也可以推测出 GeoGauge 的影响深度在 25cm 左右，与第 3 章数值模拟的结果一致。

(3) 在刚度值趋于稳定之后可以得出，在相同含水率下，粉砂土刚度 K_{gr} 随着压实度的增加而增大，说明 GeoGauge 检测刚度值能够反映出土体的压实质量。

4.2.2.2　含水率与刚度 K_{gr} 的关系

在土质类型不变的情况下，含水率的大小对路基的压实效果有很大影响。为了分析粉砂土含水率与刚度 K_{gr} 之间的关系，对其进行了室内模型试验。粉砂土的最优含水率为 12%。以 2% 的含水率为间隔，在最优含水率上下各取两个点，在相同压实度下分析含水率和刚度 K_{gr} 的关系。通过数值模拟以及压实层厚度与检测结果之间的关系可知，GeoGauge 检测深度在 25～30cm，为了检测结果的准确性，本试验压实土样的厚度为 35cm。同样为了避免试验结果的偶然性，对压实度分别为 93%、94% 和 96% 的试验结果进行了分析，含水率和刚度 K_{gr} 之间的关系如图 4-11 所示。

4 高速公路土质路基压实质量回弹模量快速无损检测与均匀性评价技术研究

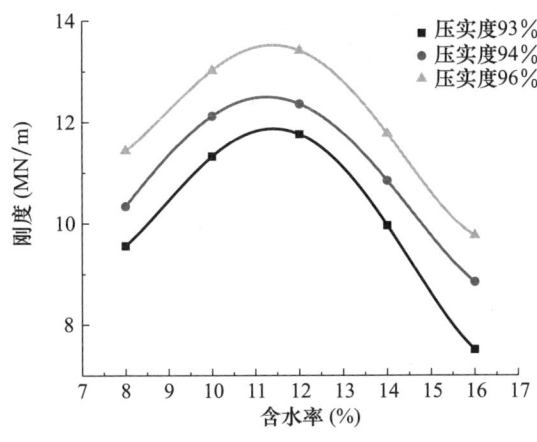

图 4-11 含水率与刚度的关系曲线

由图 4-11 可以看出：

(1) 在压实度一定时，粉砂土的刚度值随着含水率的增大呈现出先增加后减小的变化趋势。在最优含水率之后，三条曲线的斜率均有所增加，即在最优含水率之后刚度值随着含水率的增加下降明显。该变化趋势说明粉砂土路基填料在达到最优含水率之前，压实质量随含水率的增加而提高，当含水率大于最优含水率时，压实质量随含水率的增加而降低，同时也说明粉砂土中含水率对 GeoGauge 检测的刚度值影响较大。

(2) 对检测结果采用多项式拟合，压实度为 93% 时，最大刚度值对应的含水率为 11.6%；压实度为 94% 时，最大刚度值对应的含水率为 11.4%；压实度为 96% 时，最大刚度值对应的含水率为 11.5%。从以上结果可以看出，刚度的最大值在最优含水率附近。

4.2.2.3 压实度与刚度 K_{gr} 的关系

为了分析粉砂土的压实度与 GeoGauge 检测的刚度值之间的关系，对粉砂土进行了室内模型试验。将最优含水率下的粉砂土，分多次加入模型桶内，每加一次填料，用马歇尔落锤击实仪击实一次，直到在落锤后土体表面不再有较大的变形，进行下一层的填筑。在最后一层填筑时，每压实一遍进行一次高度的检测，根据粉砂土填料填筑质量计算其压实度，然后用 GeoGauge 在模型桶中心位置进行检测，得到粉砂土在最优含水率下不同压实度对应的刚度值，粉砂土压实度与刚度 K_{gr} 之间的相关关系如图 4-12～图 4-15 所示。

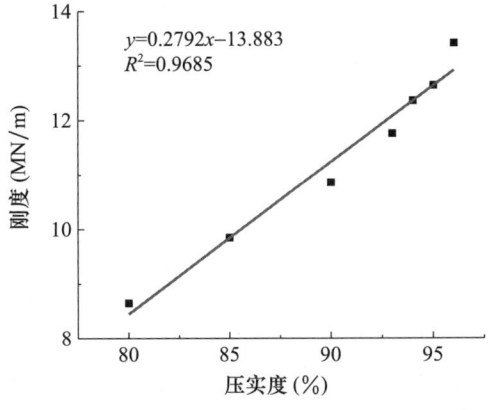

图 4-12 粉砂土压实度和刚度线性模型拟合

125

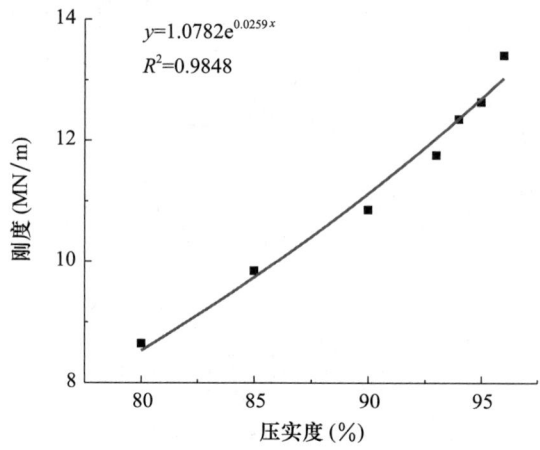

图 4-13　粉砂土压实度和刚度指数模型拟合

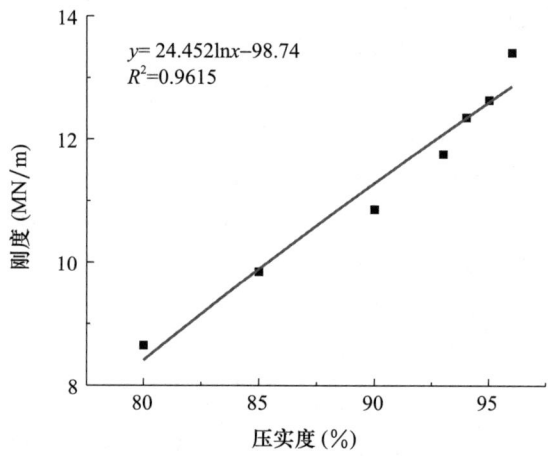

图 4-14　粉砂土压实度和刚度对数模型拟合

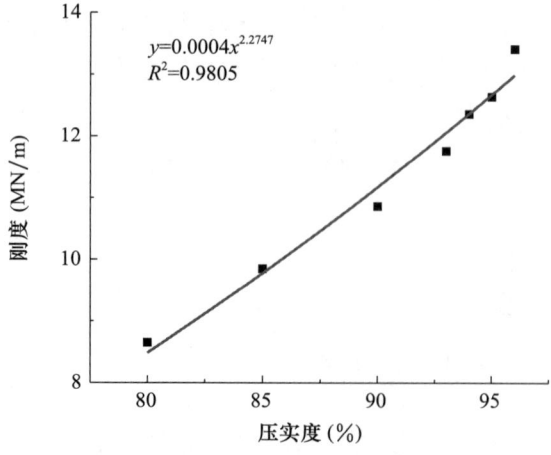

图 4-15　粉砂土压实度和刚度幂函数模型拟合

用四种不同的回归模型,对粉砂土压实度和 GeoGauge 检测的刚度值进行回归分析,得到粉砂土压实度和刚度之间的关系式及其判定系数,见表 4-8。

表 4-8　粉砂土压实度和刚度 K_{gr} 的拟合结果

回归模型	回归方程	判定系数 R^2
线性	$K_{gr}=0.2792K-13.883$	0.9685
指数	$K_{gr}=1.0782e^{0.0259K}$	0.9848
对数	$K_{gr}=24.452\ln K-98.74$	0.9615
幂函数	$K_{gr}=0.0004K^{2.2747}$	0.9805

由图 4-12～图 4-15 和表 4-8 可以得出:

(1) GeoGauge 检测刚度值随粉砂土压实度的增加而增大,且 GeoGauge 检测刚度值与压实度之间存在良好的相关性,说明随着压实度的增加,土体抵抗变形的能力逐渐增强,这一变化规律与工程实践经验一致,同时也说明了应用 GeoGauge 检测粉砂土路基压实度是可行的。

(2) 粉砂土压实度和 GeoGauge 检测的刚度值 K_{gr} 在四种模型中的判定系数都在 0.95 以上,相关性很高。其中指数模型的相关性最高,判定系数为 0.9848,对数模型的相关性是四个模型中最低的,判定系数为 0.9615。

在实际试验与施工过程中,压实度一般不会低于 90%,四个模型的回归方程均能满足实际检测要求。选用了相关性最高的指数模型分析粉砂土压实度和 GeoGauge 检测的刚度值之间的关系。根据指数模型的回归方程,可以得到室内模型试验中粉砂土不同压实度所对应的刚度值,见表 4-9。

表 4-9　粉砂土压实度和刚度 K_{gr} 的关系

压实度 (%)	90	91	92	93	94	95	96
刚度 K_{gr} (MN/m)	11.09	11.38	11.68	11.99	12.30	12.63	12.96

4.2.3　水泥土 GeoGauge 检测结果影响因素分析

4.2.3.1　压实层厚度与刚度 K_{gr} 的关系

为了分析水泥土不同压实层厚度对 GeoGauge 检测结果的影响,对水泥参量为 3% 的水泥土进行了室内模型试验。分析在同一压实度下 GeoGauge 检测值与压实层厚度的关系。与粉砂土的试验过程一样,将不带底座的模型桶放于混凝土地面上,然后将一定质量的最优含水率的水泥土分层压实到模型桶中,每 5cm 为一层,且每层压实度相同。为了避免试验出现偶然性,分别在 93%、94%、96% 三个不同压实度下进行试验分析。两者之间的关系曲线如图 4-16 所示。

由图 4-16 可以得出:

(1) 在相同压实度下,水泥土压实层厚度和刚度之间的关系与粉砂土一样,刚度 K_{gr} 随着压实层厚度的增加而减小,压实层厚度较低时,GeoGauge 的检测结果受混凝土地面的影响。

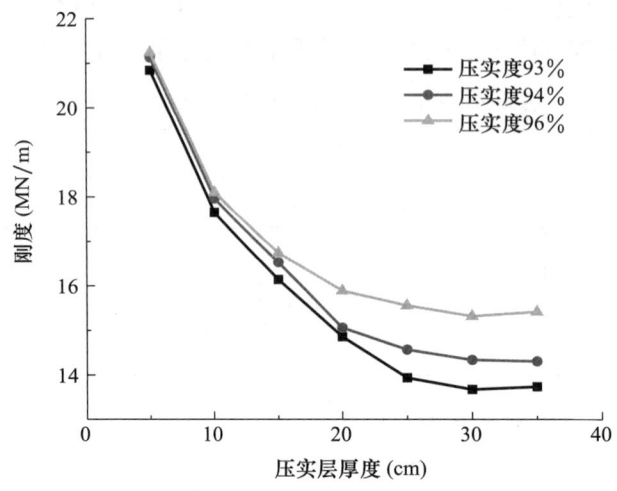

图 4-16　水泥土压实层厚度 H 与刚度 K_{gr} 的关系曲线

（2）曲线斜率的变化与粉砂土的一致，随着压实层厚度的增大呈减小趋势，即混凝土地面对 GeoGauge 检测结果的影响逐渐减小。当压实层厚度小于 25cm 时，混凝土地面对检测结果影响较大，刚度值变化较大。当压实层厚度在 25cm 以上时，混凝土地面对检测结果的影响较小，GeoGauge 的检测结果趋于稳定，此时混凝土地面对检测结果没有产生影响。由检测结果的变化趋势可知，在水泥土中 GeoGauge 的影响深度在 25~30cm。

（3）在刚度值趋于稳定之后可以得出，在相同含水率下，水泥土和粉砂土一样，土壤刚度 K_{gr} 随着压实度的增加而增大。

4.2.3.2　含水率与刚度 K_{gr} 的关系

为了分析水泥土含水率与刚度 K_{gr} 之间的关系，对其进行了室内模型试验。通过第 2 章水泥土的击实试验可知，试验所用的 3% 水泥土的最优含水率为 13.1%。试验流程和粉砂土一样，以 2% 的含水率为间隔，在最优含水率上下各取两个点，在相同压实度下分析含水率和刚度 K_{gr} 的关系。含水率和刚度 K_{gr} 之间的关系如图 4-17 所示。

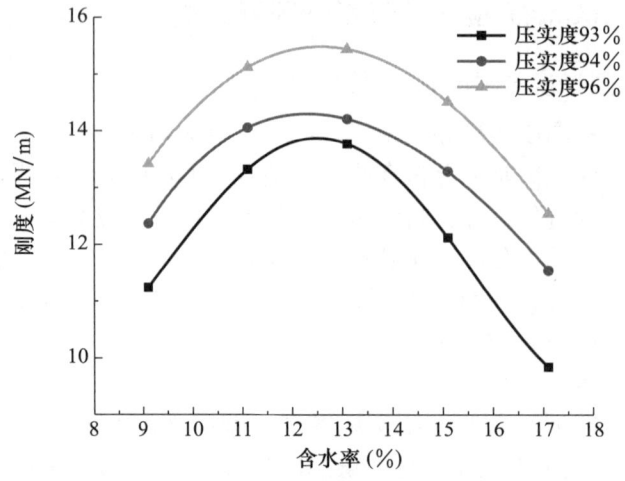

图 4-17　水泥土含水率与刚度的关系曲线

由图 4-17 可以看出：

（1）在压实度一定时，3％水泥土的刚度值随着含水率的增大呈现出先增加后减小的变化趋势。在最优含水率之后，三条曲线的斜率均有所增加，与粉砂土的变化趋势一致，即在最优含水率之后刚度值随着含水率的增加下降明显。该变化趋势说明 3％水泥土路基填料在达到最优含水率之前，压实质量随含水率的增加而提高，当含水率大于最优含水率时，压实质量随含水率的增加而降低，且水泥土中含水率对 GeoGauge 检测的刚度值影响同样较大。

（2）对检测结果采用多项式拟合，压实度为 93％时，3％水泥土最大刚度值对应的含水率为 12.7％；压实度为 94％时，3％水泥土最大刚度值对应的含水率为 12.5％；压实度为 96％时，3％水泥土最大刚度值对应的含水率为 12.8％。从以上结果可以看出，水泥土与粉砂土一样，最大刚度值在最优含水率附近。

4.2.3.3 压实度与刚度 K_{gr} 的关系

分析水泥土的压实度与 GeoGauge 检测的刚度值之间的关系，试验方法和操作流程与粉砂土一致，压实度 K 与刚度 K_{gr} 之间的相关关系如图 4-18～图 4-21 所示。

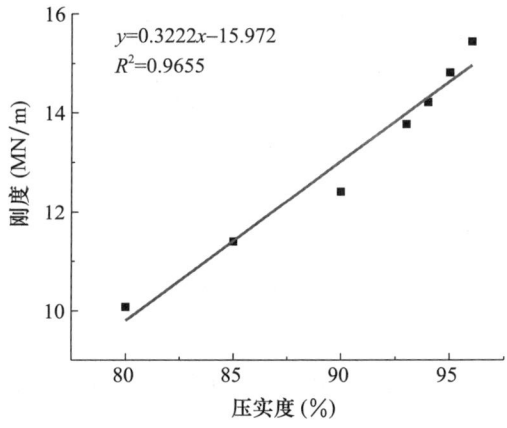

图 4-18 水泥土压实度和刚度线性模型拟合

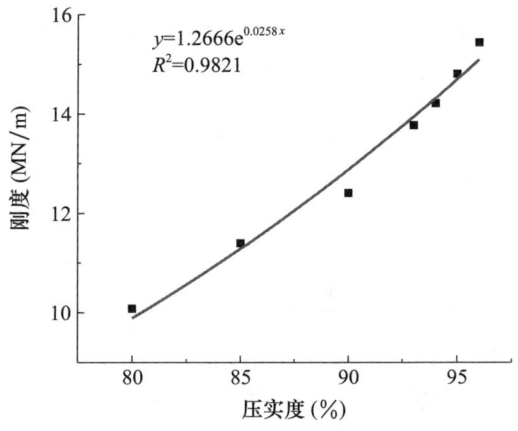

图 4-19 水泥土压实度和刚度指数模型拟合

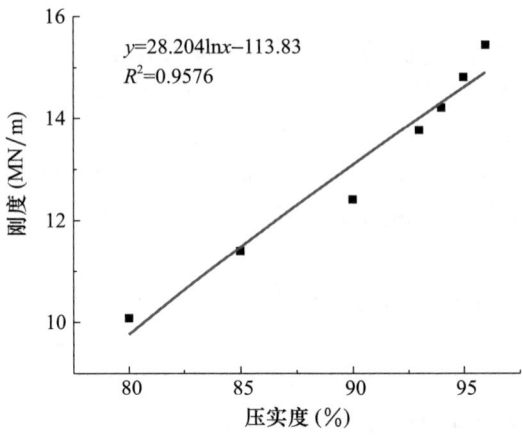

图 4-20　水泥土压实度和刚度对数模型拟合

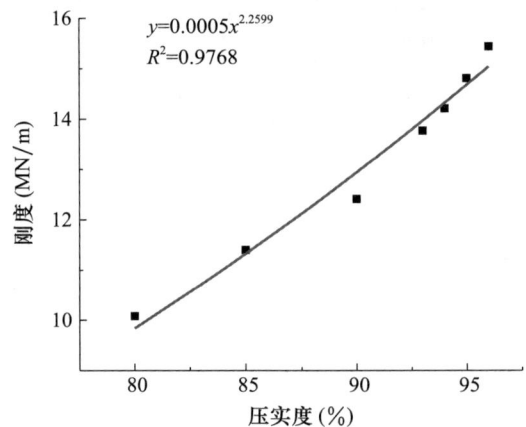

图 4-21　水泥土压实度和刚度幂函数模型拟合

用四种不同的回归模型,对水泥土压实度和 GeoGauge 检测的刚度值进行回归分析,得到水泥土压实度和刚度之间的关系式及其判定系数,见表 4-10。

表 4-10　水泥土压实度和刚度 K_{gr} 的拟合结果

回归模型	回归方程	判定系数 R^2
线性	$K_{gr}=0.3222K-15.972$	0.9655
指数	$K_{gr}=1.2666\times10^{0.0258K}$	0.9821
对数	$K_{gr}=28.2041\ln K-113.83$	0.9576
幂函数	$K_{gr}=0.0005K^{2.2599}$	0.9768

由图 4-18～图 4-21 和表 4-10 可以得出:

(1) GeoGauge 检测刚度值随着水泥土压实度的增加而增大,且 GeoGauge 检测刚度值与压实度之间存在良好的相关性,说明随着压实度的增加,土体抵抗变形的能力逐渐增强,这一变化规律与工程实践经验一致,同时也说明应用 GeoGauge 检测水泥土路基压实度是可行的。

（2）水泥土压实度 K 和 GeoGauge 检测的刚度值 K_{gr} 在四种模型中的判定系数都在 0.95 以上，相关性很高。其中指数模型的相关性最高，判定系数为 0.9821。线性模型的相关性相对最低，判定系数为 0.9576。

同样考虑到在实际试验与施工过程中，压实度一般不会低 90%，四个模型的回归方程均能满足实际检测要求。本部分选用了判定系数最高的指数模型，分析 3% 水泥土压实度和 GeoGauge 检测的刚度值之间的关系。根据指数模型的回归方程，可以得到室内模型试验中水泥土不同压实度所对应的刚度值，见表 4-11。

表 4-11 水泥土压实度和刚度 K_{gr} 的关系

压实度（%）	90	91	92	93	94	95	96
刚度 K_{gr}（MN/m）	12.91	13.25	13.60	13.95	14.31	14.69	15.08

4.2.3.4 水泥土龄期与刚度 K_{gr} 的关系

研究水泥土龄期与刚度的关系时，在最优含水率且压实度为 96% 的条件下，分别在龄期为 0d、3d、7d、14d、28d 时对压实土体进行检测，GeoGauge 检测刚度值与龄期之间的关系如图 4-22 所示。

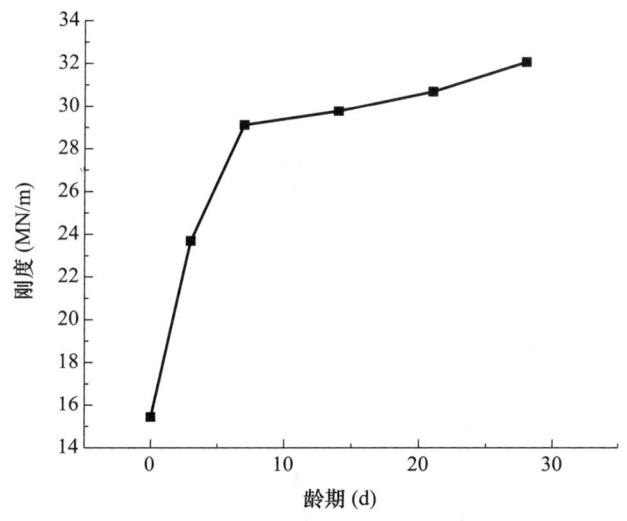

图 4-22 水泥土龄期和刚度的关系

由图 4-22 可以得到：

（1）3% 水泥土刚度值随着龄期的增长而增大，但曲线斜率呈现出减小的趋势。说明水泥土在养护前期刚度值的增长速率较大，在后期刚度值的增长速率减小。3% 水泥土在前 7d 养护中刚度值的增长速率较大，7d 之后刚度值的增长速率减小。在 0d 到 7d 龄期内，水泥土的刚度值由 15.44MN/m 增长到 28.11MN/m，增长率为 82.06%；在 7d 到 28d 龄期内，水泥土的刚度值由 28.11MN/m 增长到 32.06MN/m，增长率为 14.05%。

（2）3% 水泥土在 0d 到 28d 龄期内，刚度值由 15.44MN/m 增长到 32.06MN/m，

提升 107.64%。原因可能是随着水泥养护龄期的增长，水泥的水化反应越完全，反应生成的水化产物［$Ca(OH)_2$ 晶体、$Ca_5Si_6O_{16}(OH)·4H_2O$ 胶体等］越多，水泥土的强度、刚度也就越高。

4.2.3.5 GeoGauge 检测边界效应分析

为了分析室内模型试验中 GeoGauge 检测时是否存在边界效应，在压实土体的中心位置使用 GeoGauge 对桶中土体进行测量之后，将桶壁拆除在相同的位置再次进行检测，对前后检测数据进行统计分析，探究桶壁对 GeoGauge 检测结果的影响。检测过程如图 4-23 所示。三种填料的检测结果见表 4-12。

(a) 带桶壁检测

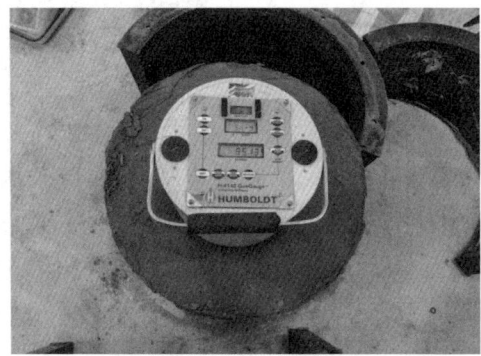
(b) 不带桶壁检测

图 4-23 边界效应分析试验

表 4-12 边界效应试验检测结果

填料	检测状态	实测刚度值（MN/m）					平均值（MN/m）
		第一次	第二次	第三次	第四次	第五次	
粉砂土	有桶壁	11.89	12.13	12.06	12.10	11.97	12.03
	无桶壁	11.76	11.81	12.01	11.89	12.08	11.91
水泥土	有桶壁	15.52	15.48	15.36	15.31	15.38	15.41
	无桶壁	15.48	15.41	15.15	15.34	15.22	15.32

由表 4-12 可知，在无桶壁状态下检测的平均值略低于有桶壁时的检测值，粉砂土有桶壁和无桶壁检测结果的平均值相差 1.0%；水泥土有桶壁和无桶壁检测结果的平均值相差 0.58%。由此可知 GeoGauge 在模型桶中检测时边界效应不明显，桶壁的存在对检测结果的影响非常小。

4.3 GeoGauge 快速无损检测与压实度相关性试验研究

4.3.1 灌砂法检测原理

灌砂法首先需要根据标定罐体积和灌砂筒中砂的质量确定所用量砂的松方密度，量砂松方密度的计算公式为：

$$\rho_s = \frac{m_a}{V} \quad (4\text{-}14)$$

式中　ρ_s——量砂的松方密度（g/cm³）；
　　　m_a——标定罐中砂的质量（g）；
　　　V——标定罐的体积（cm³）。

在得到量砂的松方密度后，进行现场灌砂试验。在干净平坦的土体表面凿出一个与灌砂筒直径一致的洞，且洞的深度与压实层厚度一致。称量挖出填料的质量 m_w，并选取代表性试样，按照《公路土工试验规程》（JTG 3430—2020）的有关规定测试其含水率 ω。量砂由灌砂筒流入试坑，计算填满试坑砂的质量 m_b，由下式可计算得到试坑填料的湿密度：

$$\rho_w = \frac{m_w}{m_b} \times \rho_s \quad (4\text{-}15)$$

式中　ρ_w——试坑填料的湿密度（g/cm³）；
　　　m_w——试坑中取出全部材料的质量（g）；
　　　m_b——填满试坑砂的质量（g）；
　　　ρ_s——量砂的松方密度（g/cm³）。

由试坑材料的湿密度以及室内试验所测得的含水率，可计算得到试坑材料的干密度，计算公式为：

$$\rho_d = \frac{\rho_w}{1 + 0.01\omega} \quad (4\text{-}16)$$

式中　ρ_d——试坑材料的干密度（g/cm³）；
　　　ρ_w——试坑填料的湿密度（g/cm³）；
　　　ω——试坑材料的含水率（%）。

现场路基压实度的计算公式为：

$$K = \frac{\rho_d}{\rho_c} \times 100\% \quad (4\text{-}17)$$

式中　K——压实度（%）；
　　　ρ_d——试坑材料的干密度（g/cm³）；
　　　ρ_c——填料击实试验得到的最大干密度（g/cm³）。

4.3.2　粉砂土刚度 K_{gr} 与压实度 K 的关系

京雄高速公路 SG1 标段的路基试验段填料有粉砂土和水泥土两种，路堤填料为粉砂土，台背填料为3%水泥土，采用26t滚轮压路机进行碾压。现场在施工过程中采用灌砂法控制路基压实质量，根据现场的施工进度，选择桩号里程为 K11+500～K11+600 处的路基作为试验段。

在 K11+500 断面处每层布设 4 个测点，并对每个测点进行统一编号，喷漆做好醒目标记。按照先 GeoGauge 后灌砂法的检测顺序，进行点对点检测，从施工碾压开始至满足设计要求的施工全过程进行数据采集。现场检测如图 4-24 所示。

(a) GeoGauge 检测　　　　　　　　(b) 灌砂法检测

图 4-24　现场检测

4.3.2.1　粉砂土碾压遍数与压实度 K 的关系

在试验段根据《公路路基路面现场测试规程》(JTG 3450—2019) 的操作要求进行灌砂法检测，得到了碾压遍数和压实度之间的关系，试验结果如图 4-25 和图 4-26 所示。

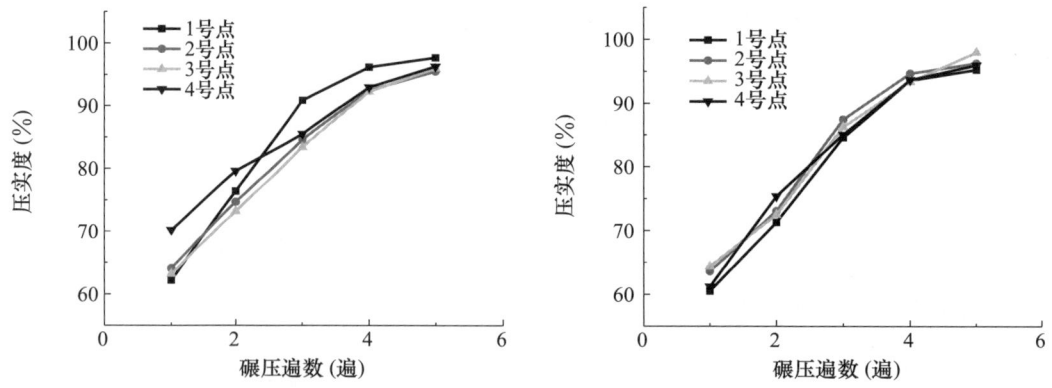

图 4-25　粉砂土第一、第二层碾压遍数与压实度关系曲线

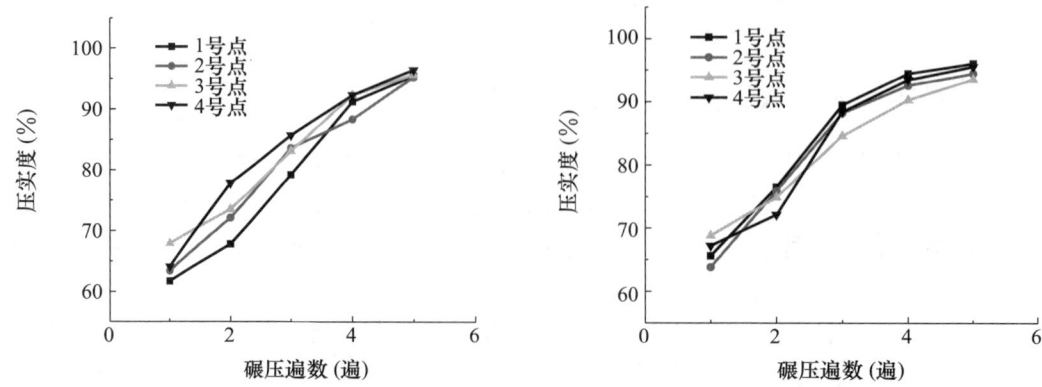

图 4-26　粉砂土第三、第四层碾压遍数与压实度关系曲线

由图 5-25、图 5-26 可知，随着碾压遍数的增加，灌砂法检测的压实度呈上升趋势。前 4 遍曲线斜率较大，说明在前 4 遍碾压过程中，压实度增长幅度较大。4 遍之后曲线斜率明显减小，说明在 4 遍碾压之后路基土体已经达到一个较高的压实程度，颗粒之间已经挤密，土颗粒重新组合的空间很小，所以 4 遍之后，压实度增长率减小。

4.3.2.2 粉砂土碾压遍数与刚度 K_{gr} 的关系

在试验段根据 GeoGauge 操作手册要求对测点进行检测，得到了碾压遍数与刚度 K_{gr} 的关系曲线，试验结果如图 4-27、图 4-28 所示。

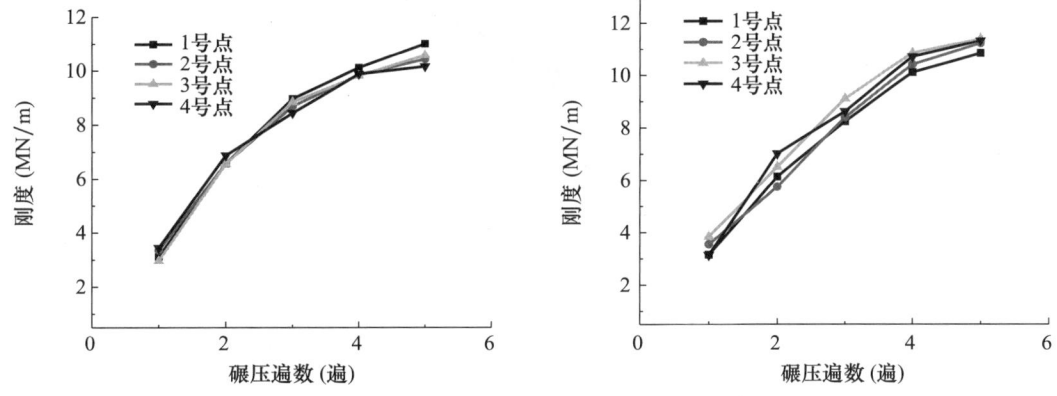

图 4-27　粉砂土第一、第二层碾压遍数与刚度关系曲线

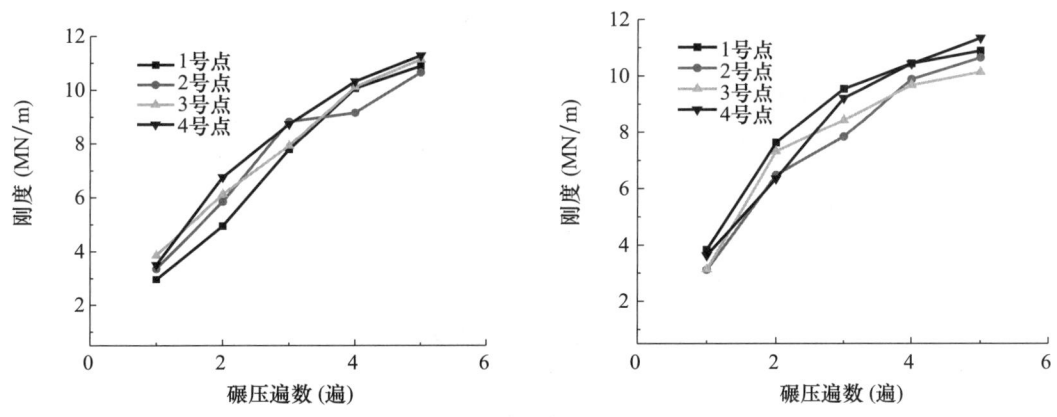

图 4-28　粉砂土第三、第四层碾压遍数与刚度关系曲线

由图 5-27、图 5-28 可以得出：

（1）在粉砂土路基上，随着碾压遍数的增加，GeoGauge 土体刚度仪的实测刚度值呈增大趋势，这与实际中压实层随着碾压遍数的增加密度逐渐增大，强度和承载力逐渐提高的趋势是一致的。说明 GeoGauge 土体刚度仪的检测值可以反映粉砂土路基压实质量的好坏。

（2）在碾压过程中，前 4 遍碾压刚度值增长较大，图中曲线较陡，最后一遍增长率相对较小，曲线较平缓。这一变化趋势与灌砂法的检测结果一致，说明 GeoGauge 检测的刚度值随着压实度的增加而增大，与第 4 章室内模型桶试验结果一致。

4.3.2.3 粉砂土刚度 K_{gr} 与压实度 K 的关系

为探究粉砂土路基上 GeoGauge 检测和灌砂法检测之间的联系，分析刚度 K_{gr} 和灌砂法检测的压实度 K 的相关性，分别用线性、指数、对数、幂函数四种模型对压实过程中两种检测方法所测得的数据进行了回归分析，分析结果如图 4-29～图 4-32 所示。

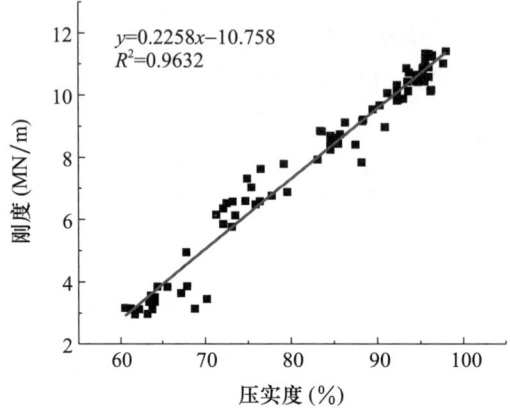

图 4-29　粉砂土现场压实度 K 和刚度 K_{gr} 线性模型拟合

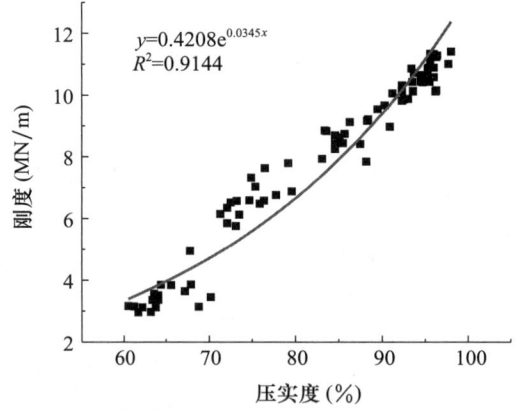

图 4-30　粉砂土现场压实度 K 和刚度 K_{gr} 指数模型拟合

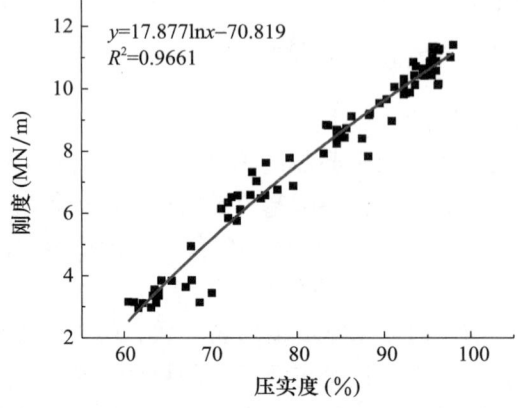

图 4-31　粉砂土现场压实度 K 和刚度 K_{gr} 对数模型拟合

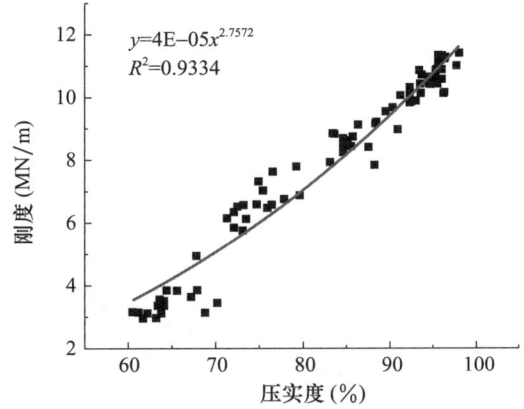

图 4-32 粉砂土现场压实度 K 和刚度 K_{gr} 幂函数模型拟合

四种模型的回归方程及判定系数见表 4-13。

表 4-13 粉砂土现场压实度 K 和刚度 K_{gr} 的拟合结果

回归模型	回归方程	判定系数 R^2
线性	$K_{gr}=0.2258K-10.758$	0.9632
指数	$K_{gr}=0.4208e^{0.0345K}$	0.9144
对数	$K_{gr}=17.877\ln K-70.819$	0.9661
幂函数	$K_{gr}=4E-05K^{2.0342}$	0.9334

由表 4-13 可知，粉砂土路基上灌砂法检测的压实度和 GeoGauge 检测的刚度值 K_{gr} 在四种模型中的判定系数都在 0.9 以上，相关性很高。其中对数模型的相关性最高，指数模型的相关性是四个模型中最低的。在实际试验与施工过程中，压实度一般不会低于 90%，线性模型和对数模型的方程满足计算要求，所以四个模型的回归方程均具有实际意义。本部分选用了相关性最高的对数模型，分析粉砂土路基灌砂法检测的压实度和 GeoGauge 检测的刚度值之间的关系。根据对数模型的回归方程，可以得到现场粉砂土不同压实度所对应的刚度值，见表 4-14。

表 4-14 粉砂土现场不同压实度对应的刚度值

压实度（%）	90	91	92	93	94	95	96
刚度 K_{gr}（MN/m）	9.62	9.82	10.02	10.21	10.40	10.59	10.78

4.3.2.4 粉砂土路基压实刚度指标的初步提出

通过室内模型试验和对现场检测数据的分析，得到了粉砂土不同压实度所对应的刚度值，将室内压实度与刚度的试验结果和现场不同压实度与刚度的试验结果进行对比分析，分析结果如图 4-33 所示。

由图 4-33 可以得出：

（1）室内试验各压实度所对应的刚度值均比现场试验的刚度值要大。出现这种差异的原因可能是室内和现场填料的含水率不同。由室内模型试验可知，粉砂土含水率的变化对刚度值的影响较大，相较于现场，室内试验能更好地控制填料的含水率。

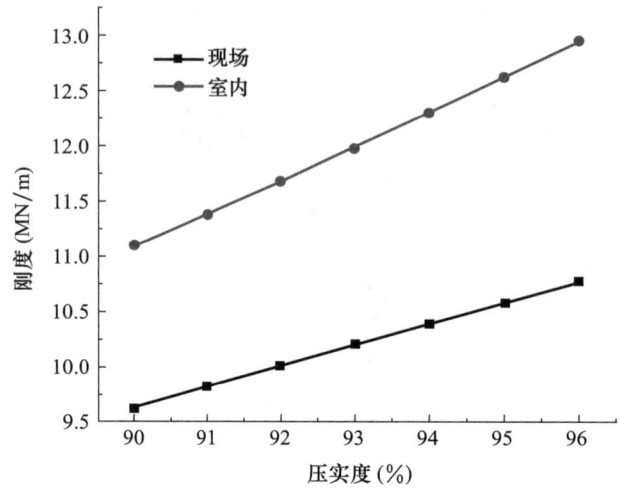

图 4-33　粉砂土室内试验和现场试验结果对比

（2）随着压实度的增加，室内和现场刚度值的差异呈增大的趋势。在 90% 压实度时，室内的刚度值比现场高 15.28%；在压实度为 96% 时，室内的刚度值比现场高 20.22%。出现这种差异的原因可能是室内模型试验和现场试验选用了不同的回归模型。

室内模型试验和现场试验得到的压实度 K 和刚度 K_{gr} 之间的相关性都很好，考虑到室内模型试验数据相对较少，试验结果缺乏代表性，现场试验数据较多，结果更具有参考意义，所以粉砂土路基压实质量刚度指标的初步提出应以现场试验结果为准。

结合《公路路基施工技术规范》(JTG/T 3610—2019) 中对高速公路路基不同部位压实度的规定，可以得到采用 GeoGauge 检测路基压实质量的刚度值，见表 4-15。

表 4-15　粉砂土路基压实度标准

填筑部位	压实度（%）	刚度（MN/m）
路床	≥96	≥10.80
上路堤	≥94	≥10.40
下路堤	≥93	≥10.20

4.3.3　水泥土刚度 K_{gr} 与压实度 K 的关系

为了研究现场水泥土路基上 GeoGauge 与灌砂法之间的关系，在 K11+600 台背处每层布设 4 个测点，并对每个测点进行统一编号，喷漆做好醒目标记。按照先 GeoGauge 后灌砂法的检测顺序进行点对点检测，从施工碾压开始至满足设计要求的施工全过程进行数据采集。

4.3.3.1　水泥土碾压遍数与压实度 K 的关系

在试验段根据《公路路基路面现场测试规程》(JTG 3450—2019) 的操作要求进行灌砂法检测，通过数据分析得到碾压遍数与压实度的关系，试验结果如图 4-34 和图 4-35 所示。

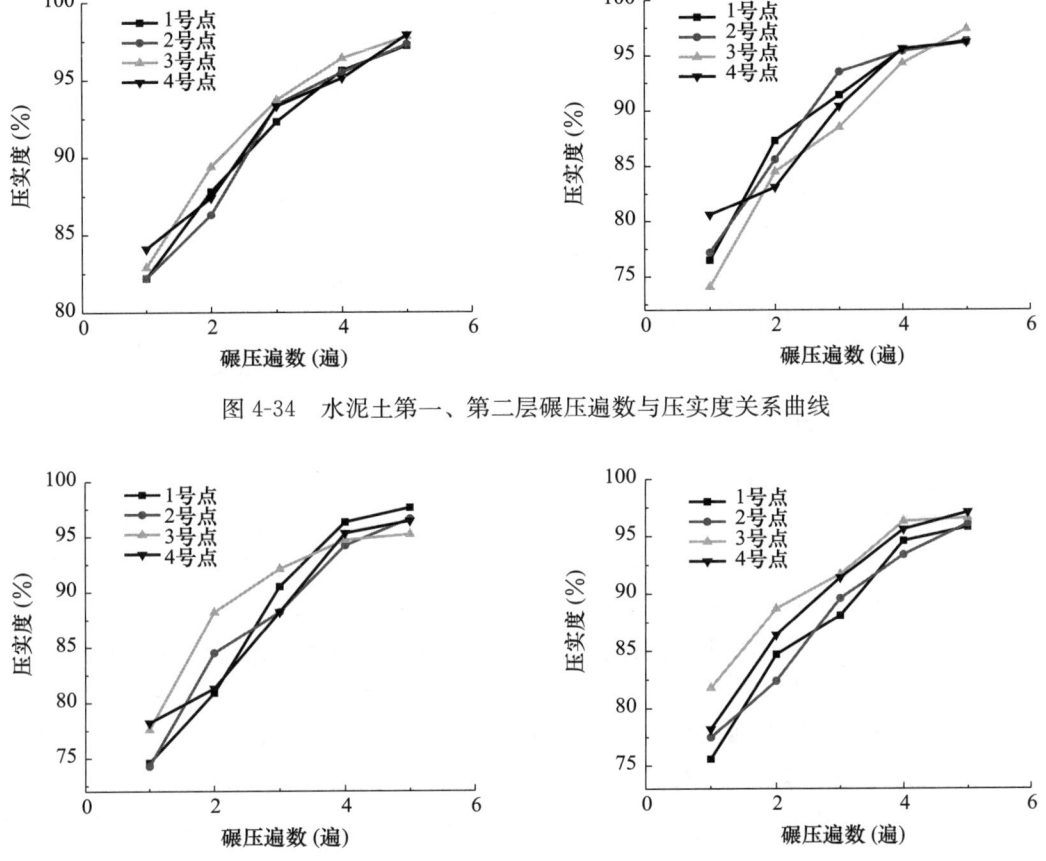

图 4-34 水泥土第一、第二层碾压遍数与压实度关系曲线

图 4-35 水泥土第三、第四层碾压遍数与压实度关系曲线

由图 4-34、图 4-35 可知,随着碾压遍数的增加,灌砂法检测的压实度增大,与粉砂土路基试验结果一致,且经过 4 遍碾压后,曲线斜率明显减小,压实度的增长幅度减小。

4.3.3.2 水泥土碾压遍数与刚度 K_{gr} 的关系

在水泥土试验段使用 GeoGauge 对测点进行检测,通过对测数据的分析得到碾压遍数与刚度 K_{gr} 的关系,试验结果如图 4-36 和图 4-37 所示。

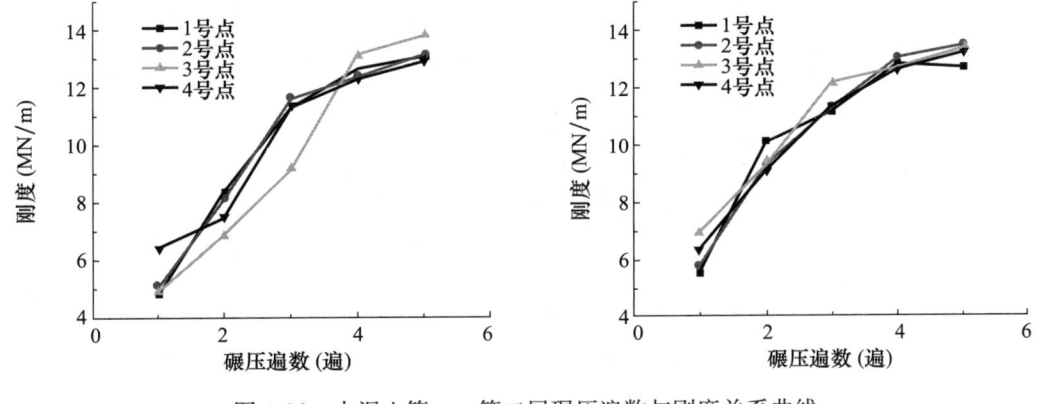

图 4-36 水泥土第一、第二层碾压遍数与刚度关系曲线

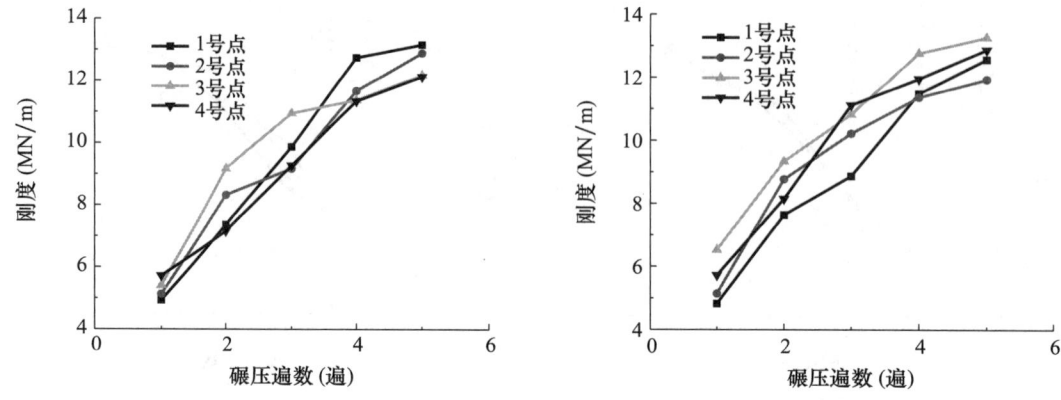

图 4-37 水泥土第三、第四层碾压遍数与刚度关系曲线

由图 4-36、图 4-37 可以得出：

（1）在水泥土路基上，随着碾压遍数的增加，GeoGauge 土体刚度仪的实测刚度值呈增大趋势，与粉砂土路基上的试验结果一致，同时也说明 GeoGauge 土体刚度仪可以用于水泥土路基压实质量的检测。

（2）在水泥土碾压过程中，刚度值随着碾压遍数的增加而增大，且最后两遍碾压过程中刚度值的增长较小。这一变化趋势与灌砂法的检测结果一致，说明 GeoGauge 检测的刚度值随着压实度的增加而增大，与室内模型桶试验结果一致。

4.3.3.3 水泥土刚度 K_{gr} 与压实度 K 的关系

为探究水泥土路基上 GeoGauge 检测和灌砂法检测之间的联系，分析刚度 K_{gr} 和灌砂法检测的压实度 K 的相关性，分别用线性、指数、对数、幂函数四种模型对压实过程中两种检测方法所测得的数据进行了回归分析，分析结果如图 4-38～图 4-41 所示。

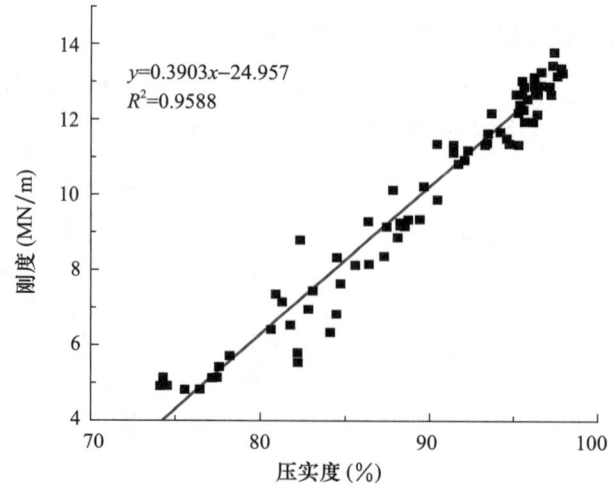

图 4-38 水泥土现场压实度 K 和刚度 K_{gr} 线性模型拟合

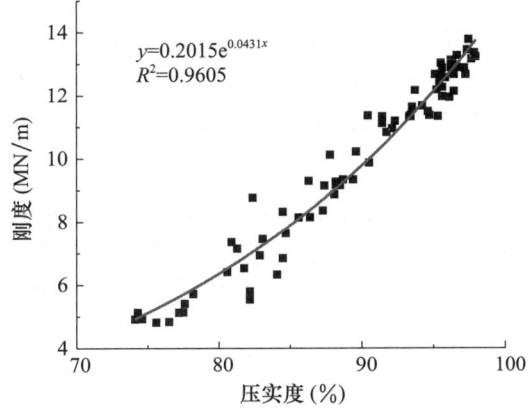

图 4-39 水泥土现场压实度 K 和刚度 K_{gr} 指数模型拟合

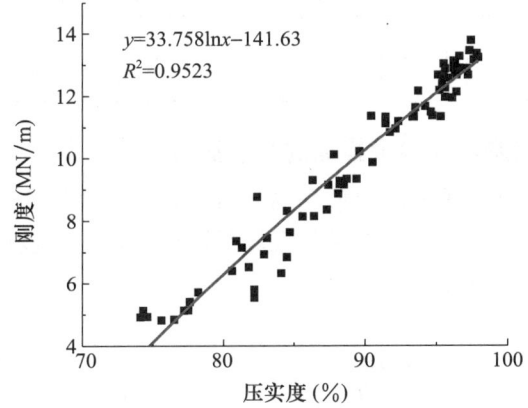

图 4-40 水泥土现场压实度 K 和刚度 K_{gr} 对数模型拟合

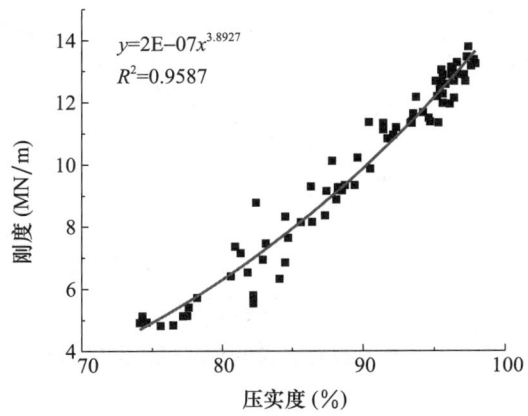

图 4-41 水泥土现场压实度 K 和刚度 K_{gr} 幂函数模型拟合

四种模型的回归方程及判定系数见表 4-16。由表 4-16 可知，水泥土路基灌砂法检测的压实度 K 和 GeoGauge 检测的刚度值 K_{gr} 在四种模型中的判定系数都在 0.9 以上，相关性很高。其中指数模型的相关性最高为 0.9605，对数模型的相关性是四个模型中最低的，为 0.9523。考虑到在压实度较低时，线性回归方程和对数回归方程的结果趋近于零或为负值，与实际不符。在指数模型和幂函数模型中，本部分选用了相关性高的指数模型，分析水泥土路基灌砂法检测的压实度和 GeoGauge 检测的刚度值之间的关系。根据指数模型的回归方程，可以得到现场水泥土不同压实度所对应的刚度值，见表 4-17。

表 4-16　水泥土现场压实度 K 和刚度 K_{gr} 的拟合结果

回归模型	回归方程	判定系数 R^2
线性	$K_{gr}=0.3903K-24.957$	0.9588
指数	$K_{gr}=0.2015e^{0.0431K}$	0.9605
对数	$K_{gr}=33.758\ln K-141.63$	0.9523
幂函数	$K_{gr}=2E-07K^{3.8927}$	0.9587

表 4-17　水泥土现场不同压实度对应的刚度值

压实度（%）	90	91	92	93	94	95	96
刚度 K_{gr}（MN/m）	9.80	10.20	10.60	11.10	11.60	12.10	12.60

4.3.3.4　水泥土路基压实刚度指标的初步提出

通过室内模型试验和对现场检测数据的分析，得到了水泥土不同压实度所对应的刚度值，将室内压实度与刚度的试验结果和现场不同压实度与刚度的试验结果进行对比分析，分析结果如图 4-42 所示。

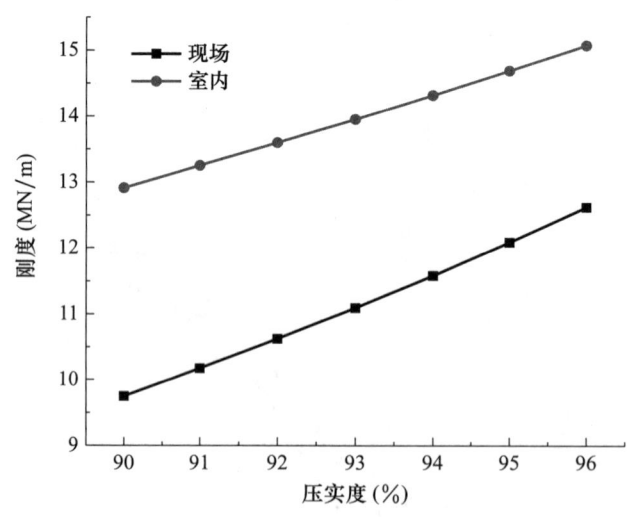

图 4-42　室内模型试验和现场试验结果对比

由图 4-42 可以得出：

（1）室内模型试验各压实度所对应的刚度值均比现场试验的刚度值要大，这一试验结果与粉砂土的一致。出现这种差异的原因同样可能是室内和现场填料的含水率不同。由室内模型试验可知，水泥土含水率的变化对刚度值的影响较大，相较于现场，室内模型试验能更好地控制填料的含水率，且水泥土的反应时间也是影响试验结果的一方面，室内模型试验为了使填料的含水率更加均匀，采取了闷料的措施，导致填料的强度有所增加。

（2）随着压实度的增加，室内和现场刚度值的差异呈减小的趋势。在 90% 压实度时，室内的刚度值比现场高 32% 左右；在压实度为 96% 时，室内的刚度值比现场高 19.49% 左右。出现这种差异的原因可能是随着压实度的增加，填料的差异对检测结果的影响减小。

室内模型试验和现场试验得到的压实度 K 和刚度 K_{gr} 之间的相关性都很好，同样考虑到室内模型试验数据较少，缺乏代表性，现场检测数据相对较多，试验结果更具有参考意义，所以水泥土路基压实质量刚度指标的初步提出应以现场试验结果为准。

水泥土相较于素土填料，能够提高路基强度，但是费用较高，施工操作较复杂，在实际施工过程中，水泥土一般只用于台背回填以及路床填筑，《公路路基施工技术规范》(JTG/T 3610—2019) 中对高速公路路基台背和路床的要求均是压实度不应小于 96%，所以采用 GeoGauge 检测的刚度值不应小于 12.60MN/m。

4.4 路基施工质量压实均匀性评价技术研究

4.4.1 路基施工质量压实均匀性评价研究现状

路基施工过程，受技术人员、施工设备、施工技术、填料种类等因素的影响，路基压实是一个随机性很大的过程，有时压实功相同的条件下，也会出现不同的压实度。路基的压实均匀性对道路整个结构的稳定性有重大影响，路基发生不均匀沉降会使道路在使用过程中路面过早地出现裂缝，为了避免道路因路基施工原因发生的病害，需要对路基施工的压实均匀性进行评价。简单来说，均匀性指的是，物质某种指定特性具有相同值的一种状态。如果物质的某一部分的特征值与另一部分特征值差异很小很难用试验方法区分，可认为该物质是均匀的。路基施工质量的均匀性可以用路基的压实程度的值来评价。国内一些学者对路基施工质量新型检测设备的测试性能、流程和其检测的模量与压实度和 CBR 的相关性都有了一定的研究。但对于利用设备进行路基施工均匀性的评价方面的研究较少。2005 年，职雨风等人利用落锤式弯沉仪的检测模量作为基层的指定特性，通过分析手段，评价了路基施工质量的均匀性。刘俊峰、徐科等利用便携式落锤弯沉仪的检测模量，设置"车道间一致性量"通过分析评价了路基施工质量的均匀性。李跃军利用曲面拟合法分析把现场路基的检测数据拟合成数据模型，来评价路基施工质量的均匀性。

评价路基施工质量均匀性是确保路基结构稳定的重要环节，可从路基中选取某段路基作为试验段，也就是样品，利用评价样品的情况来确定路基总体施工质量状况。统计学中常用的进行数据均匀性评价的方法有极差检验法、t 检验法、F 检验法、稳定性评价的方差允许法等几种。

4.4.2 路基施工质量压实均匀性评价方法理论基础

4.4.2.1 比对试验段中测量值一致性分析

对试验段进行数据采集、处理、分析，并将试验段分成不同区域，如把路基横向和路基纵向的测量值作为样本，根据均匀性的定义来分析不同样本之间的差异。在数据采集时，利用快速无损检测设备的特点，制订合理的科学试验方案，对试验段进行一定规模的高密度路基回弹模量的测量。对检测结果进行有效分析整理，剔除无效数据，把握数据的真实性。在试验段全部采集的数据中，把路基纵向的某一均匀性特征值定义为"路基纵向数据一致性统计量 h"，是把路基纵向一区域数据偏差同整个路基纵向数据偏差相比，做出离散比较结果，判定均匀程度，数值越小，表示均匀性越好。把路基横向的某一均匀性特征值定义为"路基横向数据一致性统计量 k"，是把路基横向一区域数据偏差同整个路基横向数据偏差相比，做出离散比较结果，判定均匀程度，数值越小，表示均匀性越好。

4.4.2.2 MATLAB 软件介绍

MATLAB 是 Matrixu Boratory（矩阵实验室）的简称，MATLAB 是集数值计算和数值可视化于一体的软件，由美国 MathWorks 公司生产。其分析能力、设计和仿真能力被应用于科学计算和数据处理等各个领域。MATLAB 的图形显示丰富多彩，显示效果冲击力强，图形显示直观、立体且清晰。MATLAB 两大功能——数据可视化和图形处理，几乎能满足一般工程应用和科学计算的所有需要。绘制柱状图、向量图、直方图是基础功能，还能通过具体情况绘制二维、三维图形。数据显示更加直观。

MATLAB 有低层命令和高层绘图命令，前者可以直接作用于图形句柄，对其进行操作处理，后者是以低层命令为基础开发建立起来的。

plot 命令是常用的二维图绘制命令，通过把相应的数据绘制在建立好的坐标系中，各点连线建立曲面图形。通过线性、颜色的设置使图形更加清晰。

surf 命令可以绘制三维曲面图将所需测量数据直观地表示出来，再通过 meshc 命令可绘制出三维曲面图的等高线。

Contour 命令能对三维曲面的等高线进行手工标注，获得所需的模量等值线图。

4.4.2.3 规范对路基压实质量评定

根据《公路工程质量检验评定标准》（JTG F80/1—2017）对路基压实质量的规定，检测段中各个测点相距 1~3m 为宜。压实度检测可选用环刀法或灌砂法，若是粗粒土路基可用挖坑灌砂法、钻孔取样蜡封法或水袋法等。测出各点的压实度 K_i 后，压实度代表值 K 的计算公式如下：

$$K = \overline{K} - \frac{t_a}{\sqrt{n}} S \geqslant K_0 \tag{4-18}$$

式中 $\overline{K}$——检验段内所有测点压实度的平均值；

t_a——t 分布表中的系数，与测点数和保证率有关；

S——各检测值间的标准差；

n——测点样本数；

K_0——规范给出的压实度标准值。

路基的压实质量评定标准：当 $K > K_0$，并且每个测点的压实度均不小于规定时，该路段的压实度合格率为 100%；当 $K > K_0$，并且每个测点压实度都不小于规定合格的压实度减去 5% 的值时，可按合格的压实度标准值减去 2% 作为标准计算压实合格率。

当 $K<K_0$ 或有压实度实测值低于合格的压实度减去 5% 的值时，路基检测段的压实质量不合格。

4.4.2.4 均匀性评价方法及指标

路基压实质量的均匀性评价，想要得出路基均匀性的好坏就要对路基均匀性做出评价等级，当前文献主要采用一致性统计量来评价。可定义"路基纵向数据一致性统计量 h"和"路基横向数据一致性统计量 k"作为评价路基均匀性的两个指标。这样就能通过分析单条车道中的点和车道相邻的点的值来分析路基的均匀性。

1. 基于 MATLAB 软件均匀性评价

在 MATLAB 软件中建立坐标系，检测数值录入软件中建立相应函数关系获得三维曲面图和等高线图。通过测点数量和置信度确定相应的标准值，计算检测段压实均匀的合格面积，和总面积的比值即均匀度，来表示均匀性。均匀度计算公式见公式（4-19）：

$$t = \frac{S_h}{S_q} \times 100\% \tag{4-19}$$

式中　t——均匀度（%）；

　　　S_h——合格区域面积（m^2）；

　　　S_q——全部区域面积（m^2）。

$$\overline{E_d} - t_{a/2}(n-1)\frac{S}{\sqrt{n}} \leqslant E_d \leqslant \overline{E_d} + t_{a/2}(n-1)\frac{S}{\sqrt{n}} \tag{4-20}$$

2. 路基纵向均匀性评价

对路基压实质量进行整体评价后，还应关心在车道方向路基压实程度的连续性，即路基纵向均匀性评价，可用"路基纵向数据一致性统计量 h"为评价指标。评价路基纵向均匀性时要将路基的横向分成若干个单元，帮助分析路基纵向的均匀性。其计算公式如下：

$$h = \frac{d}{S_{xavg}} \tag{4-21}$$

式中　h——路基纵向数据一致性统计量；

　　　d——路基纵向的数据偏差；

　　　S_{xavg}——路基纵向数据标准偏差。

d 与 S_{xavg} 可依据公式（4-22）～公式（4-26）分别求出：

$$x_{avg} = \frac{\sum_{1}^{n} x_i}{n} \tag{4-22}$$

$$(x_{avg})_{avg} = \frac{\sum_{1}^{n} x_{avg}}{p} \tag{4-23}$$

$$d = \sqrt{[x_{avg} - (x_{avg})_{avg}]^2} \tag{4-24}$$

$$S_{xavg} = \sqrt{\frac{\sum_{1}^{p} d^2}{p-1}} \tag{4-25}$$

$$h_{\text{crit}} = \frac{(p-1)t}{\sqrt{p(t^2+p-2)}} \tag{4-26}$$

式中　x_i——测点模量检测数值；

　　　p——测点个数；

　　　t——数值可以通过查 t 分布表获得。

根据路基纵向的一致性 h 与临界值 h_{crit} 的分析，可判断路基压实质量的纵向均匀性。如果某一纵向位置的 h 大于临界值 h_{crit}，说明该位置纵向的检测数据的平均值同其他车道的平均值存在较大差别，表示该纵向截面区域的压实效果较差。如果该位置纵向断面处 h 与临界值 h_{crit} 相差不是很多，说明该纵向断面处检测数值的平均值与其他断面的平均值差别很小，表示该纵向截面区域的压实效果较好。

3. 路基横向均匀性评价

路基的横向均匀性对路基的结构稳定性同样至关重要，在对路基横向均匀性进行分析时，可把路基分成纵向若干个单元，可用"路基横向数据一致性统计量 k"作为评价指标，k 的计算如公式（4-27）所示：

$$k = \frac{S}{S_r} \tag{4-27}$$

式中　k——路基横向数据一致性统计量；

　　　S——路基横向一个车道单元数据的标准偏差；

　　　S_r——路基横向所有车道内全部数据的标准差。

其计算公式如下：

$$S = \sqrt{\frac{\sum_{1}^{p}(x_i - x)^2}{p-1}} \tag{4-28}$$

$$k_{\text{crit}} = \sqrt{\frac{p}{\frac{p-1}{F}+1}} \tag{4-29}$$

式中　x_i——测点的回弹模量；

　　　P——检测断面的测点数目；

　　　F——数值可以通过查 F 分布表获得。

通过分析 k 值，可以判断道路横断面数据的均匀程度。将"路基横向数据一致性统计量 k"和临界值 k_{crit} 进行比较，相差越大，路基横向均匀性越差，说明横向压实质量存在问题。反之，相差越小，横向均匀性越好。但不能说明压实质量一定合格，只能说明横向的压实均匀性变异性小。

4.4.3　构建基于主成分分析与 BP 神经网络相结合的路基压实均匀性评价体系

4.4.3.1　主成分分析基本原理

本章利用现场检测数据对压实检测指标的分布规律进行分析，并对压实检测指标进行描述性统计分析，从而得到压实检测指标数据的离散程度、集中趋势以及分布形态等。将基于因子分析的主成分分析及其综合评价功能引入高速公路路基压实均匀性评价领域，通过现场检测指标对路基压实均匀性做出量化评价。主成分分析最早由霍特林在 1933 年提出。主成分分析利用"降维"的思想，根据实际需要将多个指标转化为多个综合指标，尽可能多地反映原始指标信息。每个主成分都是原始变量的线性组合，且每个主成分之间互不相关，因此主成分可以更好地反映原始变量的信息。

主成分分析的具体方法是，将原来的变量线性组合成新变量 Y_1，使 Y_1 尽可能多地提取原来变量的信息，当第一个新变量 Y_1 不能提取足够多的信息时，再用第二个线性组合的新变量 Y_2，为了使 Y_2 与 Y_1 提取的信息不重复，取 Y_2 与 Y_1 不相关，并使 Y_2 尽可能多地提取原来变量的信息。直到所提取的信息与原来变量的信息相等为止，这时将新变量 Y_1，Y_2，…，称为主成分。也就是说，主成分分析就是将有一定相关性的原变量，线性组合为少数几个无关的，能反映出原变量大部分信息的综合变量，来代替多个原变量的一种统计方法。反映原始变量信息多的主成分能反映几个变量之间的相关关系。

设有 P 个原有指标 X_1，X_2，…，X_p，且每个指标的观测值（或经标准化处理后）的均值都为 0，标准差都为 1。现将每个原有变量用 K（$K<P$）个因子 F_1，F_2，…，F_p 的线性组合来表示。则有：

$$\begin{cases} X_1 = t_{11}F_1 + t_{12}F_2 + t_{13}F_3 + \cdots + t_{1k}F_k + \varepsilon_1 \\ X_2 = t_{21}F_1 + t_{22}F_2 + t_{23}F_3 + \cdots + t_{2k}F_k + \varepsilon_2 \\ \vdots \\ X_p = t_{p1}F_1 + t_{p2}F_2 + t_{p3}F_3 + \cdots + t_{pk}F_k + \varepsilon_p \end{cases} \quad (4\text{-}30)$$

上式即为因子分析的输出模型，也可以用矩阵的形式表示为：

$$X = TF + \varepsilon \quad (4\text{-}31)$$

其中，F 称为因子，由于它们均出现在每个原有变量的线性表达式中，也称为公因子。

1. 因子荷载的统计意义

对于因子模型：

$$X_i = t_{i1}F_1 + t_{i2}F_2 + \cdots + t_{ij}F_j + \cdots + t_{ik}F_k + \varepsilon_i \quad i = (1, 2, \cdots, p) \quad (4\text{-}32)$$

其中 t_{ij} 为因子荷载，即第 i 个变量在第 j 个因子上的负荷。对上式进行整理可以得到 X_i 与 F_j 的协方差为：

$$\begin{aligned} Cov(X_i, F_j) &= Cov\left[\sum_{k=1}^{p} t_{ik}F_k + \varepsilon_i, F_j\right] \\ &= Cov\left[\sum_{k=1}^{p} t_{ik}F_k, F_j\right] + Cov(\varepsilon_i, F_j) \\ &= t_{ij} \end{aligned} \quad (4\text{-}33)$$

对 X_i 做标准化处理，X_i 和 F_j 的标准差均为 1，那么：

$$\gamma_{X_iF_j} = \frac{Cov(X_i, F_j)}{\sqrt{D(X_i)}\sqrt{D(F_j)}} = Cov(X_i, F_j) = a_{ij} \quad (4\text{-}34)$$

由以上分析可知，对于标准化后的 X_i，t_{ij} 是 X_i 与 F_j 的相关系数，反映了变量 X_i 与因子 F_j 的相关程度。因子荷载越大，原始变量因子间的关系越密切。

2. 主成分贡献率的统计意义

每个特征根所占总方差的比例，称为特征根的贡献率。在解决实际问题时，一般不

取全 P 个主成分,而是根据累积贡献率的大小取前 k 个。显然贡献率越大,表明该成分综合的信息越多。

第 i 个主成分的贡献率为：

$$w_i = \frac{\lambda_i}{\sum_{i=1}^{p} \lambda_i} \tag{4-35}$$

若取 k 个主成分,第一个主成分贡献率最大,这表明 Y_1 综合原始变量的能力最强,而 $Y_1,Y_2,\cdots,Y_p$ 的综合能力依次递减。则前 k 个主成分的累积贡献率为：

$$\psi_k = \frac{\sum_{i=1}^{k} \lambda_i}{\sum_{i=1}^{p} \lambda_i} \tag{4-36}$$

变量 X 标准化后,第 i 个主成分的贡献率为：

$$w_i = \lambda_i / p \tag{4-37}$$

前 k 个主成分的累积贡献率为：

$$\psi_k = \sum_{i=1}^{k} \lambda_i / p \tag{4-38}$$

3. 变量共同度的统计意义

设因子荷载矩阵为 T,则称第 i 行元素的平方和为变量共同度（Communality,即变量方差）,其数学定义为：

$$h_i^2 = \sum_{j=1}^{k} t_{ij}^2 \quad i=(1,2,\cdots,p) \tag{4-39}$$

在变量 X_i 标准化时,变量 X_i 的方差可以表示成：

$$\begin{aligned} D(x_i) &= t_{i1}^2 D(F_1) + t_{i2}^2 D(F_2) + \cdots + t_{ik}^2 D(F_k) + D(\varepsilon_i) \\ &= t_{i1}^2 + t_{i2}^2 + \cdots + t_{ik}^2 + Var(\varepsilon_i) \\ &= h_i^2 + \sigma_i^2 \end{aligned} \tag{4-40}$$

因此,原有变量 X_i 的方差描述了全部公共因子对变量 X_i 方差解释说明的比例。变量共同度越接近1,说明因子全体解释了变量给 X_i 的较大部分方差。

4.4.3.2 BP神经网络基本原理

人工神经网络模仿生物神经网络的信息处理系统,以处理复杂的问题,从其他人工神经元或外在环境取得信息,借由网络结构及不同的学习算法训练人工神经网络,使其输出能达到期望的目标。

通过对现场检测数据进行统计学分析,得到能够反映数据均匀程度的指标,将这些指标以及路基压实的均匀性视为变量。然而均值、标准差、均值 SE、峰度系数、偏度系数和变异系数六个指标之间通常存在复杂的因果关系,在很大程度上通过相互联系的影响因素表现出来,且变量之间的关系通常是非线性的。BP神经网络通过一个自主学习过程来确定变量之间的相互关系,并且能够同时考虑多个变量对路基压实均匀性的影响。

BP神经网络通常采用向前式多层神经网络模式,其基本架构如图4-43所示。

包括输入层节点、输出层节点,还有一个或多个隐含层节点。节点作用的激励函数通常选取S型函数,如：

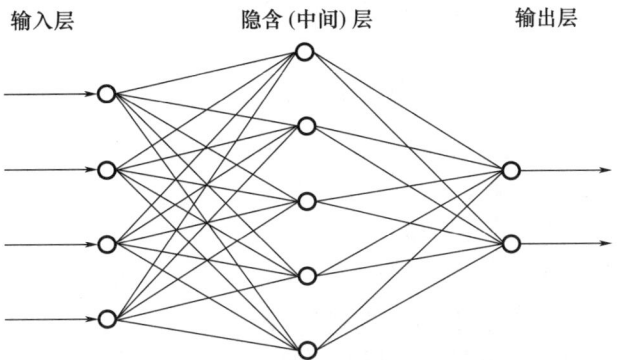

图 4-43 BP 神经网络基本架构

$$f(x) = \frac{1}{1+e^{-x/Q}} \tag{4-41}$$

式中，Q 为调整激励函数形式的 Sigmoid 参数。该算法的学习过程由正向传播和反向传播组成。在正向传播过程中，输入信息从输入层经隐含层逐层处理，并传向输出层。如果输出层得不到期望的输出，则转入反向传播，将误差信号沿原来的连接信号返回，通过修改各层神经元的权值，使得误差信号最小。

设含有 n 个节点的任意网络。指定网络只有一个输出 y，任一节点 i 的输出为 O_i，并设有 N 个样本 (x_k, y_k) $(k=1, 2, 3, \cdots, N)$，对某一输入 x_k，网络输出为 y_k 节点 i 的输出为 O_{ik}，节点 j 的输出为：

$$net_{jk} = \sum_i W_{ij} O_{ik} \tag{4-42}$$

并将误差函数定义为 $E = \frac{1}{2} \sum_{k=1}^{N} (y_k - \hat{y}_k)^2$，其中 $\hat{y}_k$ 为网络实际输出，定义 $E_k = (y_k - \hat{y}_k)^2$，$\delta_{jk} = \frac{\partial E_k}{\partial net_{jk}}$，且 $O_{jk} = f(net_{jk})$，于是

$$\frac{\partial E_k}{\partial W_{ij}} = \frac{\partial E_k}{\partial net_{jk}} \frac{\partial net_{jk}}{\partial W_{ij}} = \frac{\partial E_k}{\partial net_{jk}} O_{ik} = \delta_{jk} O_{ik}$$

当 j 为输出节点时，$O_{jk} = \hat{y}_k$，

$$\delta_{jk} = \frac{\partial E_k}{\partial \hat{y}_k} \frac{\partial \hat{y}_k}{\partial net_{jk}} = -(y_k - \hat{y}_k) f'(net_{jk})$$

当 j 不是输出节点时，则有：

$$\delta_{jk} = \frac{\partial E_k}{\partial net_{jk}} = \frac{\partial E_k}{\partial O_{jk}} \frac{\partial O_{jk}}{\partial net_{jk}} = \frac{\partial E_k}{\partial O_{jk}} f'(net_{jk})$$

$$\frac{\partial E_k}{\partial O_{jk}} = \sum_m \frac{\partial E_k}{\partial net_{mk}} \frac{\partial net_{mk}}{\partial O_{jk}}$$

$$= \sum_m \frac{\partial E_k}{\partial net_{mk}} \frac{\partial}{\partial O_{jk}} \sum_i W_{mi} O_{ik}$$

$$= \sum_m \frac{\partial E_k}{\partial net_{mk}} \sum_i W_{mj} = \sum_m \delta_{mk} W_{mj}$$

因此，

$$\begin{cases} \delta_{jk} = f'(net_{jk}) \sum_m \delta_{mk} W_{mj} \\ \dfrac{\partial E_k}{\partial W_{ij}} = \delta_{mk} O_{ik} \end{cases} \quad (4\text{-}43)$$

如果有 M 层，而第 M 层仅含输出节点，第一层为输入节点，则 BP 算法如下：

第一步，选取初始权值 W；

第二步，重复下述过程直至收敛：

(1) 对于 $k=1$ 到 N；

(2) 计算 O_{ik}，net_{jk} 和 $\hat{j}_k$ 的值（正向过程）；

(3) 对各层从 M 到 2 反向计算（反向过程）；

(4) 对同一节点 $j \in M$，由公式（4-43）计算 δ_{jk}；

第三步，修正权值，$W_{ij} = W_{ij} - \mu \dfrac{\partial E}{\partial W_{ij}}, \mu > 0$，其中，$\dfrac{\partial E}{\partial W_{ij}} = \sum\limits_{k}^{N} \dfrac{\partial E_k}{\partial W_{ij}}$。

4.4.4 路基压实均匀性综合评价体系的建立

4.4.4.1 检测指标主成分分析

在对路基压实均匀性进行综合评价时，需要考虑如何选择评价指标体系和如何提取这些指标进行综合因子分析。一般情况下，通过对各指标加权的办法来对评价指标体系的因子进行综合。但是，如何进行指标加权较为困难。指标加权的依据是指标的重要程度，并且利用统计指标进行均匀性评价时对指标的重要性判断难免带有一定的主观性。主成分分析是针对指标间的相对重要性进行客观加权，可以避免路基压实均匀性评价时主观因素的影响。

通过以上讨论可知，因子分析的关键是根据样本数据求解因子荷载矩阵。本部分通过主成分分析求解因子荷载矩阵。利用因子分析的结果，实现主成分分析，对主成分进行加权综合。

我们利用主成分进行综合评价时，需要将原有的六个统计指标信息进行综合，因此，要充分利用原始变量提供的信息。根据其贡献率来确定主成分的权重。基于主成分分析基本原理的路基压实均匀性评价方法如下：

(1) 基于因子分析的主成分分析的适用性检验。因子是对原有变量进行浓缩，将原有六个变量中的信息重叠部分提取并综合成因子。本部分选择的六个变量之间应该有很强的相关性。如果它们相互独立，就不能进行整合和浓缩，也就不需要进行因子分析和主成分分析。这一步是通过各种方法分析原始变量之间的相关性，以及是否适用于因子分析和主成分分析。一般来说，可以使用以下方法进行判断。

① 计算简单相关系数矩阵。

② 巴特利特球形度检验（Bartlett Test of Sphericity）。

③ KMO（Kaiser-Meyer-Olkin）检验。KMO 检验统计量是用于比较变量间简单相关系数和偏相关系数的指标，数学定义为：

$$KMO = \dfrac{\sum\limits_{i}\sum\limits_{j \neq i} r_{ij}^2}{\sum\limits_{i}\sum\limits_{j \neq i} r_{ij}^2 + \sum\limits_{i}\sum\limits_{j \neq i} p_{ij}^2} \quad (4\text{-}44)$$

式中 r_{ij}——变量 x_i 和变量 x_j ($j \neq i$) 间的简单相关系数;

p_{ij}——变量 x_i 和变量 x_j ($j \neq i$) 间在控制了剩余变量情况下的偏相关系数。

(2) 将原有变量数据进行正向化、标准化处理。通过对原始变量的处理,消除变量在量纲上的影响。事实上,变量是有方向的,变量方向一致时,能得出变量之间的正相关关系,如路基压实是否均匀的特征。因此,多变量中一些变量不一致时,需要对这些变量进行正向化处理。一般情况下 P 维变量中会有正向变量、负向变量、逆向变量和适度变量 4 种类型的变量,故需将负向变量、逆向变量和适度变量进行正向化转换,使之连同本来的正向变量一起全部成为正向变量。

负向变量 x_i 正向化公式为 $x_i' = -x_i$;逆向变量 x_j 正向化公式为 $1/x_j$;适度变量 x_k 的正向化公式为 $\dfrac{1}{[|(x_k/c)-1|+1]}$,这里 c 为适度值。正向化后的 x_i,x_j,x_k 都是越大越好,并且使得 P 个变量的方向一致。

变量单位会影响主成分分析和因子分析的结果,为使主成分分析能够分析每一个原始变量的信息,将各原始变量做标准化处理,即令:

$$X_i^* = \frac{X_i - E(X_i)}{\sqrt{Var(X_i)}}, \quad i = 1, 2, \cdots, p \tag{4-45}$$

(3) 根据标准化后的数据矩阵求出相关系数矩阵 R。

$$R = (r_{ij})_{p \times p} = \begin{bmatrix} r_{11} & r_{12} & \cdots & r_{1p} \\ r_{21} & r_{22} & \cdots & r_{2p} \\ \vdots & \vdots & & \vdots \\ r_{p1} & r_{p2} & \cdots & r_{pp} \end{bmatrix} \tag{4-46}$$

r_{ij} ($i, j = 1, 2, \cdots, p$) 为原变量 X_i 和 X_j 之间的相关系数,其计算公式为:

$$r_{ij} = \frac{\sum_{k=1}^{p}(X_{ki} - \overline{X}_i)(X_{kj} - \overline{X}_j)}{\sqrt{\sum_{k=1}^{p}(X_{ki} - \overline{X}_i)^2 \sum_{k=1}^{p}(X_{kj} - \overline{X}_j)^2}} \tag{4-47}$$

(4) 求相关系数矩阵 R 的特征值。

$$\lambda_1, \lambda_2, \lambda_3, \cdots, \lambda_p \quad (\lambda_1 \geqslant \lambda_2 \geqslant \lambda_3 \geqslant \cdots \geqslant \lambda_p \geqslant 0)$$

及对应的单位特征向量 μ_1,μ_2,μ_3,$\cdots$,μ_p。

通过上述步骤,计算 $y_i = \mu_i' x$ 便得到各个主成分。其中的 P 个特征值和对应的特征向量便是因子分解的初始解。

(5) 计算因子荷载矩阵。利用上述 P 个特征值和对应的特征向量计算因子荷载矩阵:

$$T = \begin{bmatrix} t_{11} & t_{12} & \cdots & t_{1p} \\ t_{21} & t_{22} & \cdots & t_{2p} \\ \vdots & \vdots & & \vdots \\ t_{p1} & t_{p2} & \cdots & t_{pp} \end{bmatrix} = \begin{bmatrix} \mu_{11}\sqrt{\lambda_1} & \mu_{21}\sqrt{\lambda_2} & \cdots & \mu_{p1}\sqrt{\lambda_p} \\ \mu_{12}\sqrt{\lambda_1} & \mu_{22}\sqrt{\lambda_2} & \cdots & \mu_{p2}\sqrt{\lambda_p} \\ \vdots & \vdots & & \vdots \\ \mu_{1p}\sqrt{\lambda_1} & \mu_{2p}\sqrt{\lambda_2} & \cdots & \mu_{pp}\sqrt{\lambda_p} \end{bmatrix} \tag{4-48}$$

在计算因子荷载矩阵时,只选取前 k 个特征值和对应的特征向量,得到公式 (4-49) 所示的包含 k 个因子的因子荷载矩阵:

$$T = \begin{bmatrix} t_{11} & t_{12} & \cdots & t_{1k} \\ t_{21} & t_{22} & \cdots & t_{2k} \\ \vdots & \vdots & & \vdots \\ t_{p1} & t_{p2} & \cdots & t_{pk} \end{bmatrix} = \begin{bmatrix} \mu_{11}\sqrt{\lambda_1} & \mu_{21}\sqrt{\lambda_2} & \cdots & \mu_{k1}\sqrt{\lambda_k} \\ \mu_{12}\sqrt{\lambda_1} & \mu_{22}\sqrt{\lambda_2} & \cdots & \mu_{k2}\sqrt{\lambda_k} \\ \vdots & \vdots & & \vdots \\ \mu_{1p}\sqrt{\lambda_1} & \mu_{2p}\sqrt{\lambda_2} & \cdots & \mu_{kp}\sqrt{\lambda_k} \end{bmatrix} \quad (4\text{-}49)$$

(6) 根据特征值 λ_i 确定主成分个数。解释分析结果，需取多个主成分，没有明确的指标。通常取特征值 λ_i 大于1，或当特征值累积贡献率达80%，或特征值统计检验水平 $p<0.05$ 时的主成分。绘制特征值的碎石图，并通过观察碎石图确定主成分个数。

(7) 计算特征向量矩阵，SPSS（社会科学统计软件包）输出的因子荷载矩阵除以各自因子特征值的算数平方根得到主成分得分系数即特征向量矩阵。满足条件时系数的平方和为1。

(8) 计出主成分因子得分及综合得分。用特征向量矩阵分别乘以原始变量标准化之后的变量即为主成分的函数表达式，每一个样本先求前 m 个主成分的值，即：

$$Y(i,g) = \mu_{g1}ZX_{i1} + \mu_{g2}ZX_{i2} + \cdots + \mu_{gp}ZX_{ip} \quad (i=1,2,\cdots,n; g=1,2,\cdots,m) \quad (4\text{-}50)$$

对主成分进行加权综合，利用主成分进行综合评价时，要充分利用原始变量提供的信息。对前 m 个主成分进行加权求和，以各主成分的方差贡献率为权重求各主成分的综合得分，因为贡献率反映了各个主成分的信息含量。综合得分采用以下公式计算：

$$Y_{综} = \sum_{g=1}^{m} \left[\lambda_g \bigg/ \sum_{g=1}^{p} \lambda_g \right] Y_{ig} \quad (4\text{-}51)$$

借助 SPSS 提供的图形功能，分析数据的基本特征和整体的分布形态。通过这些基本统计量的定义及基本计算方法采用数值计算和图形绘制相结合的方法对现场检测数据进行统计分析。统计分析的结论对进一步的数据建模可以起到重要的指导和参考作用。

4.4.4.2 检测指标 BP 神经网络分析

采用 BP 神经网络评价高速公路路基压实均匀性的步骤如下：

(1) 建立高速公路路基压实评价指标体系，建立科学合理的评价指标体系，需遵循全面性、科学性、可操作性三个原则。全面性原则要求从整体上考虑对高速公路路基压实均匀性造成影响的因素；科学性原则是指必须遵循客观事实，选择的指标能科学地反映路基压实的均匀程度，弱化人为主观评价因素的影响；可操作性是指高速公路路基压实均匀性评价指标用定量或定性的方法进行测量。

(2) 确定 BP 神经网络结构。网络结构包括输入、输出及隐含节点数，网络层数决定了神经网络的复杂度、处理问题的能力和收敛速度。本部分选取检测指标的六个统计分析变量，故输入层神经元数为6，即评价指标体系的指标数。隐含层神经元数按经验选取，一般情况下可以预设为输入层节点数的75%。由期望输出的评价结果决定输出层神经元数。

(3) 将现场检测数据沿路基横断面的一排数据作为一组，选取台背路床顶部和一般路基段路床顶部数据各10组，共20组数据，采用落锤式弯沉仪和刚度仪分别进行检测得到样本数据。

(4) 建立主成分分析与 BP 神经网络相结合的路基压实均匀性评价模型，此步骤包括对检测数据进行主成分分析，得到指标的量化值将其输入特定的 BP 神经网络模型中，根据均匀程度的不同，路基压实整体均匀性标准分级规定均匀程度为均匀、轻度不均匀、中度不均匀、重度不均匀，并分别赋值为 0.1，0.3，0.6，0.9 作为网络的初始权值，直到学习样本的拟合值和实际观察值相符合。

（5）评价京雄高速公路的路基压实均匀性，首先由主成分分析量化高速公路的指标数值，将数值输入 BP 神经网络模型中，输出即为高速公路的均匀性等级。

4.4.5 路基压实均匀性评价与控制

4.4.5.1 检测指标均匀性分析结果

本次试验主要分析利用 GeoGauge 土体刚度仪和便携式落锤弯沉仪获得的单点检测指标如何对路基压实均匀性做出准确的评价，并对一般路基段的填挖结合处、台背和路桥过渡段的均匀程度进行对比分析，进一步分析影响路基压实均匀性的因素，为保证路基施工质量提供依据。

对试验段的现场检测数据进行描述性统计分析，得到现场检测数据每一个横断面的均值、标准差、均值 SE、偏度系数、峰度系数和变异系数等描述统计量，利用获得的统计指标进行主成分分析和 BP 神经网络训练。各试验段检测指标均匀性分析结果如下，将归一化后的主成分分析综合得分进行描述性统计分析，结果见表 4-18。表中 a～f 依次表示路床顶部回弹模量、弹性模量、涵洞东侧和西侧回弹模量、弹性模量，NYa～NYf 表示归一化后的综合得分。由表 4-18 可以看出综合得分变异系数均在 0.25～0.75 范围，属于中等程度的结构变异。其中一般路基段路床顶部检测指标的变异程度最大，且由于回弹模量和弹性模量的测点位相同，各试验段两个指标参数变异程度相差不大。

表 4-18　综合得分描述性统计表

指标参数	均值	标准差	变异系数	变异程度
NYa	0.25	0.16	0.66	中等
NYb	0.48	0.28	0.59	中等
NYc	0.26	0.08	0.52	中等
NYd	0.15	0.06	0.42	中等
NYe	0.39	0.24	0.61	中等
NYf	0.45	0.29	0.66	中等

用偏差率表示单个横断面均匀性对路基整体压实均匀性的影响程度，偏差率结果见表 4-19。图 4-44～图 4-49 所示为实测值与标准值的结果对比，实测值偏离标准值越大，偏差率越大。可以看出大部分实测值与标准值的距离相近。在一般路基段由于半填半挖路基的存在，图 4-44 和图 4-46 中在填挖结合处存在实测值较大远离标准值的情况；图 4-47～图 4-49 所示为涵洞两侧台背段路堤的均匀性结果，可以看出呈现两侧波动较大，中间较为平稳的趋势，台背和一般路基段均匀程度相近，但由于路桥过渡段路基填筑工艺的不同，单个横断面与路基整体仍存在不同程度的偏离。

表 4-19 检测指标整体均匀性结果

桩号	NYa	NYb	桩号	NYc	NYd	桩号	NYe	NYf
K33+723	0.85	1.07	K28+012	0.54	5.63	K28+008	0.14	1.00
K33+726	0.62	0.06	K28+013	0.37	0.18	K28+007	0.19	0.92
K33+729	0.68	0.22	K28+014	0.44	0.40	K28+006	0.33	0.81
K33+732	3.05	0.18	K28+015	1.62	0.30	K28+005	1.52	0.68
K33+735	0.45	0.34	K28+016	0.90	0.06	K28+004	1.54	0.29
K33+738	0.04	0.01	K28+017	0.42	0.03	K28+003	0.28	0.59
K33+741	0.35	0.70	K28+018	0.00	0.60	K28+002	0.03	0.15
K33+744	0.18	1.00	K28+019	0.02	0.83	K28+001	0.76	0.09
K33+747	0.15	0.35	K28+020	0.59	0.83	K28+000	0.07	0.49
K33+750	1.00	0.39	K28+021	1.00	0.93	K27+999	0.30	0.05
—	—	—	K28+024	0.89	0.59	K27+996	0.11	0.58
—	—	—	K28+027	0.12	0.06	K27+993	0.31	0.59
—	—	—	K28+030	0.04	0.49	K27+990	0.19	0.04
—	—	—	K28+033	0.98	0.98	K27+987	0.04	0.85
—	—	—	K28+036	0.29	0.49	K27+984	0.07	0.98
—	—	—	K28+039	0.14	0.31	K27+981	0.07	1.24
—	—	—	K28+042	0.30	0.89	K27+978	0.16	0.71
—	—	—	K28+045	2.78	0.25	K27+975	0.30	0.33
—	—	—	K28+048	0.16	1.00	K27+972	1.00	0.08
—	—	—	K28+051	0.89	0.43	K27+969	0.52	0.26

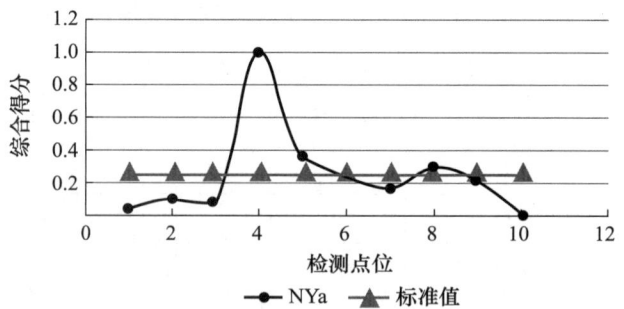

图 4-44 一般路基段路床顶部回弹模量均匀性结果

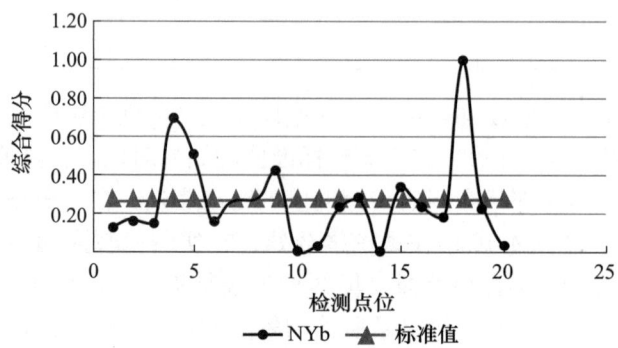

图 4-45 一般路基段路床顶部弹性模量均匀性结果

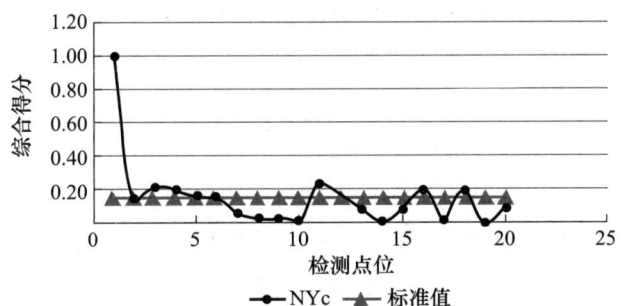

图 4-46 涵洞东侧台背顶部回弹模量均匀性结果

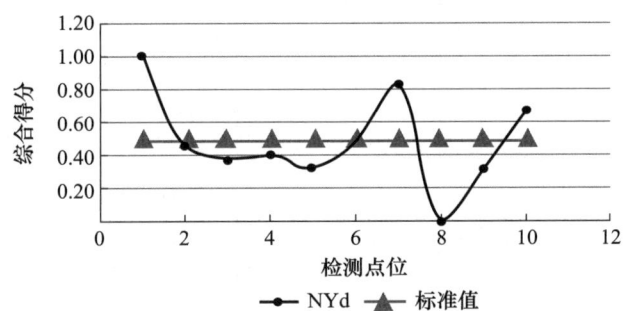

图 4-47 涵洞东侧台背顶部弹性模量均匀性结果

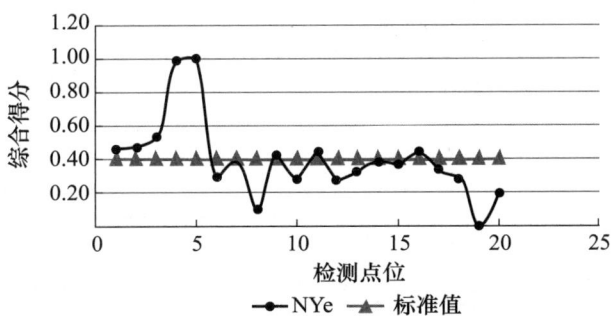

图 4-48 涵洞西侧台背顶部回弹模量均匀性结果

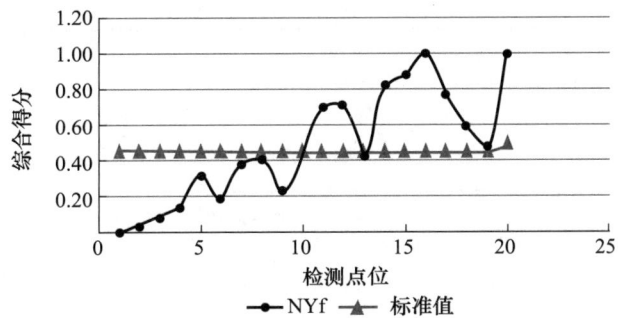

图 4-49 涵洞西侧台背顶部弹性模量均匀性结果

4.4.5.2 路基压实均匀性综合评价与控制

通过 BP 神经网络对路基压实均匀程度进行分析后得到拟合的路基局部压实均匀性评价结果，见表 4-20。图 4-50～图 4-55 所示为各检测指标均匀性实测值与拟合值的对比结果。表中拟合值分别代表各路基横断面的压实均匀性程度，依据表 4-20 进行判断。由图 4-51 和图 4-52 可以看出路床顶部整体均匀程度较差，涵洞两侧路基均匀程度较好，其中东侧优于西侧。路桥过渡段处路基压实均匀性最差。

表 4-20 检测指标局部均匀性结果

桩号	a 拟合	b 拟合	桩号	c 拟合	d 拟合	桩号	e 拟合	f 拟合
K33+723	0.11	0.85	K28+012	0.13	0.30	K28+008	0.14	1.00
K33+726	0.10	0.52	K28+013	0.17	0.10	K28+007	0.19	0.92
K33+729	0.12	0.32	K28+014	0.15	0.28	K28+006	0.33	0.81
K33+732	0.88	0.32	K28+015	0.62	0.11	K28+005	1.52	0.68
K33+735	0.31	0.33	K28+016	0.61	0.10	K28+004	1.54	0.29
K33+738	0.29	0.59	K28+017	0.16	0.11	K28+003	0.28	0.59
K33+741	0.10	0.81	K28+018	0.30	0.10	K28+002	0.03	0.15
K33+744	0.30	0.11	K28+019	0.31	0.10	K28+001	0.76	0.09
K33+747	0.30	0.29	K28+020	0.63	0.10	K28+000	0.07	0.49
K33+750	0.10	0.74	K28+021	0.10	0.10	K27+999	0.30	0.05
—	—	—	K28+024	0.11	0.30	K27+996	0.11	0.58
—	—	—	K28+027	0.27	0.10	K27+993	0.31	0.59
—	—	—	K28+030	0.33	0.10	K27+990	0.19	0.04
—	—	—	K28+033	0.10	0.10	K27+987	0.04	0.85
—	—	—	K28+036	0.31	0.10	K27+984	0.07	0.98
—	—	—	K28+039	0.22	0.10	K27+981	0.07	1.24
—	—	—	K28+042	0.19	0.10	K27+978	0.16	0.71
—	—	—	K28+045	0.85	0.10	K27+975	0.30	0.33
—	—	—	K28+048	0.23	0.10	K27+972	1.00	0.08
—	—	—	K28+051	0.11	0.10	K27+969	0.52	0.26

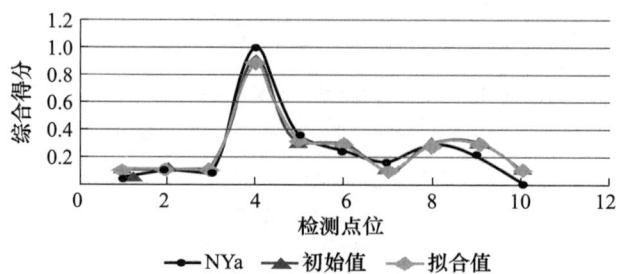

图 4-50 一般路基段路床顶部回弹模量均匀性预测结果与实测结果

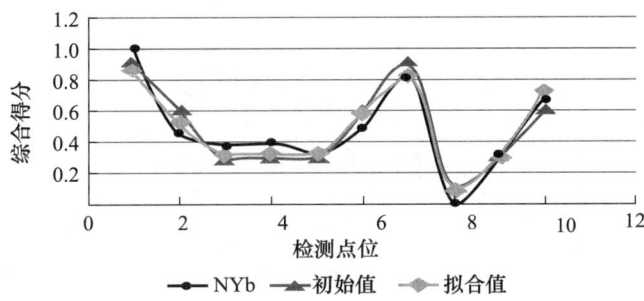

图 4-51 一般路基段路床顶部弹性模量均匀性预测结果与实测结果

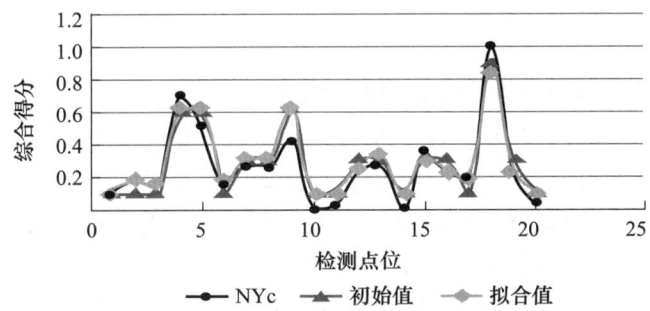

图 4-52 涵洞东侧台背顶部回弹模量均匀性预测结果与实测结果

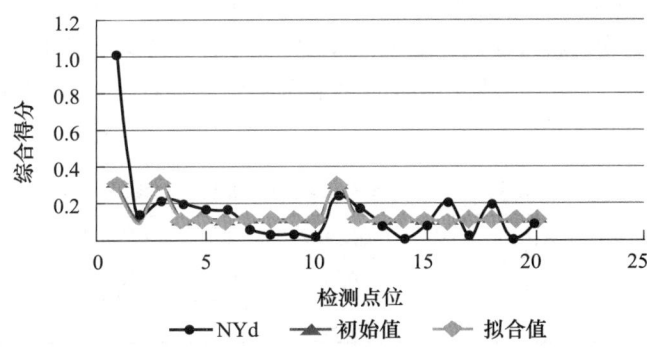

图 4-53 涵洞东侧台背顶部弹性模量均匀性预测结果与实测结果

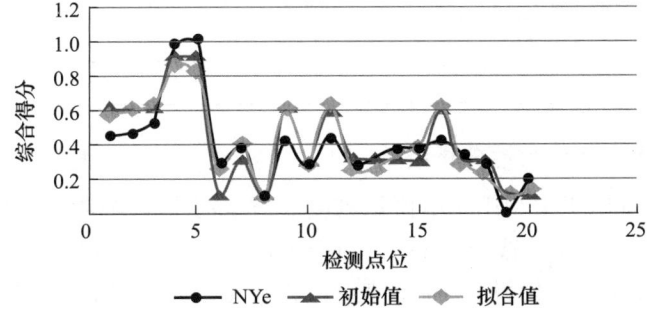

图 4-54 涵洞西侧台背顶部回弹模量均匀性预测结果与实测结果

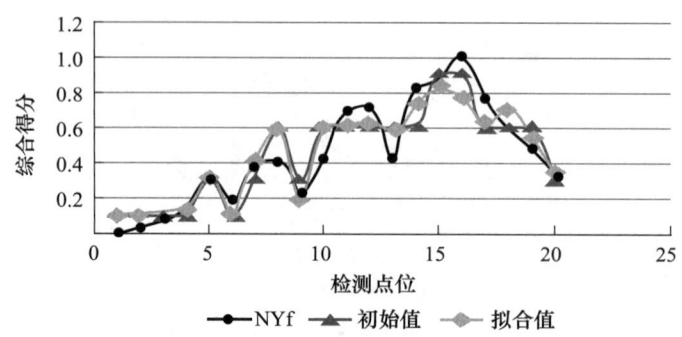

图 4-55 涵洞西侧台背顶部弹性模量均匀性预测结果与实测结果

4.4.5.3 路基压实均匀性综合评价与控制指标

根据路基压实现场检测指标的统计学分析，发现检测指标的离散程度、集中趋势以及变异程度反映了路基压实均匀性。依据建立的路基压实均匀性评价与控制体系，提出以主成分分析综合得分对路基压实均匀性进行评价。主成分分析综合得分集中体现了单点检测指标参数的离散程度、集中趋势以及变异程度。

因此，以其变异系数判断路基压实检测指标的变异程度，变异系数小于25%、25%~75%、大于75%，分别表示变量具有较弱、中等和较强的结构性变异；以偏度系数判断局部路基横断面对整体路基压实均匀性的影响，表4-21为偏差率指标分级；通过BP神经网络对均匀程度进行训练拟合，以拟合后的均匀程度作为路基压实均匀性的控制指标，其反映了单个路基横断面的路基压实均匀性程度。均匀程度指标分级见表4-22。

表 4-21 路基压实整体均匀性指标分级

偏离程度	不偏离	轻度偏离	中度偏离	重度偏离
上限	<0.20	0.40	0.80	—
下限	—	0.20	0.40	>0.80

表 4-22 路基压实局部均匀性指标分级

均匀程度	均匀	轻度不均匀	中度不均匀	重度不均匀
上限	<0.20	0.40	0.80	—
下限	—	0.20	0.40	>0.80

4.4.5.4 检测指标均匀性分析结果

在高速公路路基施工中利用土壤模量刚度仪对水泥土填料的路床压实均匀性进行评价。在京雄高速路SG1标段选择试验段在桩号K11+600~K11+640处，试验段路基设置测点数 $n=200$ 个，横向设置10个测点，相邻点之间间隔2m，路基纵向设置20个测点，相邻点之间间隔2m。图4-56和图4-57所示为进行路基均匀性评价时进行数据采集路段的现场状况。

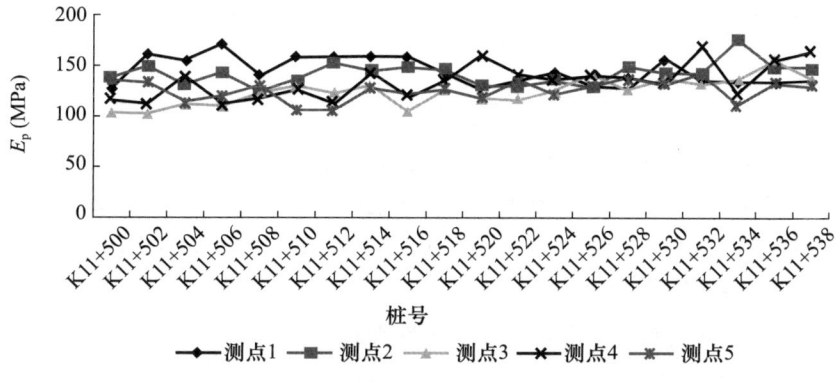

图 4-56　测点 1～测点 5 弹性模量 E_p 数据采集结果

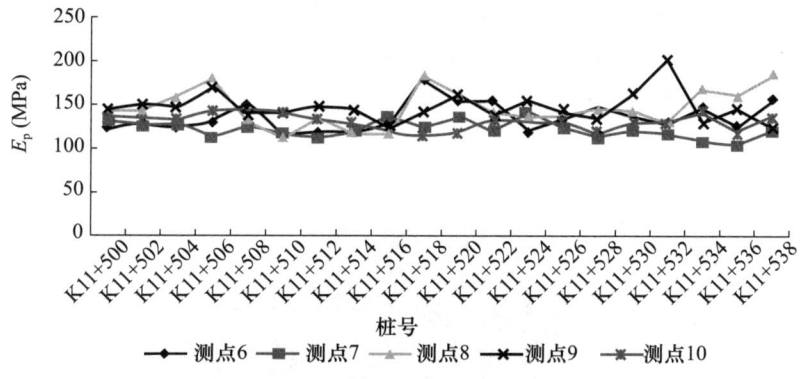

图 4-57　测点 6～测点 10 弹性模量 E_p 数据采集结果

4.4.5.5　水泥土压实状况评价

首先对整个试验段的所有数据通过 MATLAB 建立一个有模量数据等高线图，即等值线图，contour 命令就可以绘制。根据《公路路基设计规范》（JTG D30—2015），高速公路和一级公路的路床水泥土填料的压实度要求在 96% 以上。为了把压实度合格的区域显示出来，通过 clable（C,'manual'）命令标注出高于压实度 96% 的区域，结合公式（4-4）计算土体表面的刚度，经换算可得相应的弹性模量值为 135MPa，即 $E_p=$ 135MPa 的区域，为图 4-58 中灰色区域所示的合格区域。

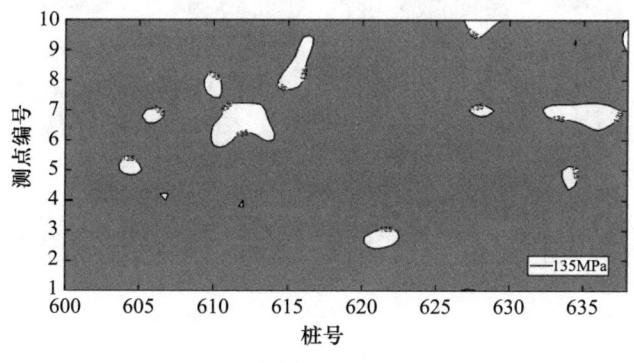

图 4-58　压实合格值区域

在全部区域中灰色部分所占的面积，为压实合格部分的面积。因此，可以计算出压实合格面积的占比为：

$$t_k = \frac{639.6}{684} \times 100\% = 65\%$$

在实际路床中进行压实度检测时，每200m检测4个点即可，而试验段的测点密度远远大于传统路床压实度检测的密度。计算确定的模量代表值为149.89MPa，大于压实度合格时对应的模量值135MPa。根据《公路工程质量检验评定标准》(JTG F80/1—2017)，该段落压实度质量合格率为100%。

4.4.5.6 基于MATLAB软件压实均匀性评价

试验段桩号为K11+600～K11+640，在MATLAB软件中建立模型需要建立矩阵和函数参数，试验段为长40m、宽20m的区域，测点数$n=200$，其中横向10个点，纵向20个点，各点之间间隔2m，置信度取0.95。各测点的E_p值输入MATLAB软件surf命令的坐标矩阵中，获得由现场数据绘制的三维曲面数值图，压实情况可以直观地展示出来，图5-59所示为三维曲面E_p数值图。

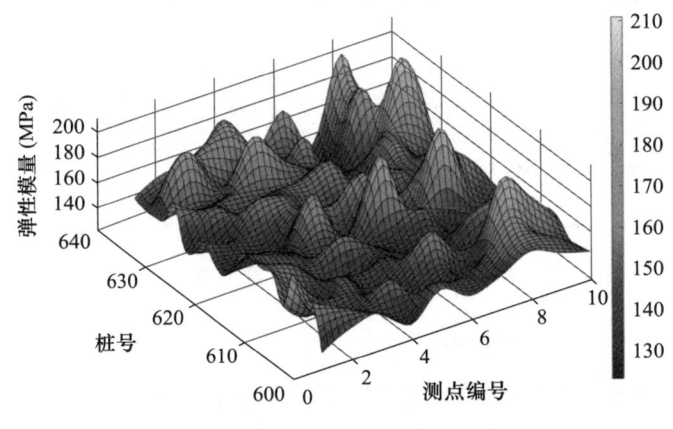

图 4-59　E_p 数值三维曲面图

图 4-60 给出了置信区间内的 E_p 值的等值线图，临界 E_p 值与测点数和置信度有关，图中所示阴影部分表示 E_p 值均匀度合格区域。

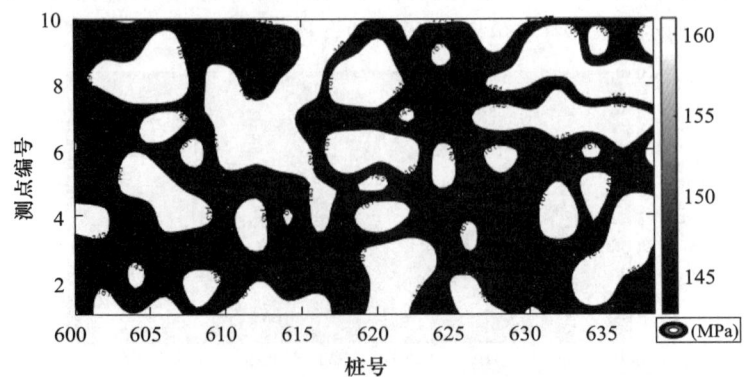

图 4-60　E_p 值均匀度合格区域

由前面所给出的基本参数可得，E_p 值所处的置信区间为：

$$\overline{x} \pm t_{a/2}(n-1)\frac{s}{\sqrt{n}} = 152.01 \pm 1.972 \times 4.115 = 152.01 \pm 8.115$$

以 E_d 值对应的置信区间面积占总面积的比值为其均匀度：

$$t = \frac{S_h}{S_q} \times 100\% = \frac{311.22}{684} \times 100\% = 45.5\%$$

均匀度为 45.5%，说明路基压实质量的均匀性不好。根据该段的压实质量合格率 100%，压实质量都能满足分析，可能是由于部分填料的原因或在一些位置的压实工艺需要调整，一些区域出现过碾的情况。

4.4.5.7 路基纵、横向均匀性评价

1. 路基纵向均匀性评价

计算"路基纵向数据一致性统计量 h"来评价均匀性。沿路基纵向分成 20 个单元，每个横断面为一个单元，计算出每个单元的数据偏差和标准差，则确定"路基纵向数据一致性统计量 h"。置信度取 95% 时，查 t 值分布表可知 $t=1.972$，由此可计算临界值 h_{crit} 为 1.95，具体计算结果如表 4-23 和图 4-61 所示。

表 4-23 "路基纵向数据一致性统计量 h"计算结果

桩号	单元偏差 d	单元标准差 S_{xave}	一致性统计量 h	统计量临界值 h_{crit}
K11+600	4.01		0.95	
K11+602	0.84		0.20	
K11+604	1.00		0.24	
K11+606	5.26		1.24	
K11+608	2.33		0.55	
K11+610	5.54		1.31	
K11+612	4.23		1.00	
K11+614	3.59		0.85	
K11+616	5.32		1.26	
K11+618	6.99	4.23	1.65	1.95
K11+620	3.29		0.78	
K11+622	2.54		0.60	
K11+624	2.37		0.56	
K11+626	2.50		0.59	
K11+628	3.31		0.78	
K11+630	2.62		0.62	
K11+632	6.31		1.49	
K11+634	0.70		0.17	
K11+636	3.62		0.86	
K11+638	7.13		1.69	

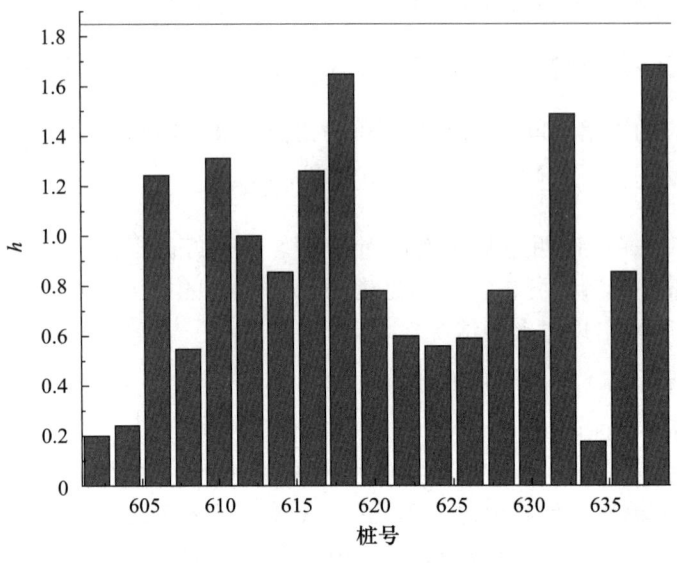

图 4-61 "路基纵向数据一致性统计量 h"

通过表 4-23 和图 4-61 可以看出,没有一个单元的"路基纵向数据一致性统计量 h"超过了临界值 h_{crit}。说明"路基纵向数据一致性统计量 h"都在临界值 h_{crit} 以下,路基的纵向均匀性较好。可根据三维曲面 E_d 数值图和等高线图对该段施工的碾压工艺等方面进行具体调整。

2. 路基横向均匀性评价

计算"路基横向数据一致性统计量 k"来评价均匀性。沿路基横向分成 10 个单元,每个纵断面为一个单元,计算出每个单元的数据偏差和标准差,继而确定"路基横向数据一致性统计量 k"。置信度取 95% 时,计算可知 k_{crit} 为 1.972,具体计算结果见表 4-24,"路基横向数据一致性统计量 k"图如图 4-62 所示。

表 4-24 "路基横向数据一致性统计量 k" 计算结果

测点编号	单车道标准偏差 S	全车道标准偏差 S_r	一致性统计量 k	统计量临界值 k_{crit}
1	1.87		0.27	
2	0.10		0.01	
3	1.36		0.20	
4	3.17		0.46	
5	4.54	6.95	0.65	1.39
6	2.98		0.43	
7	10.82		1.56	
8	13.24		1.90	
9	4.27		0.61	
10	8.94		1.29	

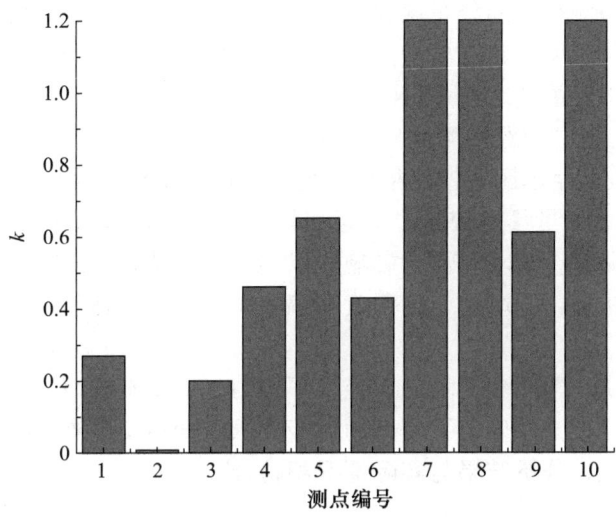

图 4-62 "路基横向数据一致性统计量 k"

由表 4-24 和图 4-62 可看出,试验段"路基横向数据一致性统计量 k"均小于临界值 k_{crit},即横向均匀性较好。而编号 7、8 和 10 虽然 k 值为超过临界值 k_{crit},但与其他纵断面单元相比相差较多,可适当采取调整现场压实工艺等措施。

4.5 小结

本章对 GeoGauge 的组成构造、工作原理、操作步骤等进行了简单的描述,并对 GeoGauge 的检测稳定性进行了分析;通过对粉砂土和水泥土进行室内模型试验,分析了不同填料中含水率、压实度等影响因素对 GeoGauge 检测结果的影响,以及两者之间的相关关系。将主成分分析法和 BP 神经网络法引入高速公路路基压实均匀性评价领域,综合运用两种方法对路基压实均匀性进行定量和定性评价,并得到京雄高速公路试验段的路基压实均匀性评价结果,说明了路基压实综合评价方法的适用性。

(1)与传统的检测方法相比,GeoGauge 检测设备具有方便、快捷、无损等优点,GeoGauge 的动态操作原理模拟了动态交通荷载,精确地测量了在模拟实际荷载条件下的材料反应值。在粉砂土路基和水泥土路基上该设备具良好的可重复性和再现性,操作人员对该设备的检测结果影响较小。

(2)GeoGauge 在检测过程中施加的动态力最大值在 17N 左右,并通过有限元数值模拟得出 GeoGauge 的影响深度在 25mm 左右,且直径为 610mm 的模型桶对 GeoGauge 不存在边界效应。

(3)GeoGauge 检测刚度值随着含水率的增加均呈现先增大后减小的趋势,刚度的最大值出现在最优含水率附近。GeoGauge 检测刚度值均随着压实度的增加而增大,通过回归分析,得出了室内模型试验不同填料在不同压实度下所对应的刚度值。

(4)GeoGauge 检测刚度值随着水泥土龄期的增加而增大,但刚度值的增长速率逐渐减小。两种填料各自在最优含水率时,相同压实度下,粉砂土的刚度值较小。试验所用的模型桶桶壁对 GeoGauge 的检测结果几乎没有影响,边界效应不明显。

（5）基于现场检测指标的分布规律，将主成分分析及其综合评价功能引入高速公路路基压实均匀性评价领域，建立了基于主成分分析的路基压实均匀性综合评价体系，对路基压实均匀性做出定量和定性评价。

（6）建立了基于 BP 神经网络的路基压实均匀性控制模型。初步提出以主成分分析综合得分变异系数判断路基压实检测指标的变异程度，变异系数小于 0.25、0.25~0.75、大于 0.75，分别表示变量具有较弱、中等和较强的结构性变异；以偏度系数判断局部路基横断面对整体路基压实均匀性的影响；以 BP 神经网络拟合后的均匀程度作为路基压实均匀性的控制指标，选取均匀性程度和偏差率作为评价路基整体和局部压实均匀性的指标。

（7）将路基压实均匀性分为均匀、轻度不均匀、中度不均匀、重度不均匀四类。以均匀程度作为分级标准，并确定了具体的分级界限。通过 BP 神经网络计算分析了试验段的路基压实均匀性，分析结果与实际情况相符合。

5 土工格室在高速公路路基边坡绿色防护中的应用技术研究

5.1 土工格室材料拉伸特性试验研究

土工格室边坡防护体系初期主要由土工格室承担防护作用,此时易因土工格室的破坏而影响整个防护体系效果和使用寿命。本章以HDPE(高密度聚乙烯)焊接型无孔和带孔土工格室为试验对象,根据边坡防护应用中可能存在的受力及失效方式,结合一系列标准化实验室性能检测,设计并进行了土工格室条带和节点的拉伸试验。结合试验观察和分析了土工格室不同的失效特征,进一步研究土工格室材料的工程特性。

5.1.1 路基边坡工格室防护体系的失效方式

平铺式土工格室防护体系在边坡上主要受到内部填充材料的重力加载作用,图5-1所示为路基边坡坡面不同位置土工格室受力示意图。边坡防护中土工格室条带和节点均受到来自各个方向的土体作用,承受着相应的撕裂拉力和剪切力。分析表明,土工格室防护体系平铺于坡面上并在节点处用锚钉固定后,其失效方式主要分为以下两种:

(1)土工格室条带破坏:土工格室条带一旦发生破坏,其抗拉强度会明显降低,格室内土体的运动可能会导致边坡防护体系的破坏。图5-1(a)表明了土工格室条带在边坡顶部或底部边缘可能会发生的撕裂破坏模式。在路基顶部、坡脚与斜坡的过渡区、边坡比变化过渡区以及边坡上凹陷或凸起的区域,土工格室会受到较大弯曲和张力组合作用。图5-1(b)所示为土工格室条带在坡面上受到沿坡面方向的过大张力作用后发生张拉破坏的示意图。

(2)土工格室节点破坏:土工格室的节点部位与锚钉相连接,是支撑和转移荷载的关键部位,是整个边坡防护体系中最容易破坏的部位。节点破坏会导致荷载分布不平衡,甚至造成整个边坡防护体系的失效。土工格室的节点处受力复杂多变,可能会受到对拉、剪切、剥离荷载的作用,特别是有锚钉存在的节点部位,容易造成局部应力增大,产生明显塑性变形,出现不同形式的破坏。

对拉破坏是指一个节点处的四个条带中的两个条带相对于另外两个条带受到拉力拉伸,并且垂直于节点。节点对拉强度的测试方法如图5-2(a)所示。

剪切破坏由平行于土工格室节点的荷载引起,一个条带相对于相邻条带发生纵向位移。节点剪切强度的测试方法如图5-2(b)所示。

剥离破坏由垂直于土工格室节点的荷载引起,其中一个条带与另一个条带发生横向位移并分离。节点剥离强度的测试方法如图5-2(c)所示。

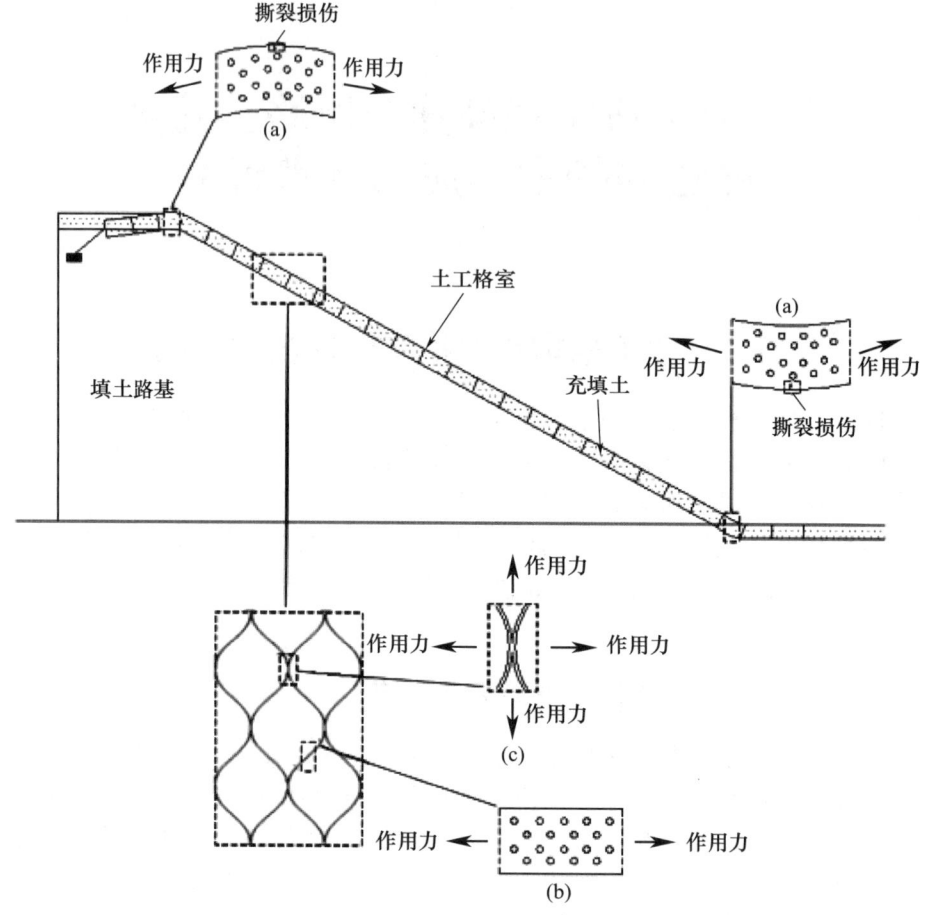

图 5-1 土工格室在边坡稳定中的应用及不同位置土体运动产生的力

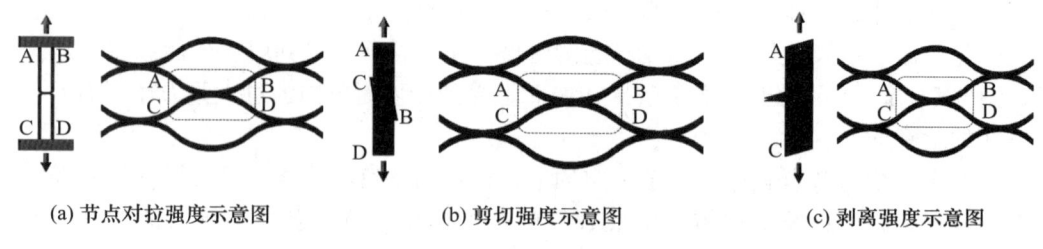

(a) 节点对拉强度示意图　　(b) 剪切强度示意图　　(c) 剥离强度示意图

图 5-2 土工格室节点破坏模式示意图

5.1.2 土工格室拉伸试验流程

5.1.2.1 试验用室内试验设备

土工格室条带和节点拉伸试验设备为 DW1210 土工合成材料电子万能拉伸试验机，如图 5-3 所示。拉伸试验机主要包括加载系统、动力驱动系统及后处理系统三部分。加载系统包括主机和辅具，构成试验机的加载框架；动力驱动系统主要包括加减速系统、交流伺服系统；后处理系统主要由控制和处理两部分组成，其中控制部分包括控制器和测控软件系统,处理部分主要由电脑终端进行试验数据监测、记录和处理。

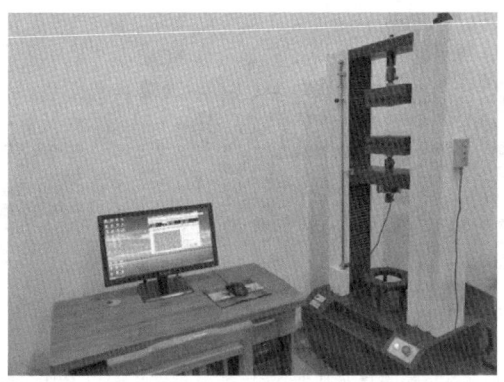

图 5-3　DW1210 土工合成材料电子万能拉伸试验机

土工格室条带和节点在空气介质中的拉伸试验原理:选用合适夹具并将待测试的土工格室条带和节点试样夹持住,试样需要有足够的长度以确保夹具可充分夹持试样且不被夹具破坏,然后设定拉伸试验用速率。试验开始后一侧夹具所在横梁按设定速度移动并通过夹具为试样提供拉伸荷载直至试样断裂,试验结束。需要注意试验过程中,试样滑移或试样在夹具口处附近发生断裂均为无效试验,应替换试样重新进行试验。

在试验过程中,通过电脑终端可同时观测力-时间、力-变形等曲线,还可以根据所需数据量设置记录数据的时间间隔,设备主要性能指标见表 5-1。

表 5-1　DW1210 土工合成材料电子万能拉伸试验机主要性能指标

项目	性能
试验力测量范围 (kN)	0.2~50
试验力精度	±0.5%
最大拉伸行程 (mm)	1100
变形测量范围 (%)	2~100
变形测量精度	±0.5%
速度范围 (mm/min)	0.005~500

土工格室单元整体拉伸试验采用兰州德科工程材料有限公司自主研发的 GST 2100 静载整体拉伸试验设备,设备示意图如图 5-4 所示。整体拉伸设备主要由三部分组成:底座、加载系统、数据采集与处理系统。加载系统包括导轨、伺服电机、横梁以及内嵌在横梁的夹具。

夹具通过滑动的轴承内嵌在横梁中以保证试验过程中夹具位置可自动调整,避免因应力集中而导致土工格室试样在夹具处发生断裂。加载系统采用伺服电机加载,最大拉力为 300kN,试验时可将拉伸荷载均匀传递到土工格室试样内的条带和节点上,并在夹持装置处设置力和位移传感器,用于测量整体拉伸过程中所施加的拉伸荷载及该方向上发生的拉伸变形。该设备通过控制伺服电机可实现双轴整体拉伸(x、y 轴两侧均设置相同的拉伸速率),也可实现单轴整体拉伸(仅对 x 轴或 y 轴一侧设置拉伸速率)。考虑到土工格室在应用中的受力状态——环向受拉,故主要研究土工格室的双轴整体拉伸力学特性。

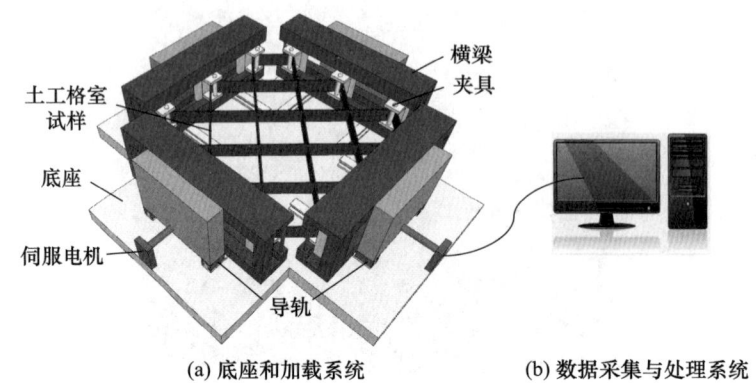

(a) 底座和加载系统　　(b) 数据采集与处理系统

图 5-4　GST 2100 静载整体拉伸试验设备

5.1.2.2　试验用土工格室参数

在试验中,选用了 HDPE 材质的土工格室条带、节点以及单元进行室内拉伸试验,参数见表 5-2 和表 5-3。

表 5-2　拉伸试验用土工格室条带和节点材质及技术参数

材质	生产工艺	孔洞	穿孔孔径 d (mm)	格室高度 H (mm)	条带厚度 T (mm)	节点间距 A (mm)
HDPE	挤出型	无	无	50	1.1	300
		有	10	100	1.1	300

表 5-3　整体拉伸性能测试用土工格室材质及技术参数

材质	生产工艺	孔洞	格室高度 H (mm)	条带厚度 T (mm)	节点间距 A (mm)
HDPE	挤出型	无	50、75、100	1.1	200、300、400

5.1.2.3　拉伸试验方案

1. 土工格室条带拉伸试验

通过对比国外规范《塑料拉伸性能的标准试验方法》(ASTM D638—2014),国内规范《土工合成材料 塑料土工格室》(GB/T 19274—2003) 和《塑料 拉伸性能的测定 第 3 部分:薄膜和薄片的试验条件》(GB/T 1040.3—2006) 对于拉伸测试用试样的规定,可知上述规范中分别规定了Ⅰ型-哑铃形试样、Ⅱ型-矩形试样。两种试样形状及各部分参数分别如图 5-5、表 5-4,图 5-6、表 5-5 所示。

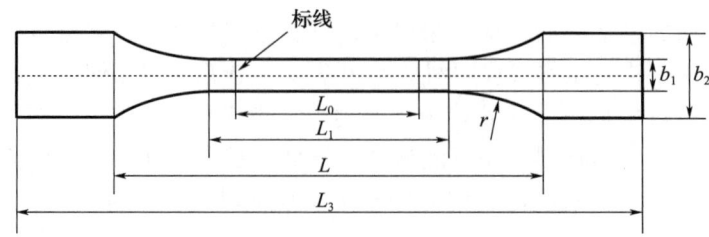

图 5-5　Ⅰ型-哑铃形试样

表 5-4　Ⅰ型-哑铃形试样尺寸

符号	名称	尺寸（mm）	公差
L_0	标距长度	50	±0.5
L_1	窄平行部分长度	60	±0.5
L	夹具间的初始距离	115	±5
L_3	总长度	165	≥165
r	半径	60	±0.5
b_1	窄平行部分宽度	13	±0.2
b_2	端部宽度	19	±0.5

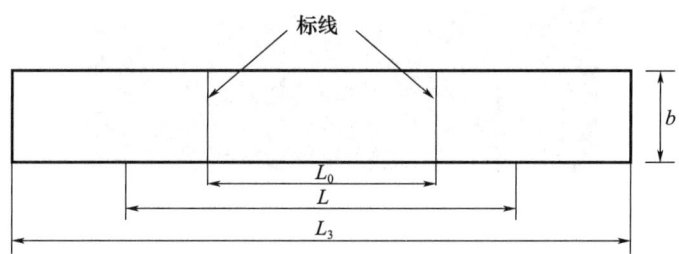

图 5-6　Ⅱ型-矩形试样

表 5-5　Ⅱ型-矩形试样尺寸

符号	名称	尺寸（mm）	公差
b	宽度	20	±0.5
L_0	标距长度	50	±0.5
L	夹具间的初始距离	100	±0.5
L_3	总长度	150	≥150

首先，对规范中的哑铃形和矩形试样进行拉伸试验。考虑到两种试样在宽度上存在差异，对试样宽度也需进行分析。其中试样宽度是结合试验所选试样的尺寸，并根据《公路工程土工合成材料试验规程》（JTG E50—2006）规定窄条拉伸试验方法所用试样宽度为 50mm 确定的。因此，对格室高度为 50mm 的土工格室直接进行裁剪即可得到窄条试样。为与Ⅱ型-矩形试样进行区分，将宽度为 50mm 矩形试样命名为Ⅲ型-矩形试样。需要注意的是，有孔洞条带无法裁剪为Ⅰ型-哑铃形试样、Ⅱ型-矩形试样，仅采用Ⅲ型-矩形试样进行试验。HDPE 材质对应的试样分别如图 5-7 所示。

2. 土工格室节点拉伸试验

试验按照《土工合成材料 塑料土工格室》（GB/T 19274—2003）和中国铁路总公司企业标准《铁路工程土工合成材料 第 1 部分：土工格室》（Q/CR 549.1—2016）规定：在土工格室条带上沿长度方向切取试样，数量应不少于 5 个。试样长度为 220mm，节点在试样中间，试样宽度为土工格室条带宽度即格室高度，拉伸速率按上述规范取 50mm/min。节点连接处在试样中间，拉伸示意图如图 5-8 所示。图 5-9 所示为焊接节点的具体形式。

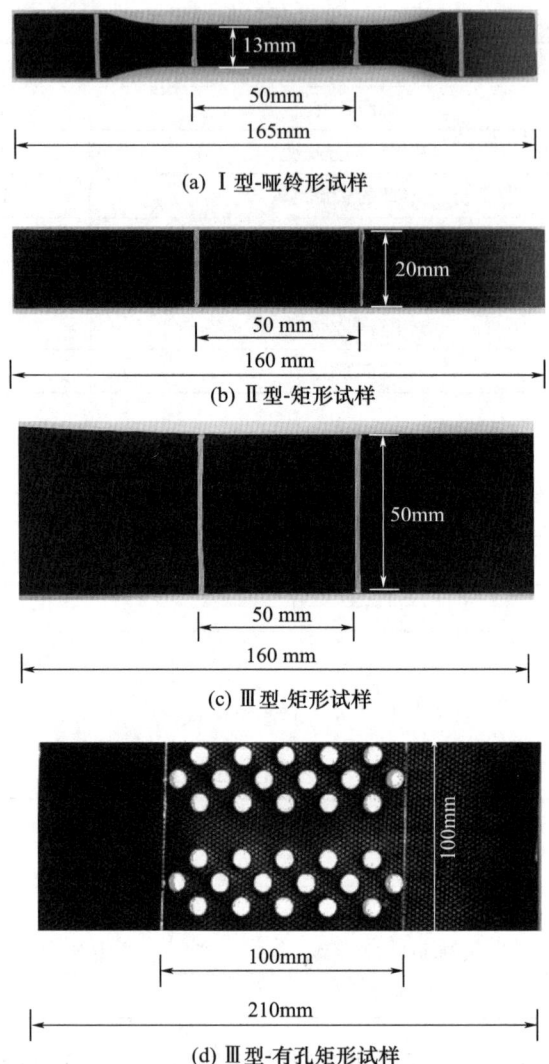

图 5-7 土工格室条带试样形式

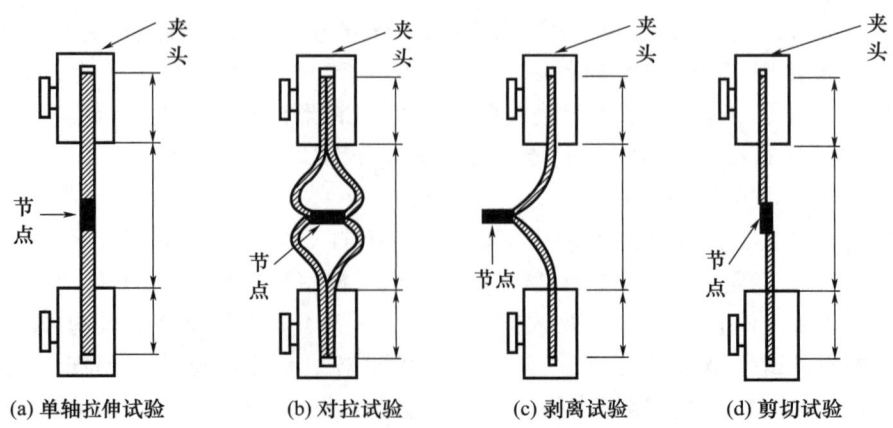

图 5-8 土工格室节点不同拉伸试验示意图

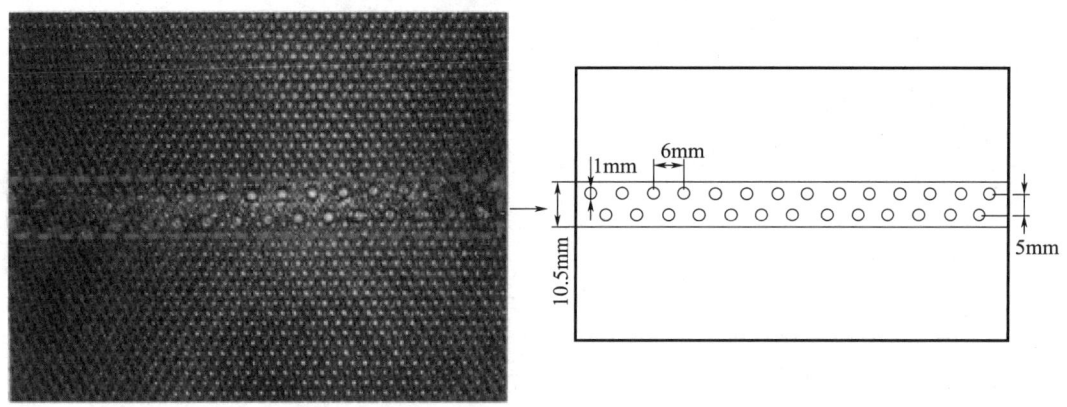

图 5-9　土工格室焊接节点具体样式

3. 土工格室整体拉伸试验

《土工合成材料 塑料土工格室》（GB/T 19274—2003）提到土工格室高度、节点间距对土工格室的工程性能均有重要影响。为了定量研究土工格室高度、节点间距、拉伸速率对土工格室双轴整体拉伸性能的影响，制定了单因素土工格室双轴整体拉伸试验方案。土工格室双轴整体拉伸试验中以节点的数量为定值，格室高度、节点间距、拉伸速率为变量。同时，为简化表示单因素不同试验条件下土工格室双轴整体拉伸的相关试验内容，对试验方案中各项试验内容定义了命名方式："格室高度-节点间距-拉伸速率"。单因素土工格室双轴整体拉伸试验示意图及对应的试验方案如图 5-10、表 5-6 所示。通过对比分析编号第 1 组～第 3 组的试验结果，研究拉伸速率（25mm/min、50mm/min、75mm/min）对土工格室双轴整体拉伸性能的影响；通过对比第 2、第 4、第 5 组试验结果，研究格室高度（50mm、75mm、100mm）对土工格室双轴整体拉伸性能的影响；通过对比第 2、第 6、第 7 组试验结果，研究节点间距（200mm、300mm、400mm）对土工格室双轴整体拉伸性能的影响。

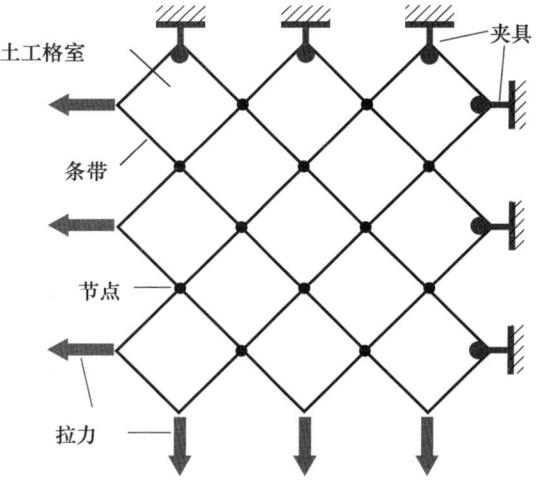

图 5-10　单因素土工格室双轴整体拉伸试验示意图

表 5-6　单因素土工格室双轴整体拉伸试验方案

编号	格室高度（mm）	节点间距（mm）	拉伸速率（mm/min）	简化表示
第 1 组	50	200	25	(50-200-25)
第 2 组	50	200	50	(50-200-50)
第 3 组	50	200	75	(50-200-75)
第 4 组	75	200	50	(75-200-50)
第 5 组	100	200	50	(100-200-50)
第 6 组	50	300	50	(50-300-50)
第 7 组	50	400	50	(50-400-50)

此外，土工格室在加筋土工程中发挥作用时，往往是在一定拉伸速率下格室高度、节点间距交互发生作用。因此，为探究格室高度、节点间距及拉伸速率三因素中两两因素之间交互作用及对整体拉伸响应影响的大小，借助数学分析中一种常用方法即响应面分析法（Response Surface Method，RSM）进行研究。响应面分析法可连续地对试验因素的各水平进行分析，不仅可获取相对应的非线性回归模型，而且可获取各因素对响应值的影响大小等诸多有价值的分析结果。响应面分析中选择了三个对土工格室单元整体拉伸性能较为重要的参数即因素，分别为格室高度、节点间距和拉伸速率，各因素对应的水平数也为三个，试验因素水平编码见表 5-7。响应值为两个，分别是整体拉伸强度及整体伸长率。HDPE 焊接型无孔洞土工格室响应面三因素三水平的 17 组中心组合试验方案见表 5-8。表 5-8 中第 7 组～第 11 组用以估计试验的误差。

表 5-7　试验因素与水平

水平	格室高度 X_1（mm）	节点间距 X_2（mm）	拉伸速率 X_3（mm/min）
−1	50	200	25
0	75	300	50
1	100	400	75

表 5-8　多因素土工格室整体拉伸响应面分析试验方案

编号	格室高度（mm）	节点间距（mm）	拉伸速率（mm/min）
第 1 组	50	200	50
第 2 组	50	300	25
第 3 组	50	300	75
第 4 组	50	400	50
第 5 组	75	200	25
第 6 组	75	200	75
第 7 组～第 11 组	75	300	50
第 12 组	75	400	25
第 13 组	75	400	75
第 14 组	100	200	50
第 15 组	100	300	25
第 16 组	100	300	75
第 17 组	100	400	50

5.1.3 土工格室条带拉伸力学性能试验研究

5.1.3.1 HDPE 土工格室无孔洞条带拉伸力学性能试验研究

HDPE 土工格室无孔洞条带三种试样的拉伸试验曲线如图 5-11 所示。由图 5-11 可知，三种试样的拉伸试验曲线变化趋势大致相同，即均表现出明显的屈服变形，符合 HDPE 材料典型的拉伸试验曲线，如图 5-12 所示。

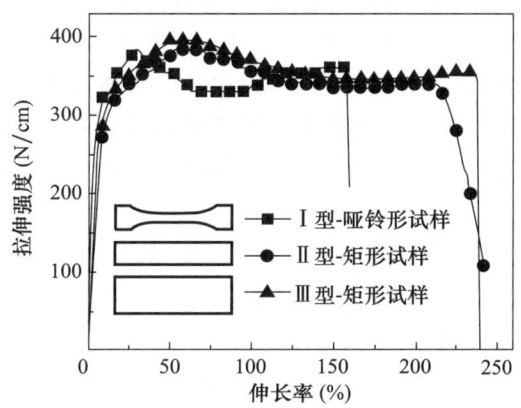

图 5-11 HDPE 土工格室无孔洞条带三种试样的拉伸试验曲线

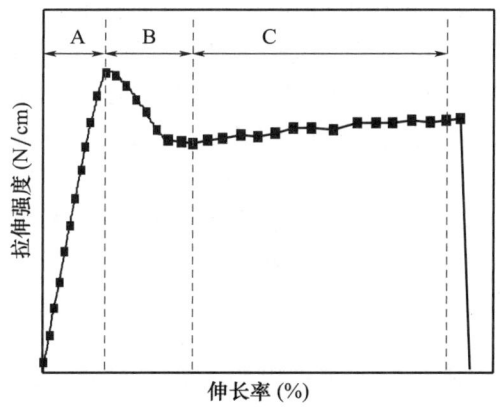

图 5-12 HDPE 材料典型的拉伸试验曲线

由图 5-12 可知 HDPE 材料拉伸过程中，可大致分为 A、B、C 三个阶段。阶段 A 为材料的弹性阶段，即拉伸强度与伸长率基本呈线性关系，即将屈服和达到峰值抗拉强度的过程；阶段 B 是峰后软化即明显的屈服过程，此时强度降低，伸长率继续增加；阶段 C 试样的拉伸强度基本趋于平稳，或随伸长率的增长表现出拉伸强度略微增加的趋势。

根据 HDPE 材料拉伸过程并结合图 5-11 分析，从局部看在较小变形范围内（小于 10%），HDPE 土工格室条带三种试样的拉伸强度非常接近。从整体看Ⅱ型-矩形试样和Ⅲ型-矩形试样在拉伸过程中曲线趋势大致相同，均表现出初始阶段拉伸强度与伸长率基本呈线性关系，在达到峰值后出现屈服点，然后逐渐趋于平稳直至断裂，在此过程中

HDPE 土工格室条带呈现出明显的塑性蠕变特征。与Ⅱ型-矩形和Ⅲ型-矩形试样不同，Ⅰ型-哑铃形试样在第一次拉伸屈服后随着伸长率的增大，又出现了明显的二次增长，即在拉伸过程中表现出先是明显的应变软化又硬化的特点。分析原因，一方面与哑铃形的几何形状有关，另一方面与 HDPE 土工格室条带的生产工艺有关，其中几何形状是主要原因。

哑铃形试样中间的窄平行区域一般称为标距区，标距区以外圆弧部分称为过渡区。试验时Ⅰ型-哑铃形试样在受到轴向作用力时，标距区首先受力并迅速达到材料的屈服点，在拉伸曲线中表现为发生屈服。屈服点过后材料强度有所下降并进入应变软化阶段。随着变形逐步扩展到试样的过渡区时，因过渡区圆弧横截面面积较标距区矩形横截面面积大且复杂，若使过渡区继续产生变形则需更大的轴向拉力，故在拉伸曲线上又表现为二次增长即表现出明显的应变硬化。随着轴向拉力增长，标距区试样所受的拉伸强度大于试样的许用强度，试样被拉断。

由于 HDPE 土工格室条带为挤出型，没有定向拉伸即分子链没有发生变化，故在拉伸试验中首先表现出 HDPE 应变软化的特性，但当晶态高聚物在超过屈服点时，非晶区分子链发生运动并沿外力方向开始取向，从而使分子间作用力增加。此时需增加轴向拉力，才能克服分子间的相互作用力。当轴向拉力增大后，对应的拉伸强度也相应增大，此时分子间开始发生相对位移，当达到一定位移时，分子链发生断裂，宏观上即表现为材料的破坏。因此，试样形状对拉伸试验的结果有显著影响。

三种试样的抗拉强度及其对应的伸长率（下称伸长率）从大到小依次为：Ⅲ型-矩形试样、Ⅱ型-矩形试样、Ⅰ型-哑铃形试样。对比三种试样的拉伸曲线可知，试样形状和宽度对 HDPE 土工格室条带的抗拉强度和伸长率均有一定的影响。

为了定量分析试样形状、试样宽度对 HDPE 土工格室条带抗拉强度、伸长率的影响，引入"强度比"与"伸长率之比"两个概念，即Ⅱ型-矩形试样、Ⅰ型-哑铃形试样的抗拉强度、伸长率分别与Ⅲ型-矩形试样对应抗拉强度、伸长率的比值，计算如公式（5-1）、公式（5-2）所示，试验与计算结果见表 5-9。

$$强度比 = \frac{\sigma^*}{\sigma_{Ⅲ型\text{-}矩形}} \quad (5\text{-}1)$$

式中 σ^*——Ⅰ型-哑铃形或Ⅱ型-矩形试样的抗拉强度（N/cm）；

$\sigma_{Ⅲ型\text{-}矩形}$——Ⅲ型-矩形试样的抗拉强度（N/cm）。

$$伸长率之比 = \frac{\varepsilon^*}{\varepsilon_{Ⅲ型\text{-}矩形}} \quad (5\text{-}2)$$

式中 ε^*——Ⅰ型-哑铃形或Ⅱ型-矩形试样抗拉强度对应的伸长率（%）；

$\varepsilon_{Ⅲ型\text{-}矩形}$——Ⅲ型-矩形试样抗拉强度对应的伸长率（%）。

表 5-9 HDPE 土工格室条带拉伸试验结果

试样名称	抗拉强度（N/cm）	强度比（%）	伸长率（%）	伸长率之比（%）
Ⅰ型-哑铃形	391	93	36	61
Ⅱ型-矩形	398	95	58	99
Ⅲ型-矩形	421	—	59	—

分析表5-9，HDPE土工格室条带Ⅱ型-矩形试样较Ⅰ型-哑铃形试样的抗拉强度和伸长率更接近Ⅲ型-矩形试样。对比三种试样的强度比与伸长率之比可知，Ⅰ型-哑铃形试样与Ⅱ型-矩形试样的强度比、伸长率之比分别相差2%、38%，而Ⅱ型-矩形试样与Ⅲ型-矩形试样的强度比、伸长率之比分别相差5%、1%。分析可知试样形状对HDPE土工格室条带的伸长率影响较大，高达38%。分析发现原因是Ⅰ型-哑铃形试样过渡区横截面积大于标距区横截面面积，试验过程中标距区屈服后欲使过渡区同样发生屈服变形，从而加速了Ⅰ型-哑铃形试样在标距区内的断裂，使得Ⅰ型-哑铃形试样伸长率降低。与之相比试样形状对Ⅱ型-矩形试样与Ⅰ型-哑铃形试样的强度影响较低，二者相差仅为2%，即选用Ⅰ型-哑铃形的抗拉强度近似于Ⅱ型-矩形试样。此外，试样宽度对HDPE土工格室条带的抗拉强度、伸长率影响均较小，均在5%及以下。在实际工程中，土工格室条带的伸长率一般在25%及以下，故需要重点关注土工格室条带的强度。基于上述分析可知，试样形状、宽度对HDPE土工格室条带强度影响均较小。因此，在进行试验检测时为方便取样，建议可选用Ⅲ型-矩形试样作为拉伸试验试样。

此外，对比Ⅱ型-矩形和Ⅲ型-矩形两种试样的拉伸试验结果，数据显示随试样宽度增大，试样所对应的抗拉强度、伸长率几乎无变化。Ⅱ型-矩形试样宽度为20mm，Ⅲ型-矩形试样宽度为50mm，即宽度比为1:2.5，但二者的强度比及伸长率之比分别为1:1.05和1:1.01。分析发现原因是HDPE为韧性材料即应力敏感性较低，试样宽度对于抗拉强度及伸长率的影响较小，故所测Ⅱ型-矩形试样与Ⅲ型-矩形试样的抗拉强度、伸长率较为一致。

除拉伸强度、伸长率外，拉伸模量也是表征材料性质、工程设计中的一个重要力学性能指标。材料的拉伸模量包括初始拉伸模量、割线拉伸模量及切线拉伸模量。既有研究表明，当材料应力-应变关系初始为线性时，可用初始拉伸模量；而当应力-应变关系呈非线性变化时，则可用割线拉伸模量。结合上述HDPE试验曲线呈非线性，采用割线拉伸模量（以下简称拉伸模量）对三种试样的拉伸结果进行分析。

HDPE土工格室条带三种试样的拉伸模量与伸长率曲线、三种试样拉伸模量的非线性拟合结果分别如图5-13、图5-14所示。

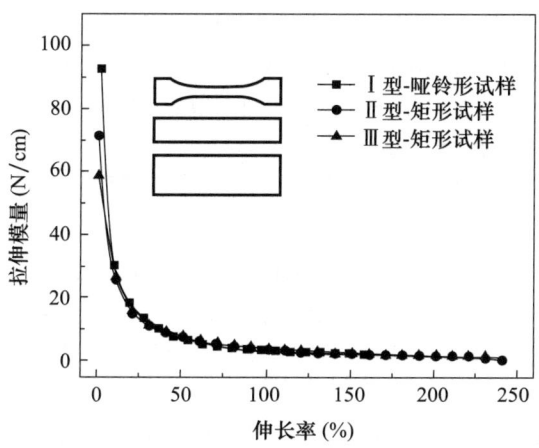

图5-13　HDPE土工格室条带三种试样拉伸模量与伸长率曲线

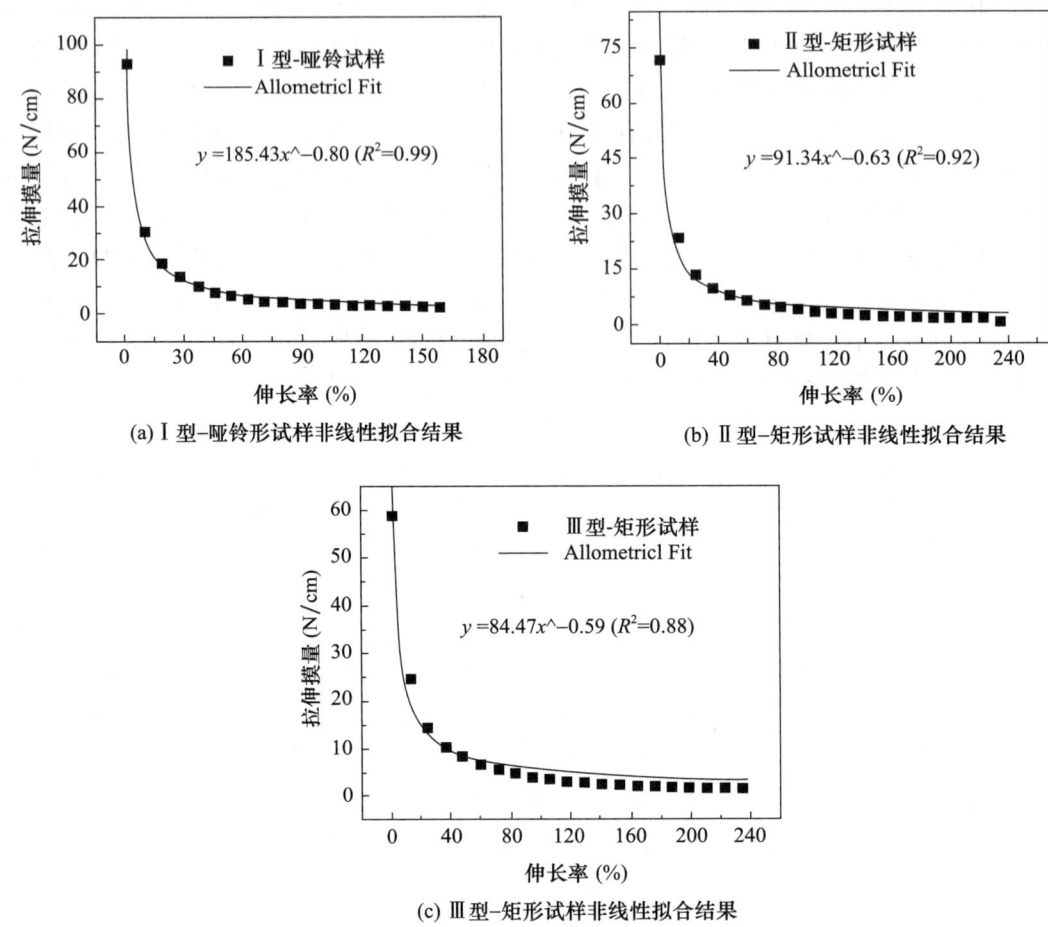

图 5-14 HDPE 土工格室条带三种试样拉伸模量非线性拟合结果

由图 5-13 可知，(1) HDPE 土工格室条带三种试样随伸长率的逐渐增大，拉伸模量呈先骤降随后趋于平稳的趋势。其中，伸长率在 0~20% 时，拉伸模量的降幅尤为明显。当伸长率超过 100% 后，拉伸模量变化幅度极小直至试验结束。(2) 三种试样的拉伸模量曲线随伸长率的增大逐渐趋于重合。(3) 试验刚开始时三种试样对应的拉伸模量由大到小依次为：Ⅰ型-哑铃形试样、Ⅱ型-矩形试样、Ⅲ型-矩形试样。其中，伸长率较小时，Ⅰ型-哑铃形试样的拉伸模量约是Ⅱ型-矩形试样的 1.30 倍，Ⅱ型-矩形试样约是Ⅲ型-矩形试样的 1.21 倍。基于数据可知，试样形状对 HDPE 土工格室条带拉伸模量的影响较试样宽度大，约是试样宽度的 1.16 倍。(4) 断裂伸长率由大到小依次为：Ⅲ型-矩形试样、Ⅱ型-矩形试样、Ⅰ型-哑铃形试样，与前述屈服伸长率保持一致。其中Ⅲ型-矩形试样的断裂伸长率约是Ⅱ型-矩形试样的 1.35 倍，Ⅱ型-矩形试样是Ⅰ型-哑铃形试样的 1.10 倍。基于数据可知，试样形状对 HDPE 土工格室条带断裂伸长率的影响较试样宽度大。

由图 5-14 可知，HDPE 土工格室条带三种试样的非线性拟合结果较好，拟合相关系数均在 0.88 以上，其中Ⅰ型-哑铃形试样拟合相关系数较高，为 0.99；Ⅲ型-矩形试样较低，为 0.88。

HDPE 土工格室条带三种试样的拉伸失效模式，如图 5-15 所示。由图 5-15（a）可以明显看到，Ⅰ型-哑铃形试样是在标距区与过渡区的交界处断裂，分析原因是标距区在屈服后欲使过渡区产生变形，从而使得拉力增加，此时标距区材料因达到其许用强度而被拉断。由图 5-15（b）（c）可以明显看到Ⅱ型-矩形试样、Ⅲ型-矩形试样均在标距内部出现颈缩现象形成细颈然后断裂。此外，在细颈扩展部位与拉伸方向约成 45°角的肩形斜面，在材料的断裂部位也可看到与拉伸方向大约成 45°角的剪切断裂面。

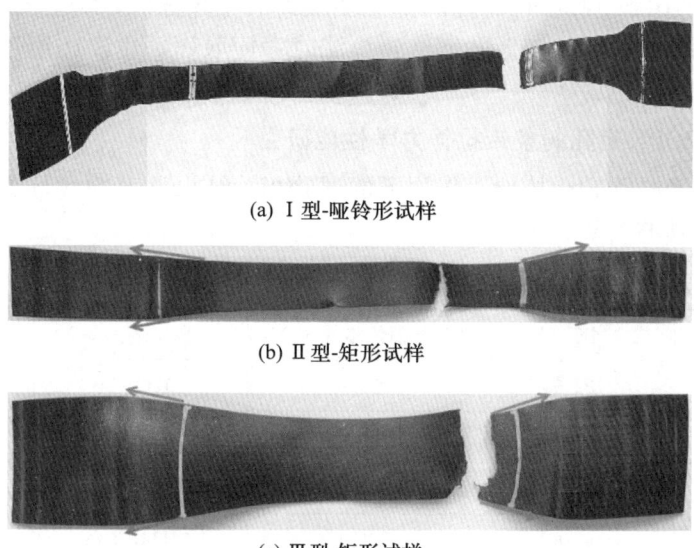

(a) Ⅰ型-哑铃形试样

(b) Ⅱ型-矩形试样

(c) Ⅲ型-矩形试样

图 5-15　土工格室条带三种试样破坏形式

采用扫描电子显微镜（Scanning Electron Microscope，SEM）对 HDPE 土工格室条带试样断裂处分别放大 250 倍、1000 倍、5000 倍后观察其微观结构形态，如图 5-16 所示。

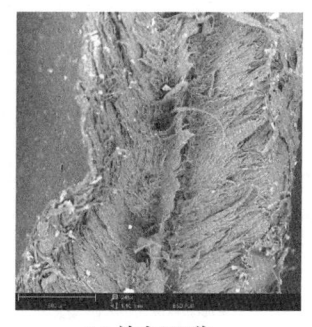 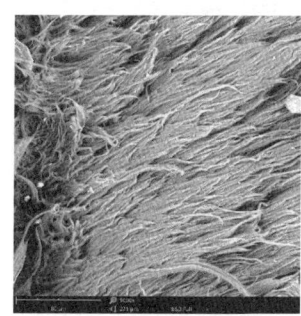 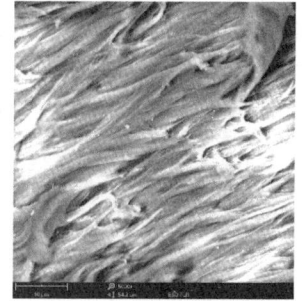

(a) 放大250倍　　　　　　　(b) 放大1000倍　　　　　　　(c) 放大5000倍

图 5-16　HDPE 土工格室条带断口的微观结构形态

由图 5-16 可知，HDPE 土工格室条带的断裂面形貌较为丰富，表面比较粗糙，且布满了长短不一、粗细各异的微纤维，有明显的塑性屈服变形。分析原因是在轴向拉力作用下 HDPE 土工格室条带发生塑性形变，并产生流动，具有典型的韧性断裂特征。

Ⅰ型-哑铃形试样的选择主要是由于试样在拉伸过程中，钳口处易产生应力集中导致试样在该处断裂，从而使测得的试样强力偏低。综合上述分析，一方面由图 5-16 可知，HDPE 土工格室条带在拉伸过程中没有在夹具处因应力集中而发生断裂，另一方面由图 5-16 可知，HDPE 土工格室Ⅱ型-矩形试样强度大于Ⅰ型-哑铃形试样强度，这说明 HDPE 土工格室试样在试验时应力集中不明显。此外由强度比、伸长率之比分析可知试样形状对伸长率有显著影响，而试样宽度则对抗拉强度影响较小。另外，较大的试样宽度可以减小应力集中对测试结果的影响。因此，综合上述分析，既为较真实反映 HDPE 土工格室条带的力学特性，又为进行试验检测时方便取样，建议选用Ⅲ型-矩形试样作为拉伸试验试样。

5.1.3.2 HDPE 有孔洞条带拉伸力学性能研究

HDPE 有孔条带在轴向拉伸力作用下的试验相关结果见表 5-10，图 5-17 所示是条带拉伸强度和位移的关系曲线。

表 5-10 HDPE 有孔条带单轴抗拉强度试验相关结果汇总表

试样编号	抗拉强度（N/cm）	峰值位移（mm）	断裂位移（mm）	断裂伸长率（%）
1	92.95	26.98	120.21	104.53
2	97.02	20.06	126.61	110.10
3	90.97	22.40	102.31	88.97
4	92.95	26.13	114.79	99.82
5	94.05	21.18	143.14	124.46
平均值	93.588	23.35	121.412	105.576

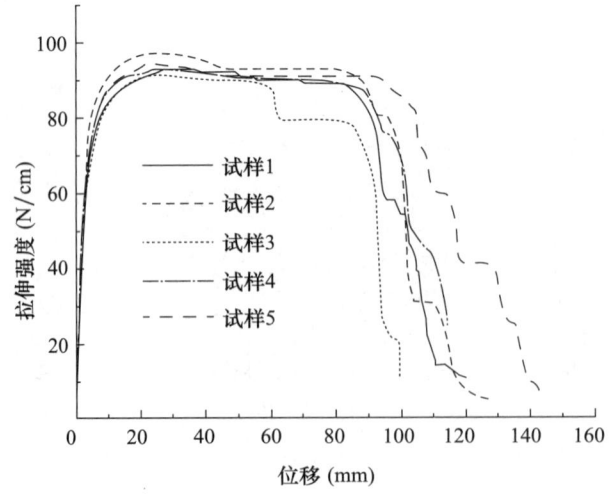

图 5-17 HDPE 有孔条带拉伸强度-位移关系曲线

从表 5-10 和图 5-17 可以看出，伸长率达到 20% 左右所有试样测试曲线达到峰值，并且曲线的初始上升部分在达到相对应的峰值应力之前均表现出相似的趋势，表现为拉伸强度随着伸长率呈线性增长，被称作普弹形变阶段，此时的试样几乎没有什么变化[图5-18（a）]。随着伸长率的增长，试样进入屈服阶段开始出现细颈，穿孔开始发生变形[图5-18（b）]，屈服达到峰值，且屈服强度（抗拉强度）较为一致，为90.97～97.02N/cm。峰值过后，材料强度有所下降，发生应变软化现象，进入塑性变形阶段，伸长率继续增长，拉伸强度几乎不变，细颈不断扩展，穿孔严重变形[图5-18（c）]，直至出现破坏[图5-18（d）]。破坏均出现类似的阶梯状，由于不同的破坏模式，断裂曲线存在明显差异。

  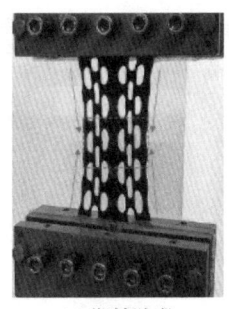 

(a) 拉伸初期　　　　(b) 拉伸峰值　　　　(c) 塑性阶段　　　　(d) 破坏出现

图5-18　HDPE有孔洞条带试样不同伸长阶段的变化

试验中通过录制视频捕捉到了不同的拉伸断裂方式，图5-19中的（a）、（b）、（c）、（d）、（e）分别对应5个试样的拉伸破坏方式并且给出了相对应的伸长率，可以看出每个试样的夹具之间部分都出现了颈缩现象而形成细颈，格室条带上的圆形孔洞发生了严重变形。当两孔间土工格室发生断裂时，其邻近的土工格室截面因维持拉伸力硬化破坏，不断重复直至条带完全断裂，这种渐进的破坏方式解释了峰后阶梯状关系曲线。首先可以发现5个试样最先发生断裂的位置均不相同。随后从断裂的先后顺序看存在两种类型，一种是先条带中间后侧边（试样1），另一种是先条带侧边后中间（剩余4个试样）；随后从断裂所需要的伸长率看，5个试样断裂所需的伸长率分别为32.57%、39.45%、36.71%、39.12%、43.43%，尽管相差不是特别大，但是结合最终破坏样式可以得出试样1和试样3的断裂比较完全、比较突然，而剩余3个试样的破坏相对比较缓慢且存在连接。

需要说明的是，5个试样从制备到试验测试都按照相关标准，并且确保试样完整无损。因此，试样测试产生的差别可以归因于材料本身的不一致，最有可能是以下两方面的原因，一个是穿孔距侧边的距离和穿孔之间的距离，另一个是表面压痕和穿孔质量。由于试样的破坏是渐进的，结合伸长率的变化，认为穿孔间距和穿孔到侧边的距离对带穿孔土工格室条带单轴抗拉强度测试的伸长率有影响，伸长率随着间距的增大有所提升。另外根据Meuller的研究，HDPE复合材料的表面结构会影响其屈服后行为：由于材料表面存在某些结构特征，如缺口、应力集中的部位，这些部位会发生更快速的破坏。而试验测试采用的格室条带试样表面存在凹痕，这些凹痕生成过程中深浅不一、有误差，并且在其上施加穿孔，由于穿孔的随机性，本来完整的凹痕变得类似缺口，结合材料中成分的不一致分布，造成了初始拉伸断裂部位的不同以及脆性断裂破坏。

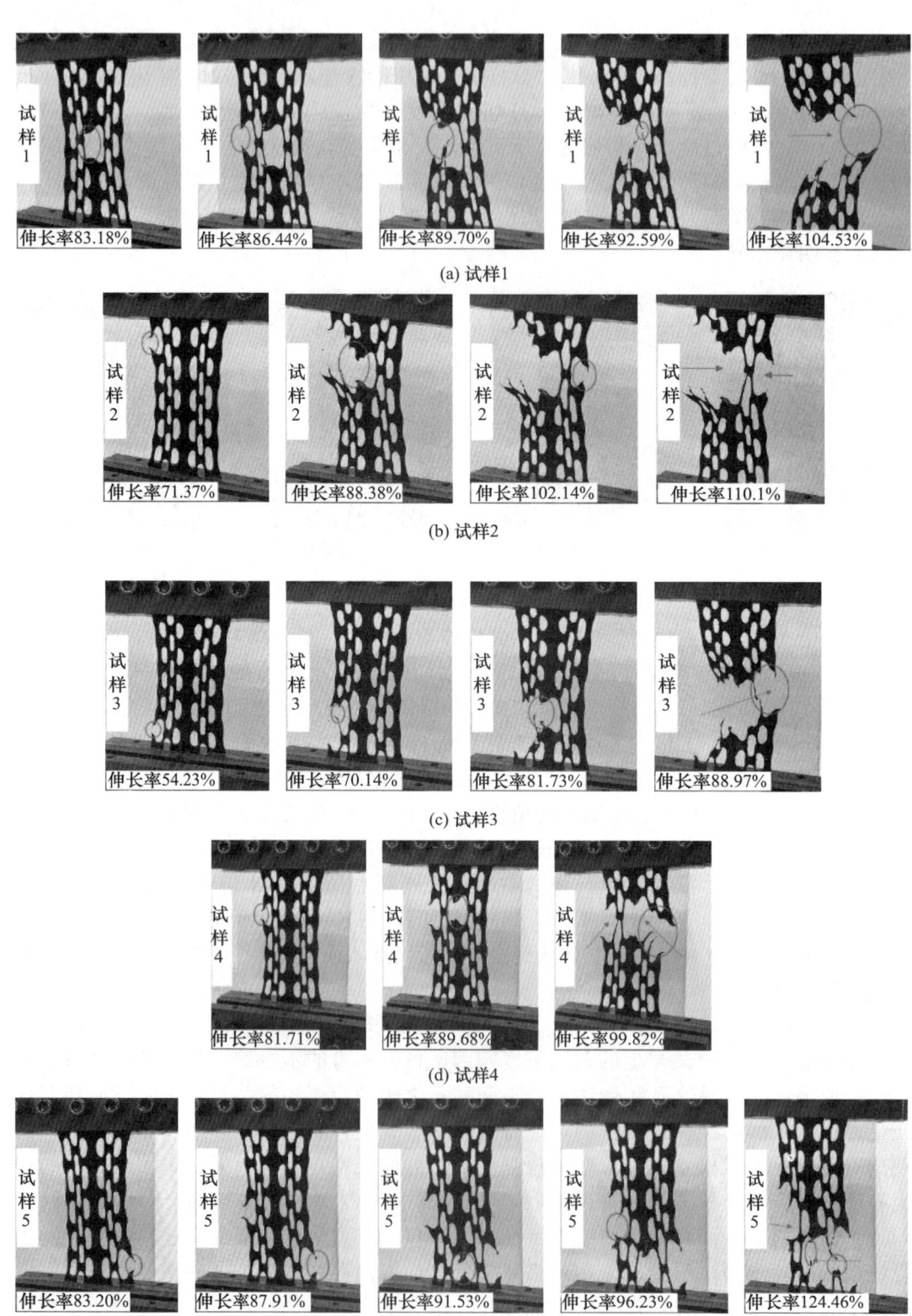

图 5-19 HDPE 有孔条带试样的拉伸破坏方式及对应伸长率

5.1.4 土工格室焊接节点拉伸力学性能试验研究

5.1.4.1 焊缝拉伸力学性能研究

受轴向拉伸力作用，焊缝拉伸强度与位移的关系如图 5-20 所示，表 5-11 所示为节点焊缝拉伸试验相关结果汇总表。首先可以看出所有的试样焊缝拉伸试验曲线表现出类似的趋势，峰前区域线性增长位移 14mm 左右时达到峰值强度，而峰后区域强度消减更快。试样的焊缝抗拉强度范围为 321.00～345.00N/cm，整体上相差不大。

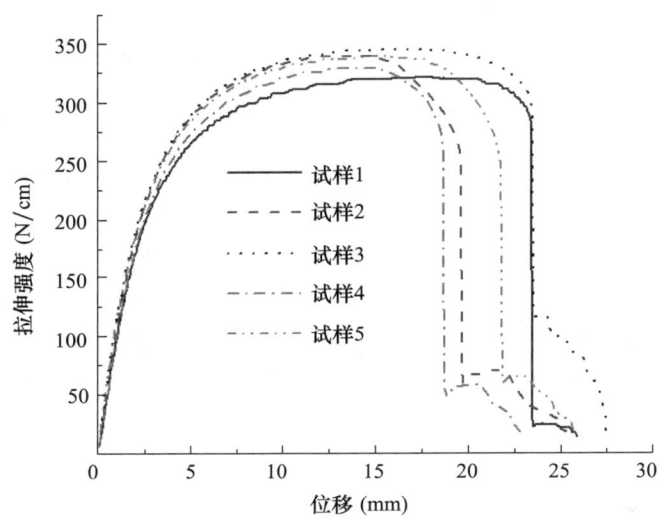

图 5-20 节点焊缝拉伸强度-位移关系曲线

表 5-11 节点焊缝拉伸试验相关结果汇总表

试样编号	抗拉强度（N/cm）	峰值位移（mm）	断裂位移（mm）	断裂伸长率（％）
1	321.00	17.08	25.83	25.83
2	340.00	13.47	25.38	25.38
3	345.00	14.32	27.47	27.47
4	329.00	12.26	22.94	22.94
5	340.00	15.15	25.73	25.73
平均值	335.000	14.456	25.47	25.47

图 5-21 所示为焊缝在轴向拉伸力作用下的拉伸断裂图，所有试样在其破坏阶段都经历了相同的行为，焊缝的焊接点处出现延伸破坏。破坏的方式有两种，一种是从中间开始出现断裂直到完全分开；另一种是到达断裂强度后破坏从一侧开始，不断向另一侧延伸。整个拉伸过程中条带无明显变化，反映出焊接接头处强度较条带低。这与 Tarip 等人的研究一致，与 HDPE 材料自身相比，其焊接接头处通常具有较低的抗拉强度。

 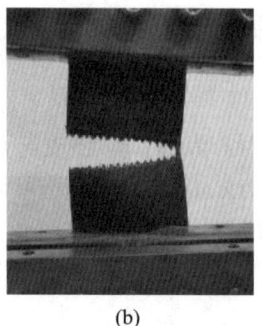

(a)　　　　　　　　(b)

图 5-21　节点焊缝拉伸试验过程及最终断裂图

5.1.4.2　剪切拉伸力学性能研究

表 5-12 所示为节点在剪切力作用下的试验结果汇总，试验过程中剪切强度与位移的关系曲线如图 5-22 所示。所有的试验结果表现出相似的性质，峰前区域类似线性增加且相互之间抗剪强度差异不大，最大抗剪强度为 177.00N/cm，最小为 172.00N/cm。随着位移的增加，曲线行为更加接近于 HDPE 材料条带的标准拉伸曲线，首先剪切应力达到峰值之前呈线性增加，随后到达峰值屈服强度开始出现应变软化现象应力减小，紧接着进入大变形阶段应力基本保持不变，最后进入应变硬化阶段，应力增大、试样破坏。

表 5-12　节点剪切试验相关结果汇总表

试样编号	抗剪强度（N/cm）	峰值位移（m）	断裂位移（mm）	断裂伸长率（%）
1	177.00	14.07	243.82	243.82
2	176.00	14.92	310.43	310.43
3	176.00	18.24	252.99	252.99
4	172.00	16.63	351.27	351.27
5	173.00	18.40	336.39	336.39
平均值	174.800	16.452	298.98	298.98

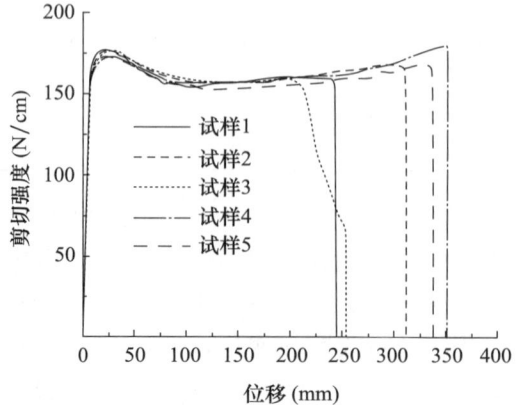

图 5-22　节点焊缝剪切强度-位移关系曲线

结合图 5-23 试样的破坏形式，可以看出试验过程均是与节点连接的条带出现明显的伸长变形及细颈现象，最后在焊接节点与条带的连接处发生破坏，并没有发生两条条带在焊接处的分离。这表明，焊接节点并不大可能在剪切力作用下发生破坏，节点的抗剪强度应该高于试验中得到的剪切屈服应力。分析这些断裂方式的原因，很大程度上是由焊接节点的特性引起的，焊接节点由两个条带焊接打孔形成，打孔区域造成了薄弱区域且容易出现应力集中。

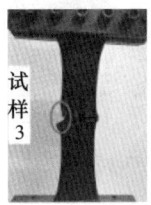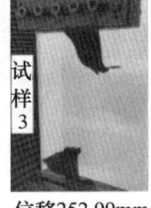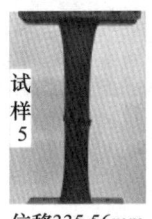

图 5-23 节点剪切试验拉伸过程及最终断裂图

5.1.4.3 剥离拉伸力学性能研究

土工格室节点受剥离力作用时的试验结果汇总于表 5-13，其剥离强度与位移的关系曲线如图 5-24 所示。可以看出剥离强度在 105.00～115.00N/cm，试样的拉伸曲线类似，峰前区域的上升速度与峰后区域强度下降速度相差不多。

表 5-13 节点剥离试验相关结果汇总表

试样编号	剥离强度（N/cm）	峰值位移（mm）	断裂位移（mm）	断裂伸长率（%）
1	107.00	16.56	32.88	32.88
2	115.00	17.56	26.22	26.22
3	105.00	17.21	33.19	33.19
4	115.00	16.73	30.88	30.88
5	105.00	12.40	26.89	26.89
平均值	109.400	16.092	30.012	30.012

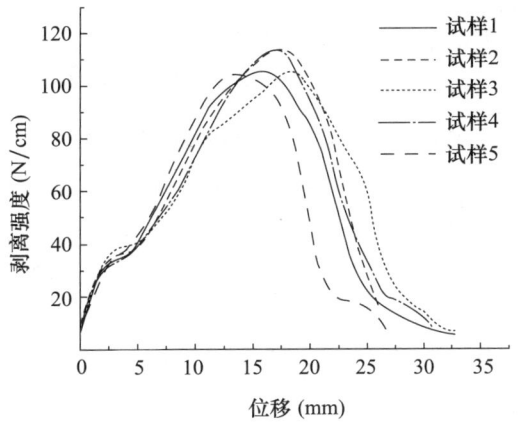

图 5-24 节点焊缝剥离强度-位移关系曲线

图 5-25 所示为剥离试验拉伸断裂图，所有试样破坏方式均发生在焊接节点与条带的连接处，同样表明焊接节点在焊接过程中容易损害材料且打孔部位易形成应力集中（图 5-26），从而导致了这种破坏方式。此外，在剥离力的作用下试样焊接节点整体分开，其剥离强度相对来说低 20%～30%，这在很大程度上是制造过程中焊接节点焊接不合格造成的。

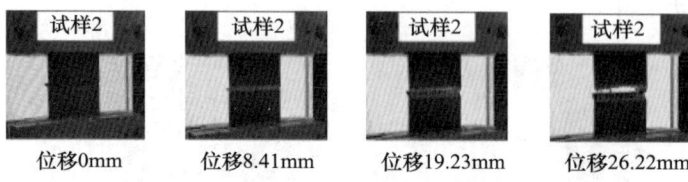

图 5-25 节点剥离试验拉伸过程及最终断裂图

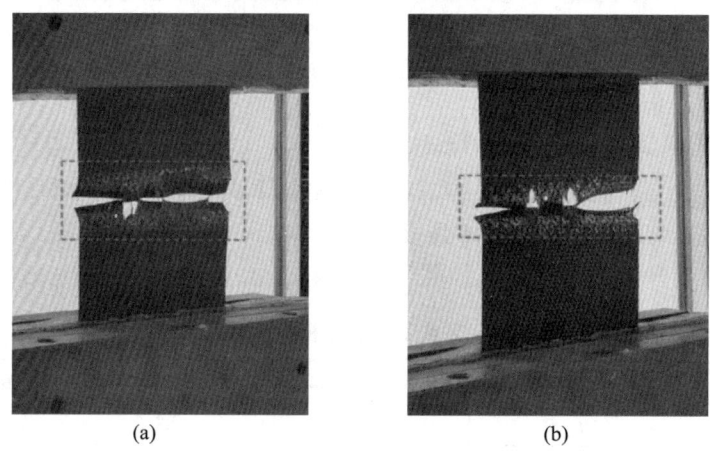

图 5-26 焊接节点在剥离力的作用下整体分开

5.1.4.4 对拉拉伸力学性能研究

表 5-14 所示为节点对拉力作用下的试验结果汇总，图 5-27 所示为对拉强度与位移的关系曲线。所有的试验结果表现出相似的性质，且峰前区域与剥离试验类似，但峰后区域经历了强度的快速降低。最大对拉强度为 225.00N/cm，最小对拉强度为 193.00N/cm，试样 1 的强度降低较突然迅速，而试样 4 的强度降低略显缓慢。破坏方式表现为图 5-28 所示的断裂过程，焊接在一起的条带完全分离。

表 5-14 节点对拉试验相关结果汇总表

试样编号	对拉强度（N/cm）	峰值位移（mm）	断裂位移（mm）	断裂伸长率（%）
1	201.00	14.93	15.18	15.18
2	202.00	16.06	18.23	18.23
3	193.00	15.57	18.15	18.15
4	225.00	16.73	28.97	28.97
5	214.00	15.24	17.74	17.74
平均值	207.000	15.706	19.654	19.654

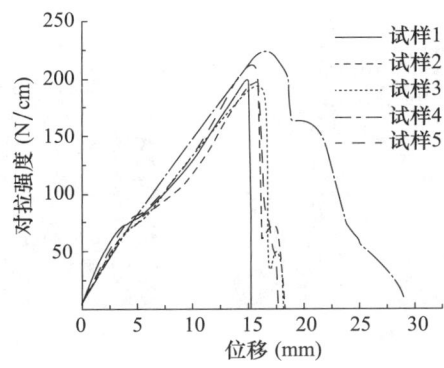

图 5-27 节点焊缝对拉强度-位移关系曲线

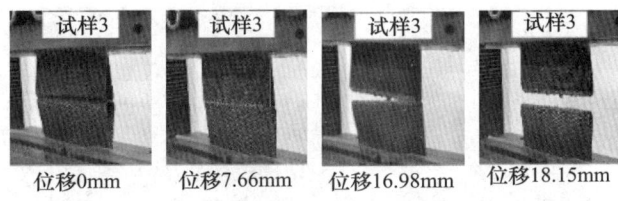

图 5-28 节点对拉试验试样破坏方式及对应位移

5.1.5 土工格室单元整体拉伸力学性能试验研究

5.1.5.1 单因素 HDPE 焊接型土工格室单元整体拉伸性能分析

不同拉伸速率（25mm/min、50mm/min、75mm/min）下，格室高度 50mm、节点间距 200mm 的 HDPE 焊接型土工格室单元整体拉伸试验结果如图 5-29 所示。土工格室在整体伸长率较小时与整体拉伸强度近乎呈线性关系。在整体拉伸过程中，土工格室的网孔形状由初始阶段的椭圆形逐渐变为菱形，如图 5-30 所示。随着整体伸长率的逐渐增加，HDPE 条带开始产生塑性变形，焊接节点也开始逐渐被撕裂，如图 5-31 所示。当达到一定伸长率时，土工格室在节点处发生断裂失效，这与焊接节点的失效模式保持一致，同时上述过程也说明土工格室在整体拉伸过程中并非以条带或节点单一变形的形式出现，而是二者伴随出现。

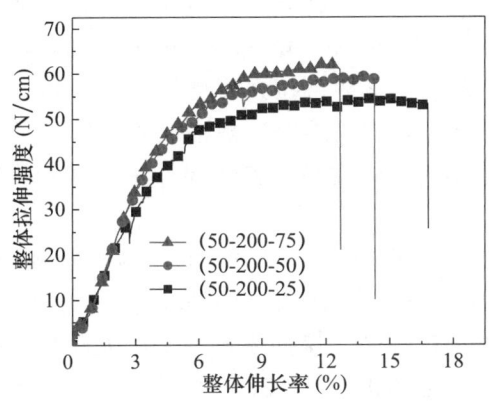

图 5-29 不同拉伸速率下 HDPE 焊接型土工格室单元整体拉伸试验结果

 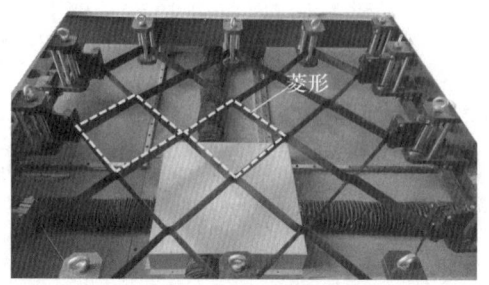

(a) 拉伸初始阶段网孔形状呈椭圆形　　　　(b) 拉伸过程中网孔形状逐渐变为菱形

图 5-30　不同拉伸速率下 HDPE 焊接型土工格室单元整体拉伸试验结果

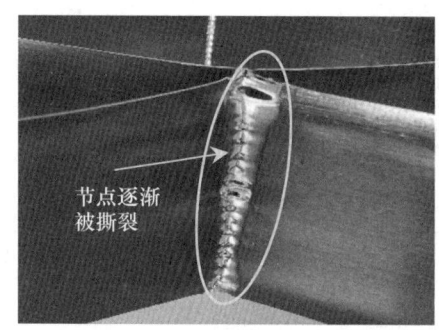 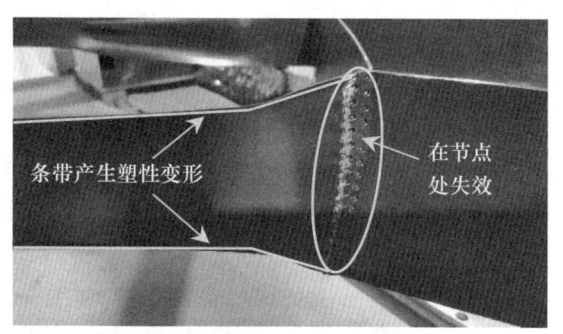

(a) 节点被撕裂　　　　　　　　　(b) 条带产生塑性变形及最后在节点处失效

图 5-31　不同拉伸速率下 HDPE 焊接型土工格室单元整体拉伸试验结果

由图 5-29 可知，HDPE 焊接型土工格室随拉伸速率的增大，整体伸长率呈降低趋势，而整体抗拉强度呈增大趋势，即体现出"强化"特性。当拉伸速率由 25mm/min 逐级增长至 50mm/min、75mm/min 时，格室高度 50mm、节点间距 200mm 的土工格室对应的整体伸长率由 16.90% 降为 14.32%、12.70%，整体伸长率降低量分别为 2.58%、1.62%，降幅分别为 15.27%、11.31%；整体抗拉强度由 54.85N/cm 增至 59.34N/cm、62.19N/cm，增量分别为 4.49N/cm、2.85N/cm，增幅分别为 8.19%、4.80%。基于上述数据可知，随拉伸速率的增大，土工格室单元整体拉伸试验结果并未呈线性变化。随拉伸速率的增大，整体抗拉强度、整体伸长率的变化幅度均呈减小趋势。从整体看，拉伸速率由 25mm/min 增至 75mm/min 时，土工格室的整体伸长率降低 4.20%，降幅约为 24.85%；整体抗拉强度增量为 7.34N/cm，增幅为 13.38%。对比分析可知，拉伸速率的增大对试验用上述规格尺寸 HDPE 焊接型土工格室的整体伸长率的变化幅度影响较整体抗拉强度高，整体伸长率的变化幅度约是整体抗拉强度的 1.86 倍。

土工格室单元整体拉伸试验中 2%、5%、10% 应变及极限应变对应的拉伸强度、(割线) 拉伸模量与拉伸速率的关系曲线如图 5-32 所示。由图 5-32 可知，随着拉伸速率的增大，土工格室的整体抗拉强度、拉伸模量均呈增大趋势。在 2%、5%、10% 应变与极限应变条件下，当拉伸速率由 25mm/min 增至 75mm/min 时，土工格室的整体抗拉强度增幅分别为 6.71%、17.61%、14.63%、13.92%。

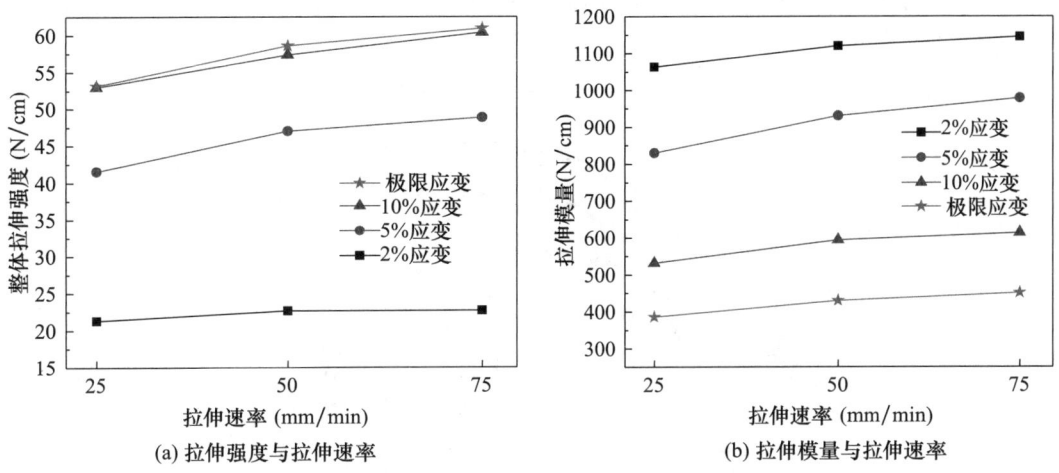

图 5-32 土工格室单元整体拉伸在拉伸速率下的关系

基于上述数据可知在 2% 应变时,即整体拉伸试验初期,拉伸速率对拉伸强度影响较小,增幅仅为 6.71%。随着应变逐渐增大,在 5% 应变条件下拉伸速率对土工格室单元整体抗拉强度的增幅明显,增幅约是 2% 应变的 2.62 倍。

随着应变的继续增大,增幅呈减小的趋势。在 2%、5%、10% 应变与极限应变条件下,当拉伸速率由 25mm/min 增至 75mm/min 时,土工格室的整体拉伸模量增幅分别为 7.66%、17.74%、16.71%、15.26%。基于上述数据可知,拉伸速率对土工格室单元整体拉伸模量的影响变化趋势与整体拉伸基本保持一致,均在 5% 应变条件下增幅明显。

此外,在相同拉伸速率下,2%、5%、10% 应变与极限应变对应的土工格室单元整体抗拉强度呈增大趋势,但拉伸模量则呈降低趋势。拉伸速率为 50mm/min 时,整体抗拉强度由 2% 应变增至 5% 应变时增幅最大,约 107.18%,对应的拉伸模量降幅为 16.92%。而整体拉伸模量由 5% 应变增至 10% 应变时降幅最大,约 36.21%,对应的整体抗拉强度增幅仅为 22.08%。说明当土工格室单元整体抗拉强度增幅较大时,对应的拉伸模量降幅较小;而当整体抗拉强度增幅较小时,对应的拉伸模量降幅会呈增大趋势。

不同格室高度（50mm、75mm、100mm）条件下,拉伸速率为 50mm/min、节点间距为 200mm 的 HDPE 焊接型土工格室的整体拉伸试验结果如图 5-33 所示。由图 5-33 可知,HDPE 焊接型土工格室随格室高度的增大,整体伸长率与整体抗拉强度均呈增大趋势。当格室高度由 50mm 增长至 75mm、100mm 时,土工格室对应的整体伸长率由 14.32% 增至为 19.34%、24.11%,增量分别为 5.02%、4.77%,增幅分别为 35.02%、24.70%;整体抗拉强度由 59.34N/cm 增至 76.23N/cm、91.52N/cm,增量分别为 16.89N/cm、15.29N/cm,增幅分别为 28.46%、20.06%。从整体看,格室高度由 50mm 增至 100mm 时,土工格室的整体伸长率增量为 9.79%,增幅为 68.37%;整体抗拉强度增量为 32.18N/cm,增幅为 54.23%。

基于上述数据可知,随格室高度的增加,整体抗拉强度、整体伸长率的增幅均呈降低趋势。同时对比分析可知,格室高度的增加,对上述规格尺寸 HDPE 焊接型土工格室单元整体抗拉强度和整体伸长率的影响均较为显著,逐级增幅均在 20% 以上,整体增幅均在 50% 以上。二者对比,格室高度增加对试验用上述规格尺寸 HDPE 焊接型土工格室的整体伸长率变化幅度影响较整体抗拉强度大，整体伸长率的变化幅度约是整体抗拉强度的1.26倍。

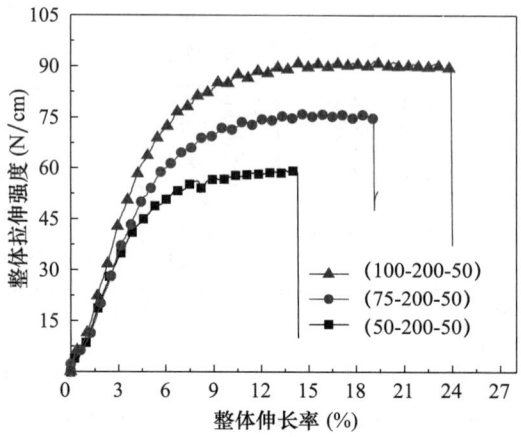

图 5-33　不同格室高度下 HDPE 焊接型土工格室单元整体拉伸试验结果

不同节点间距（200mm、300mm、400mm），格室高度为 50mm、拉伸速率为 50mm/min 的 HDPE 焊接型土工格室单元整体拉伸试验结果如图 5-34 所示。由图 5-34 可知，当节点间距由 200mm 增长至 300mm、400mm 时，土工格室对应的整体伸长率由 14.32％增至 14.80％、15.01％，整体伸长率增量分别为 0.48％、0.21％，增幅分别为 3.35％、1.42％；整体抗拉强度表现出明显的降低，由 59.34N/cm 降至 44.62N/cm、29.14N/cm，降低量分别为 14.72N/cm、15.48N/cm，降幅分别为 24.81％、34.69％。从整体看，节点间距由 200mm 增至 400mm 时，土工格室的整体伸长率增量为 0.69％，增幅为 4.82％；整体抗拉强度降低量为 30.20N/cm，降幅为 50.90％。

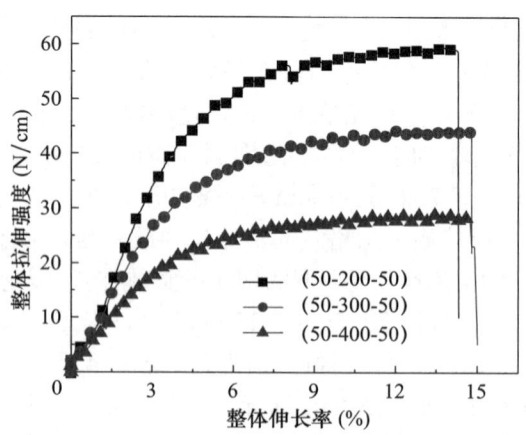

图 5-34　不同节点间距下 HDPE 焊接型土工格室单元整体拉伸试验结果

基于试验数据可知，随节点间距的增大，HDPE 焊接型土工格室三种节点间距整体伸长率较为接近，均在 15.0％左右，变化幅度在 5.0％以内，可知节点间距对整体伸长率影响较小；而三种节点间距对应的整体抗拉强度变化幅度均在 25.0％左右，且整体降幅在 50％左右，故可知节点间距对整体抗拉强度的影响较大，这与其他研究人员开展的室内试验、模型试验所得结果一致。对比分析可知，节点间距增大对试验用上述规格尺寸HDPE焊接型土工格室的整体抗拉强度变化幅度的影响较整体伸长率大，整体抗拉强度的变化幅度约是整体伸长率的10.56倍。

基于前述对拉伸速率、格室高度以及节点间距对HDPE焊接型土工格室单元整体拉伸力学特性影响的分析，可知HDPE焊接型土工格室单元整体伸长率随拉伸速率的增大而减小，整体降幅约为24.85%；随格室高度的增大而增大，整体增幅约为68.37%，约是拉伸速率变化幅度的2.75倍；而随节点间距的增大虽呈增大趋势但增长值很小尚不足1%，增幅不足5%。因此，对试验用HDPE焊接型土工格室单元整体伸长率的影响根据变化幅度从大到小顺序排列依次为格室高度、拉伸速率、节点间距。

上述三种因素对HDPE焊接型土工格室单元整体抗拉强度的影响分别为：整体抗拉强度随拉伸速率、格室高度的增大而增大，整体增幅分别为13.38%、54.23%，其中格室高度对整体抗拉强度的增幅约是拉伸速率的4.05倍；随节点间距的增大而减小，整体降幅为50.90%，格室高度对整体抗拉强度的变化幅度约是节点间距的1.07倍。因此，在本试验条件下，对试验用HDPE焊接型土工格室单元整体抗拉强度的影响根据变化幅度从大到小顺序依次为格室高度、节点间距、拉伸速率。综合上述分析可知，格室高度对HDPE焊接型土工格室的整体抗拉强度、整体伸长率均有显著影响，而节点间距主要对整体抗拉强度有影响且为负向影响。

5.1.5.2 多因素HDPE焊接型土工格室单元整体拉伸性能响应面分析

根据响应面分析试验方案，HDPE焊接型土工格室单元的整体拉伸响应试验结果见表5-15。

表5-15 HDPE焊接型土工格室单元整体拉伸响应试验结果

试验编号	X_1 (mm)	X_2 (mm)	X_3 (mm/min)	Y_1 (N/cm)	Y_2 (%)
1	−1	−1	0	59.34	14.32
2	1	−1	0	91.52	24.11
3	−1	1	0	33.14	15.01
4	1	1	0	63.26	24.12
5	−1	0	−1	42.37	16.87
6	1	0	−1	74.33	24.76
7	−1	0	1	47.22	13.14
8	1	0	1	79.21	23.11
9	0	−1	−1	71.21	20.54
10	0	1	−1	41.12	20.21
11	0	−1	1	77.99	16.63
12	0	1	1	45.04	16.81
13	0	0	0	59.10	17.12
14	0	0	0	56.22	16.91
15	0	0	0	60.11	17.32
16	0	0	0	58.37	17.21
17	0	0	0	57.11	17.59

通过 Design-Expert 对 17 组试验数据进行多元非线性回归拟合，建立了 HDPE 焊接型土工格室的响应值，即整体抗拉强度与整体伸长率与格室高度、节点间距以及拉伸速率之间的二次多元回归模型，如公式（5-3）、公式（5-4）所示。

$$Y_1 = 72.861 + 0.023X_1 - 0.168X_2 + 0.217X_3 - 2.06 \times 10^{-4} X_1 X_2 + 1.2 \times 10^{-5} X_1 X_3 - 2.86 \times 10^{-4} X_2 X_3 + 4.46 \times 10^{-3} X_1^2 + 8.5 \times 10^{-5} X_2^2 - 3.0 \times 10^{-4} X_3^2 \quad (5\text{-}3)$$

$$Y_2 = 31.001 - 0.207X_1 - 0.034X_2 - 0.253X_3 - 6.8 \times 10^{-5} X_1 X_2 + 8.32 \times 10^{-4} X_1 X_3 + 5.1 \times 10^{-5} X_2 X_3 + 2.47 \times 10^{-3} X_1^2 + 6.2 \times 10^{-5} X_2^2 + 1.12 \times 10^{-3} X_3^2 \quad (5\text{-}4)$$

式中　Y_1——整体抗拉强度（N/cm）；

　　　Y_2——整体伸长率（%）；

　　　X_1——格室高度（mm）；

　　　X_2——节点间距（mm）；

　　　X_3——拉伸速率（mm/min）。

为了分析回归模型中格室高度、节点间距以及拉伸速率与响应值之间影响的显著性，需要对回归模型中的误差来源进行方差分析。HDPE 焊接型土工格室单元整体抗拉强度、整体伸长率的方差分析结果，分别见表 5-16、表 5-17。

表 5-16　HDPE 焊接型土工格室单元整体抗拉强度的方差分析

方差来源	平方和	自由度	均方	F 值	P 值
回归模型	3810.32	9	423.37	153.92	<0.0001
X_1-格室高度	1992.38	1	1992.38	724.36	<0.0001
X_2-节点间距	1725.78	1	1725.78	627.43	<0.0001
X_3-拉伸速率	52.17	1	52.17	18.97	0.0033
$X_1 X_2$	1.06	1	1.06	0.3857	0.5542
$X_1 X_3$	0.0002	1	0.0002	0.0001	0.9930
$X_2 X_3$	2.04	1	2.04	0.74345	0.4171
X_1^2	32.72	1	32.72	11.90	0.0107
X_2^2	3.01	1	3.01	1.09	0.3304
X_3^2	0.1476	1	0.1476	0.0537	0.8234
残差	19.25	7	2.75	—	—
失拟项	9.66	3	3.22	1.34	0.379
纯误差	9.59	4	2.40	—	—
总和	3829.57	16	—	—	—

表 5-17　HDPE 焊接型土工格室单元整体伸长率的方差分析

方差来源	平方和	自由度	均方	F 值	P 值
回归模型	205.25	9	22.81	169.16	<0.0001
X_1-格室高度	168.91	1	168.91	1252.89	<0.0001
X_2-节点间距	0.0378	1	0.0378	0.2805	0.6128

续表

方差来源	平方和	自由度	均方	F 值	P 值
X_3-拉伸速率	20.13	1	20.13	149.31	<0.0001
X_1X_2	0.1156	1	0.1156	0.8575	0.3853
X_1X_3	1.08	1	1.08	8.02	0.0253
X_2X_3	0.0650	1	0.0650	0.4823	0.5098
X_1^2	10.00	1	10.00	74.19	<0.0001
X_2^2	1.61	1	1.61	11.96	0.0106
X_3^2	2.06	1	2.06	15.25	0.0059
残差	0.9437	7	0.1348	—	—
失拟项	0.6911	3	0.2304	3.65	0.1217
纯误差	0.2526	4	0.0631	—	—
总和	206.19	16	—	—	—

模型的显著性取决于 F 值和 P 值，其中 F 值越大、P 值越小代表因素的影响越显著。由回归模型的方差分析结果表 5-16、表 5-17 可知，2 个回归模型的 F 值分别为 153.92、169.16，P 值均小于 0.0001，表明回归模型高度显著。通过失拟项可表达所用模型拟合与试验结果二者的差异程度。由表 5-16 可知 2 个模型的失拟项 P 值均大于 0.05，表明模型的失拟性不显著，即回归模型的拟合程度高，没有失拟因素的存在。因此，该回归方程可用于对试验结果的分析。

由表 5-17 中格室高度、节点间距、拉伸速率的 P 值（P 值<0.05 表示该项影响显著，P 值>0.05 为不显著）可得：格室高度、节点间距、拉伸速率以及格室高度二次项对 HDPE 焊接型土工格室的整体抗拉强度有显著影响，影响顺序为格室高度>节点间距>拉伸速率>格室高度二次项。同理由表 5-17 可知，格室高度、拉伸速率、格室高度与拉伸速率交互作用、格室高度二次项、拉伸速率二次项以及节点间距二次项均对整体伸长率有显著影响，而节点间距对整体伸长率影响不显著。

由表 5-17 中格室高度、节点间距、拉伸速率的 F 值可判断三个试验因素对 HDPE 焊接型土工格室单元整体抗拉强度的影响由大到小依次为：格室高度、节点间距、拉伸速率；对整体伸长率的影响由大到小依次为：格室高度、拉伸速率、节点间距。基于软件分析可知，节点间距主要对整体抗拉强度影响显著，而格室高度不仅对整体抗拉强度而且对整体伸长率影响较显著，这与单因素 HDPE 焊接型土工格室单元整体拉伸性能分析结果保持一致。此外，三个因素两两之间交互作用对整体抗拉强度的影响由大到小排序为 X_1X_2、X_2X_3、X_1X_3；三个因素交互作用对整体伸长率的影响显著性排序为 X_1X_3、X_1X_2、X_2X_3。

通过模型的一些相关系数可以评估所建立模型的准确度以及可信度，故响应面中的相关系数表征了响应面与真实值的差异程度，其中相关系数越接近于 1，变异系数越小，信噪比大于 4 则说明该回归模型拟合程度好、可信度高。响应面模型中整体抗拉强度、整体伸长率的试验结果相关性评价见表 5-18、表 5-19。

表 5-18 响应面模型中整体抗拉强度试验结果相关性评价

评价指标	相关系数
复相关系数（R^2）	0.9950
校正相关系数（Adjusted R^2，R^2_{Adj}）	0.9885
预测相关系数（Predicted R^2，R^2_{Pred}）	0.9557
变异系数（Coefficient of variation，$C.V.$）	2.77
信噪比（Adeq Precision）	47.9070

表 5-19 响应面模型中整体伸长率试验结果相关性评价

评价指标	相关系数
复相关系数（R^2）	0.9954
校正相关系数（R^2_{Adj}）	0.9895
预测相关系数（R^2_{Pred}）	0.9445
变异系数（$C.V.$）	1.98
信噪比	43.8992

表 5-18、表 5-19 中复相关系数（0.9950、0.9954）、校正相关系数（0.9885、0.9895）以及预测相关系数（0.9557、0.9445）均较接近于 1，变异系数分别为 2.77、1.98，信噪比分别为 47.9070、43.8992，表明整体抗拉强度与整体伸长率模型拟合程度好、可信度高。

以整体抗拉强度的试验值为横坐标，软件预测值为纵坐标绘制散点图，如图 5-35 所示。

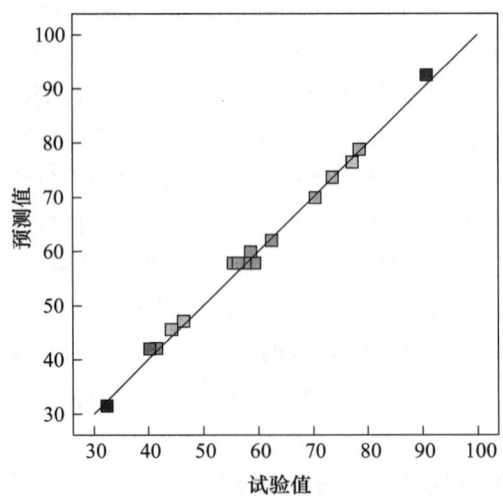

图 5-35 响应面模型中试验值与预测值的比较

由图 5-35 可知，试验值与预测值的散点分布在 $y=x$ 直线的附近，说明回归模型的试验值与预测值较为吻合,即拟合效果好、试验误差小,这与模型的方差分析结果一致,故可用于 HDPE 焊接型土工格室的整体拉伸性能分析。

响应曲面图是由两个试验因素与一个响应值构成的三维曲面图,通过响应曲面图中的弯曲程度即可判断各因素之间的相互影响,其中弯曲程度越陡表明各因素间交互作用越显著,相反则说明交互作用较小。因此,根据回归模型分析结果,借助 Design-Expert 绘制了格室高度、节点间距以及拉伸速率三因素交互作用对整体抗拉强度、整体伸长率的响应曲面图,如图 5-36、图 5-37 所示。

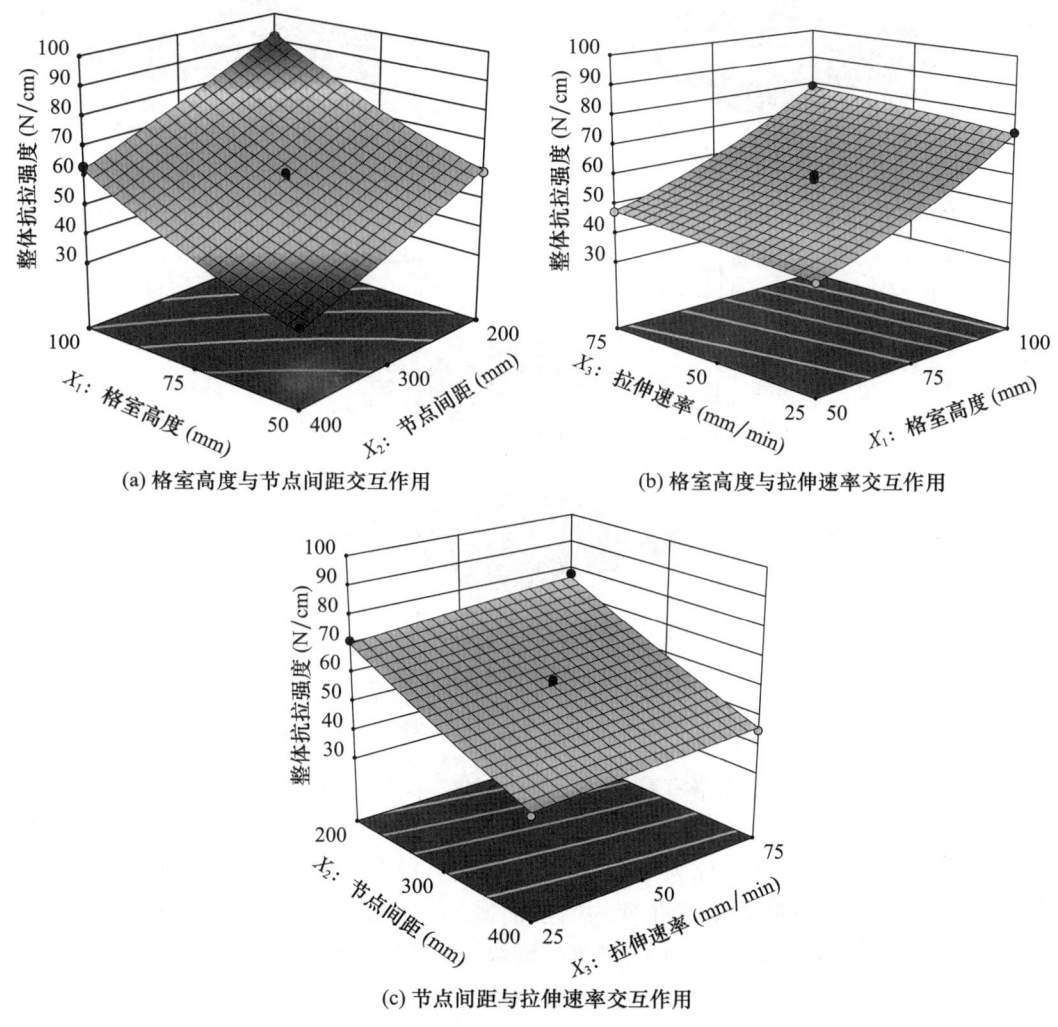

图 5-36　HDPE 焊接型土工格室三因素交互作用及对整体抗拉强度影响的响应曲面图

图 5-36(a)所示为拉伸速率为中水平(50mm/min)时,格室高度和节点间距两因素的交互作用及对 HDPE 焊接型土工格室单元整体抗拉强度的影响规律。分析可知该响应三维曲面较陡、曲率较大,表明格室高度和节点间距交互作用显著。格室高度由 50mm 增至 100mm 的过程中,节点间距越小,整体抗拉强度越大。可知当格室高度为 100mm、节点间距为 200mm 时,HDPE 焊接型土工格室的整体抗拉强度存在极大值,接近 95.0N/cm。

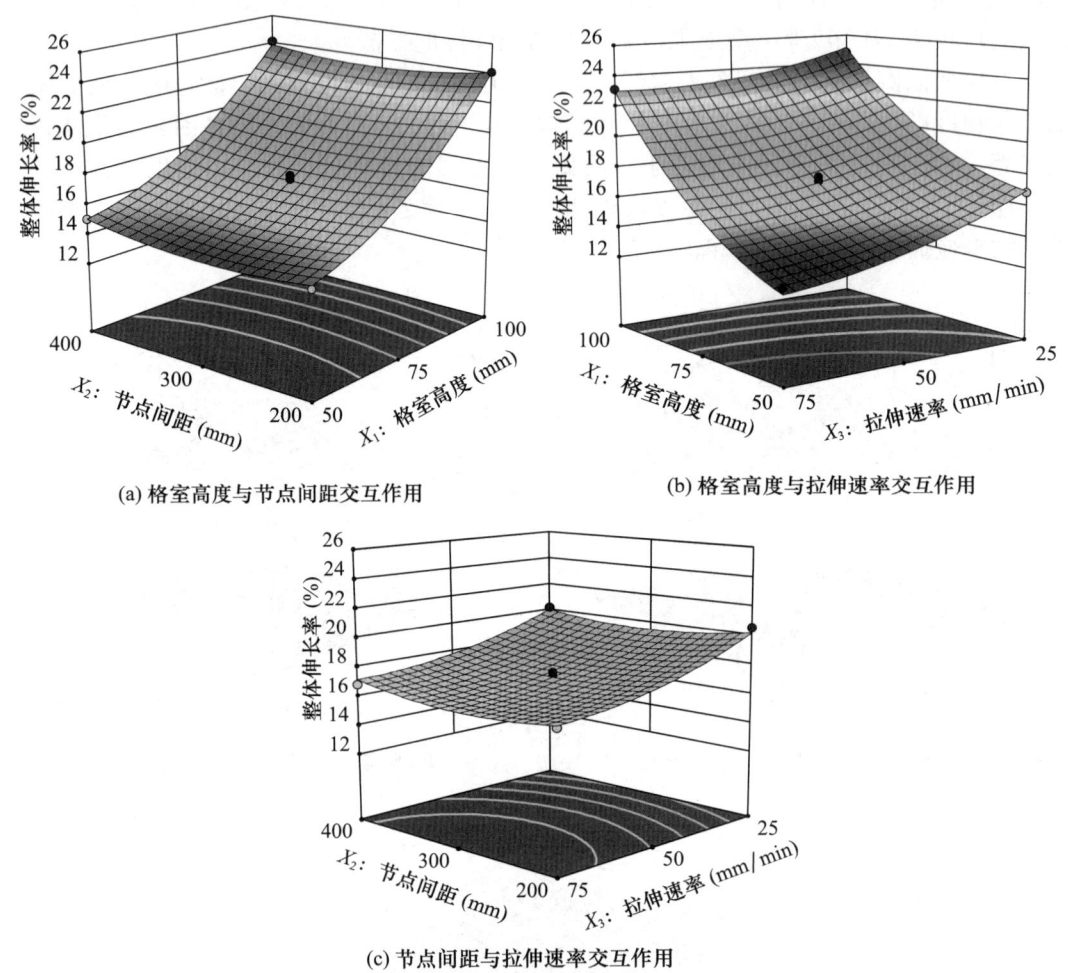

图 5-37　HDPE 焊接型土工格室三因素交互作用对整体伸长率影响的响应曲面图

由图 5-36（a）还可知当格室高度为 50mm 时，节点间距由 200mm 增至 400mm 时，整体抗拉强度降幅为 44.15%；当格室高度为 100mm 时，节点间距由 200mm 增至 400mm 时，整体抗拉强度降幅为 30.88%，可知 HDPE 焊接型土工格室的整体抗拉强度对节点间距的敏感性随着格室高度的增加而减小。当节点间距为 200mm 时，格室高度由 50mm 增至 100mm 时，整体抗拉强度增幅 54.23%；当节点间距为 400mm 时，格室高度由 50mm 增至 100mm 时，整体抗拉强度增幅为 90.89%，可知 HDPE 焊接型土工格室的整体抗拉强度对格室高度的敏感性随着节点间距的增加而增大。

图 5-36（b）所示为节点间距为 300mm 时，格室高度和拉伸速率的交互作用对土工格室单元整体抗拉强度的影响。当格室高度为 100mm 时，拉伸速率由 25mm/min 增至 75mm/min 的过程中，整体抗拉强度出现轻微的增长。整体抗拉强度随拉伸速率的增加缓慢上升，增幅较小。

此外，图 5-36（b）中显示整体抗拉强度与格室高度呈正相关，表明格室高度是影响整体抗拉强度的关键因素。三维响应曲面较为平整，表明二者交互作用不明显，这与方差分析结果保持一致。

由图 5-36（c）可知节点间距和拉伸速率对土工格室单元整体抗拉强度交互作用显著性较小。当节点间距较大时，整体抗拉强度随拉伸速率的增加缓慢上升，增长幅度较小；当拉伸速率较大时，整体抗拉强度与节点间距呈负相关，表明节点间距是影响整体抗拉强度的关键因素。基于交互响应分析可知，格室高度与拉伸速率同时增大、节点间距减小时，土工格室的整体抗拉强度较大。

图 5-37（a）所示拉伸速率为 50mm/min 时，格室高度与节点间距两因素交互作用及对 HDPE 焊接型土工格室单元整体伸长率的影响规律。格室高度为 100mm，节点间距由 200mm 增至 400mm 时，整体伸长率变化幅度较小，仅在 22%～24%变化，表明节点间距对整体伸长率的影响较小。整体伸长率随格室高度的增大呈正相关且增幅较大，表明格室高度是影响整体伸长率的关键因素。

图 5-37（b）所示节点间距为 300mm 时，格室高度和拉伸速率的交互作用及对 HDPE 焊接型土工格室单元整体伸长率的影响。由图 5-37（b）可知，该响应三维曲面较陡、曲率较大，表明格室高度和拉伸速率交互作用显著。格室高度由 50mm 增至 100mm 的过程中，拉伸速率越小，整体伸长率越大。当格室高度为 100mm、拉伸速率为 25mm/min 时，HDPE 焊接型土工格室单元整体伸长率存在最大值，接近 26%。

当格室高度为 50mm，拉伸速率由 25mm/min 增至 75mm/min 时，整体伸长率降幅为 22.11%；当格室高度为 100mm，拉伸速率由 25mm/min 增至 75mm/min 时，整体伸长率降幅为 6.66%，可知 HDPE 焊接型土工格室单元整体伸长率对拉伸速率的敏感性随着格室高度的增加而减小。

由图 5-37（b）可知，当拉伸速率为 25mm/min，格室高度由 50mm 增至 100mm 时，整体伸长率增幅为 46.77%；当拉伸速率为 75mm/min，格室高度由 50mm 增至 100mm 时，整体伸长率增幅为 75.88%，可知 HDPE 焊接型土工格室的整体伸长率对格室高度的敏感性随着拉伸速率的增加而增大。

由图 5-37（c）可知，节点间距和拉伸速率的交互作用对土工格室单元整体伸长率显著性较小，节点间距和拉伸速率的三维响应曲面较为平整，表明二者交互作用不明显，这与方差分析结果保持一致。

5.2 高速公路路堤边坡土工格室防护稳定性数值模拟研究

土工格室植被护坡是将土工格室与绿色植物防护相结合的一种复合型生态护坡技术。土工格室作为一种蜂巢式三维网状结构，将其固定于边坡上后内部可以填充植被土、砂石等材料，构成具有一定侧向限制和刚度的结构，同时为植物生长提供所必需的环境，最终形成绿化边坡。采用土工格室植被护坡技术可有效降低边坡防护成本，符合国家绿色、低碳交通运输体系建设要求，能够反映我国的现代化生态文明建设进程。在工程应用中，高速公路路堤边坡的稳定性研究至关重要。本节在 Abaqus 有限元软件下模拟了土工格室在高速公路护坡下的力学行为，并对降雨条件下土工格室防护边坡的稳定性进行计算分析，对土工格室防护边坡的稳定性进行研究，为土工格室在边坡防护工程中的应用提供理论基础。

5.2.1 Abaqus 有限元模型的建立

5.2.1.1 依托工程概况

模型建立以京雄高速公路河北段某土工格室护坡为参考对象，采用 Abaqus 软件进行模拟。路基边坡高 5m，坡度 1∶1.5，格室刚好填入土体。土工格室为挤出型 HDPE 焊接土工格室，格室条带表面具有纹理，格室条带厚度 1.1mm，高度 100mm，焊距 500mm，冲孔直径大小为 10.0mm。公路路基土工格室防护路堤三维模型示意图如图 5-38、图 5-39 所示。

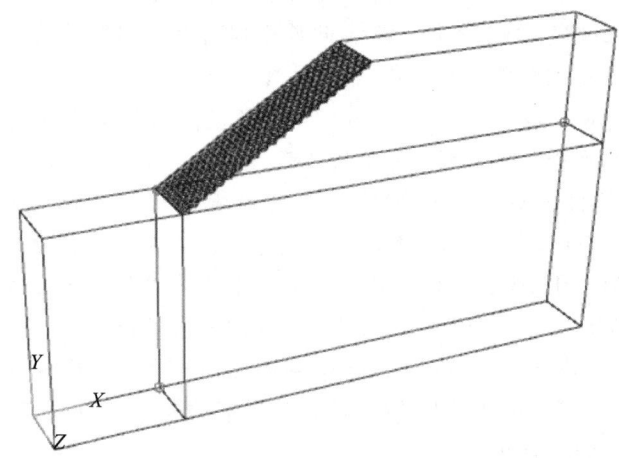

图 5-38　公路路基土工格室防护路堤三维模型框架图

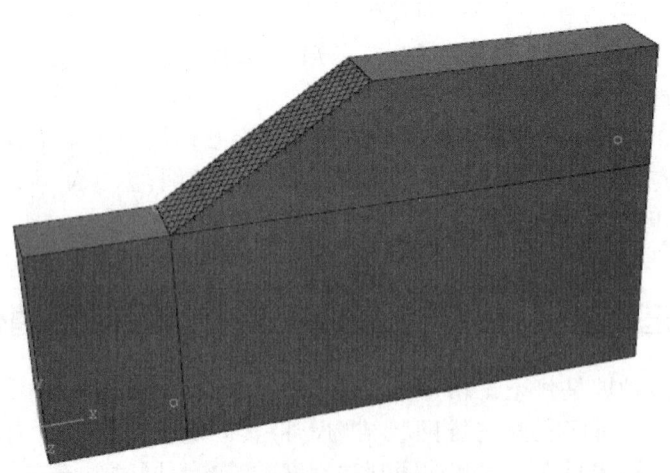

图 5-39　公路路基土工格室防护路堤三维模型框架立体图

5.2.1.2 模型参数

在土工格室边坡防护工程中，土工格室横向铺设在边坡表面，利用钢筋固定，土工格室条带刚好埋入边坡坡面土层之内。土工格室内的土体压实度为 80%。土体采用摩尔-库仑模型，土工格室采用理想线弹性模型进行模拟。土体主要参数包括弹性模量 E、

泊松比 υ、黏聚力 c、渗透系数 k、内摩擦角 φ 等。模型路基边坡中土体计算参数与土工格室计算参数具体值见表 5-20、表 5-21。

表 5-20 路基边坡土体计算参数

黏聚力 c（kPa）	弹性模量 E（MPa）	泊松比 υ	渗透系数 k（m/s）	内摩擦角 φ（°）	干密度 ρ_d
17	40	0.3	1×10^{-6}	23	1.78

表 5-21 土工格室计算参数

弹性模量 E（MPa）	渗透系数 k（m/s）	泊松比 υ
300	0	0.25

5.2.1.3 网格划分

边坡土体由于涉及边坡降雨渗流现象，采用具有孔压自由度的 8 节点六面体单元 C3D8P；土工格室由于厚度比较小，每个土工格室间采用焊接形成，因此在此处将其设置成 S4R 壳单元。本模型采用嵌入绑定功能将土工格室与土体进行共同节点约束，使土体与土工格室形成不同材料性质的连续模型来保证模型的计算收敛。为了使模型能够更好地反映土工格室与土体的应力状态，在划分网格时，应尽量将网格密度变大，在坡脚部位，应将网格加密。如图 5-40 所示，在整个模型网格划分完成后，土体共 12096 个单元，土工格室共划分 666 个单元。整个模型节点共 17984 个，单元共 12762 个。

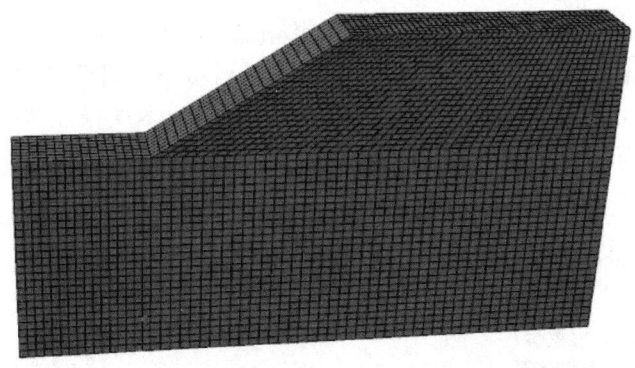

(a) 边坡土体网格划分

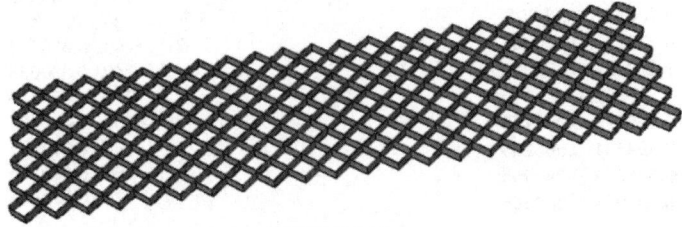

(b) 土工格室网格划分

图 5-40 模型网格划分图

5.2.1.4 边界条件定义

对于模型的边界条件，由于建立的模型是从整体中截取一部分进行研究分析，对其采用图 5-41 所示边界条件：对于底面，约束其 x、y、z 三个方向上的自由度，对于前、后、左、右四个方向面，约束其法线方向上的自由度。利用空间分布函数，在坡体左立面、右立面两个立面的水位以下部分设置随着深度呈线性变化的静孔水压边界条件，其余立面设置成不排水边界条件，使得模型边界条件最大限度地接近实际工程。

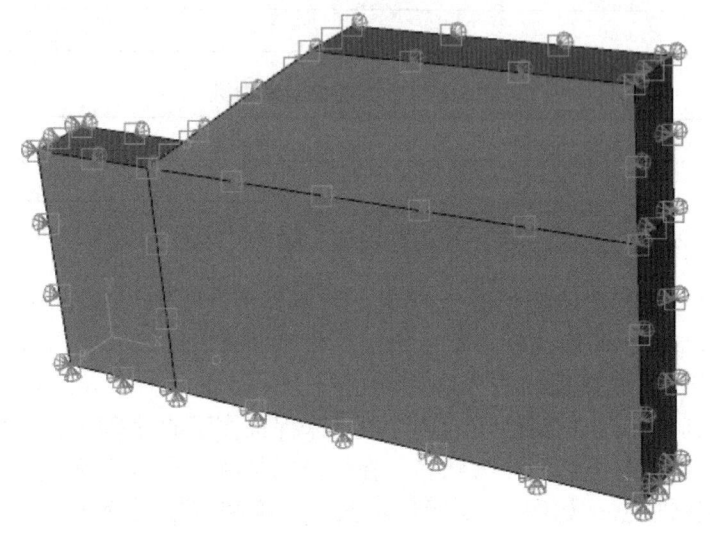

图 5-41　边界示意图

此外，Abaqus 在模拟由降雨作用引起的非饱和土问题时，通常通过定义吸湿曲线、脱水曲线以及这两种曲线之间的相互关系来对问题进行解决。目前常用两种方法来定义吸湿曲线与脱水曲线，分别为公式定义法与表格公式法。本次模型采用的是表格公式法，在 Abaqus 中对 INP 文件输入数据，得到关于模型边界条件中关于孔压的定义，如图 5-42 所示。

```
*Permeability, Type=SATURATION          *Sorption
0.273855, 0.080014                      -400., 0.080014
0.291533, 0.080017                      -380., 0.080017
0.310874, 0.080021                      -360., 0.080021
0.332063, 0.080025                      -340., 0.080025
0.355304, 0.080031                      -320., 0.080031
0.380815, 0.080039                      -300., 0.080039
0.408831, 0.08005                       -280., 0.08005
0.439592, 0.080065                      -260., 0.080065
0.473339, 0.080086                      -240., 0.080086
0.510292, 0.080116                      -220., 0.080116
0.550626, 0.080163                      -200., 0.080163
0.594431, 0.080235                      -180., 0.080235
0.641653, 0.080355                      -160., 0.080355
0.692013, 0.080566                      -140., 0.080566
```

图 5-42　INP 文件中关于孔压的定义

在模拟降雨作用时，假定的降水时间为 72h，降雨强度为 2×10^{-7}m/h、2×10^{-6}m/h 和 4×10^{-6}m/h 三种，其中 0～24h 降雨强度为线性增加，24～48h 降雨强度保持最大值，48～72h 降雨强度呈线性减小状态，72h 时降雨强度为 0，如图 5-43 所示。

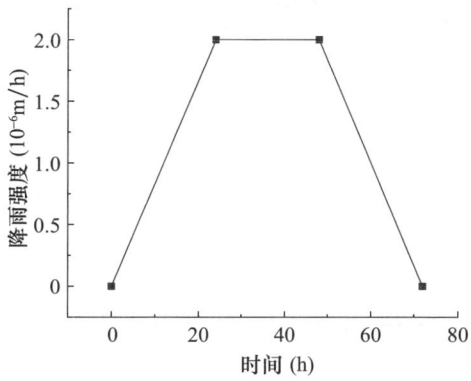

图 5-43 降雨强度随时间变化曲线图

5.2.1.5 初始应力确定

在模型加载或者进行降雨入渗分析前,都应确定坡体的初始地应力分布。在进行边坡降雨,或者模型加载之前,土体位移为零,但土体中存在应力,这种时间点的状态就是地应力平衡点。在模型中进行地应力平衡就是为了得到存在初始应力但没有初始应变的状态。当边坡的自重场受到地应力平衡影响时,重力就变成了外力,为了平衡坡体内力与外力,获得较为精确的边坡数值模型初始状态,将从地应力场提取出来的内力施加到初始模型上,在此之后添加重力来平衡由自重产生的初始应力。对边坡进行地应力平衡后边坡竖向应力分布如图 5-44 所示。

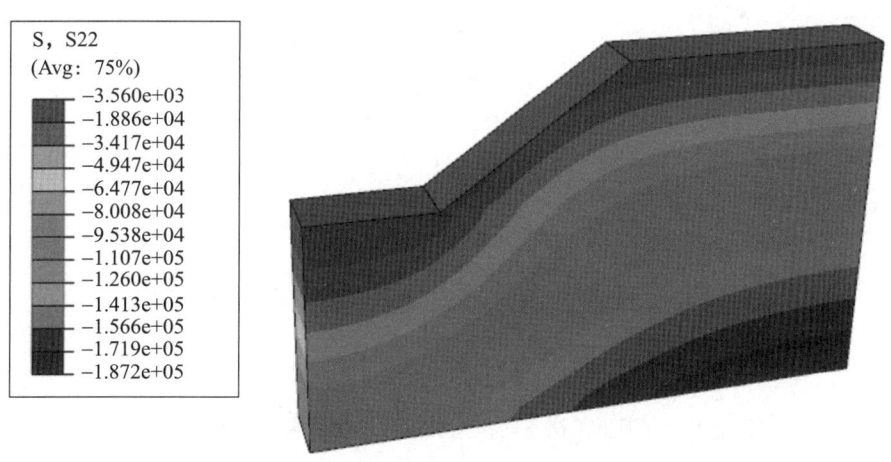

图 5-44 地应力平衡后边坡竖向应力分布图

5.2.2 土工格室路堤边坡安全系数对比分析

为了对比高速公路边坡在有土工格室与无土工格室防护下的稳定性效果,采用了三种不同的渗透强度来模拟有土工格室防护与无土工格室防护的高速公路路堤边坡下的稳定效果。不同工况下安全系数汇总见表 5-22。针对三种不同的渗透强度,有无土工格室防护边坡的安全系数随时间的变化如图 5-45 所示。其中 A1、B1、C1 为无土工格室防护边坡,A2、B2、C2 为有土工格室防护边坡。

表 5-22 不同工况下安全系数汇总

工况编号	降雨强度（m/h）	安全系数
A1	2×10^{-7}	3.201
A2	2×10^{-7}	3.545
B1	2×10^{-6}	2.235
B2	2×10^{-6}	2.463
C1	4×10^{-6}	1.659
C2	4×10^{-6}	1.861

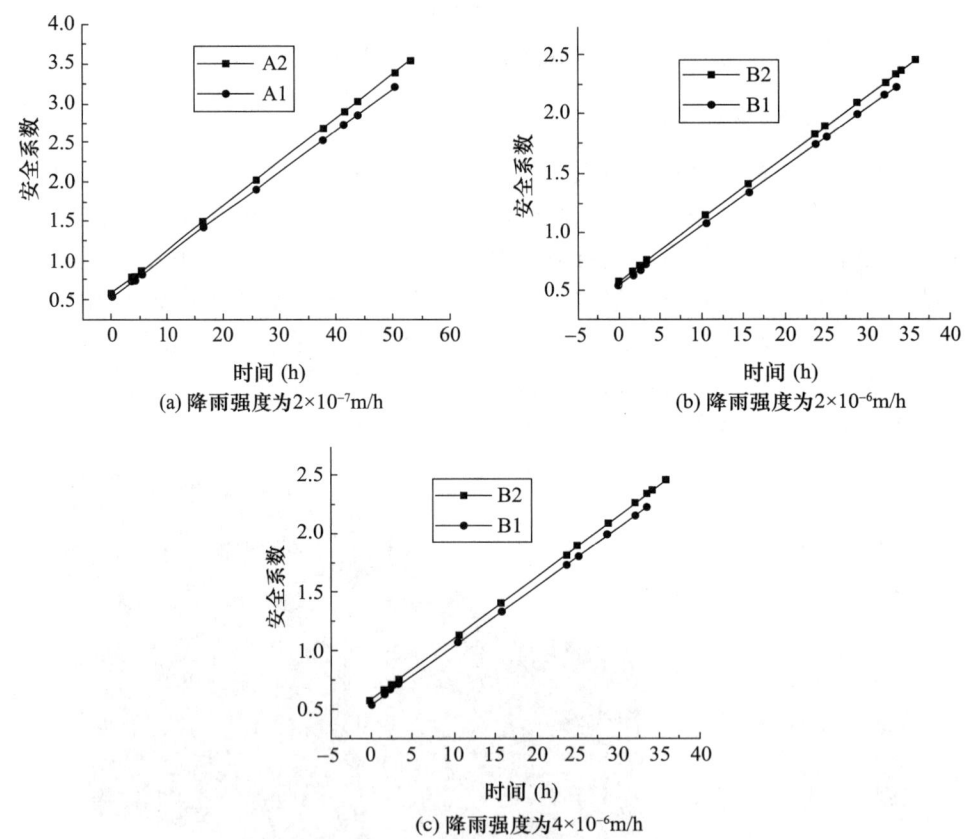

图 5-45 有无土工格室防护边坡的安全系数随时间变化对比

在相同的降雨强度下，由有无土工格室防护边坡的安全系数对比可知，在相同的降雨入渗条件下，有土工格室防护的边坡安全系数相对于无土工格室防护的边坡有所提高。同时有土工格室防护的边坡能够承受的降雨时间大于无土工格室防护的边坡，延长了边坡破坏时间。由此可以得到，在高强度降雨或长时间的低强度降雨作用下，土工格室都能在一定程度上提高边坡的稳定性。

5.2.3 路堤边坡位移对比分析

通过选取 B1、B2 两种工况来对比有无土工格室防护边坡情况下边坡的位移，图 5-46

所示为两种工况在边坡失稳时的位移云图。图 5-47 给出了折减系数为 1.67 时有无土工格室防护边坡位移对比图。

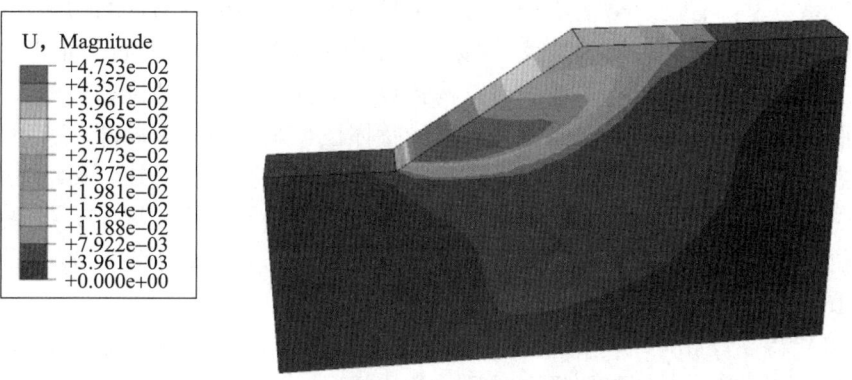

(a) B1 工况下无土工格室防护边坡失稳时的位移云图

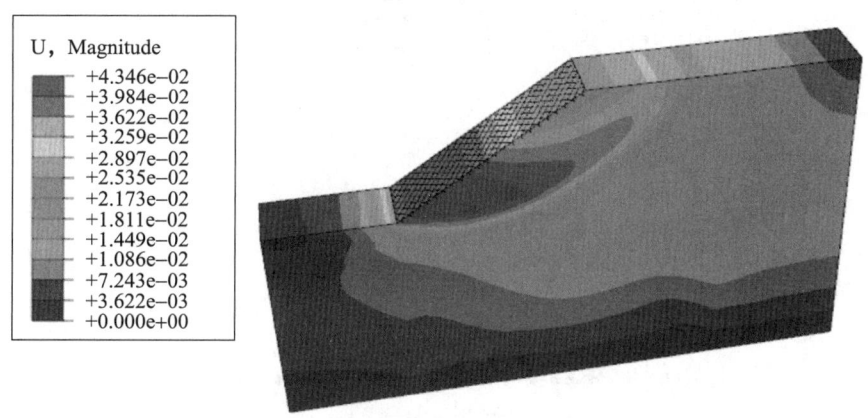

(b) B2 工况下有土工格室防护边坡失稳时的位移云图

图 5-46　有无土工格室防护边坡失稳时的位移云图

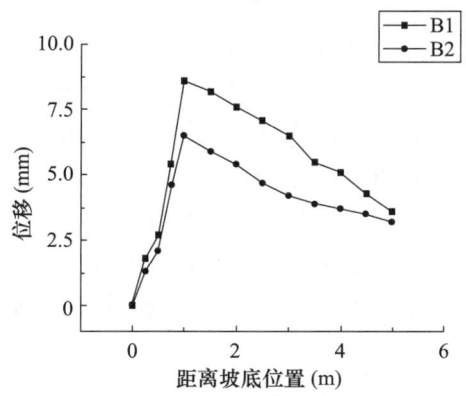

图 5-47　折减系数为 1.67 时有无土工格室防护边坡位移对比图

从图 5-46 所示的边坡位移云图中可以很明显地看出边坡失稳时滑动面的位置，在相同的边坡折减系数下，有土工格室防护的边坡与无土工格室防护的边坡在底部位置都发生了较大的位移现象，致使整个边坡发生失稳现象。相比较而言，对比无土工格室防护的路堤边坡，有土工格室防护的路堤边坡位移减少将近9%。从图5-47中可以看出，相同的折减系数下，有土工格室防护的边坡位移小于无土工格室防护的边坡位移，说明土工格室能够有效地限制边坡的最大位移以及使边坡位移在边坡表面分布得更加均匀。此外，土工格室能够通过自身的强度与结构特点，降低边坡坡面的位移极值，对于边坡滑动突出部位能够加以限制，加强边坡的结构整体性，避免边坡因局部位移过大而导致边坡整体失稳，提高边坡整体性。由上述云图以及坡面位移分析可知，边坡在底部会产生较大的位移，因此在工程应用中需要着重对边坡底部进行加固。从模拟结果中可以得出，边坡位移最大值发生在距离边坡底部1m位置处，选取距离边坡底部1m处的节点为监测边坡坡面移动的监测点。

图5-48给出了在相同的降雨条件下，有土工格室防护边坡与无土工格室防护边坡两种工况下，坡面监测点位移随降雨时间的变化情况。

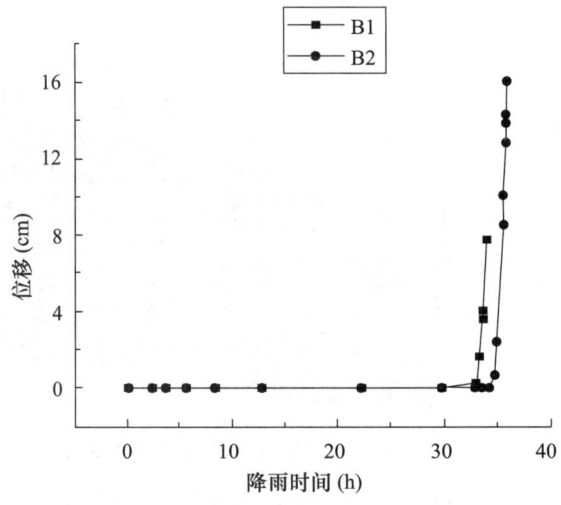

图5-48 坡面监测点随降雨时间位移变化图

通过图5-48中的坡面监测点位移变化规律可知，在边坡土体折减与降雨时间增加的作用下，边坡土体的位移逐渐增加，当边坡土体内部折减到一定程度时，边坡位移在短时间内迅速增加，边坡失稳，直到计算不收敛为止。在相同的折减系数、相同的工况下，有土工格室防护的边坡土体的位移相较于无土工格室防护边坡土体的位移来说，位移变化呈现减小的趋势。同时，土工格室能够对边坡的滑移破坏产生延迟作用，无土工格室防护边坡的失稳发生在33.9h，而有土工格室防护边坡的失稳发生在35.6h。分析表明，土工格室这种三维蜂巢结构能够对边坡稳定性起到明显的增强作用。

5.2.4 路堤边坡累积塑性应变分析

图5-49所示是同一时间内有无土工格室防护边坡的塑性应变云图，图5-50所示为在相同折减状态和相同降雨强度下有土工格室防护边坡与无土工格室防护边坡的塑性应变云图。

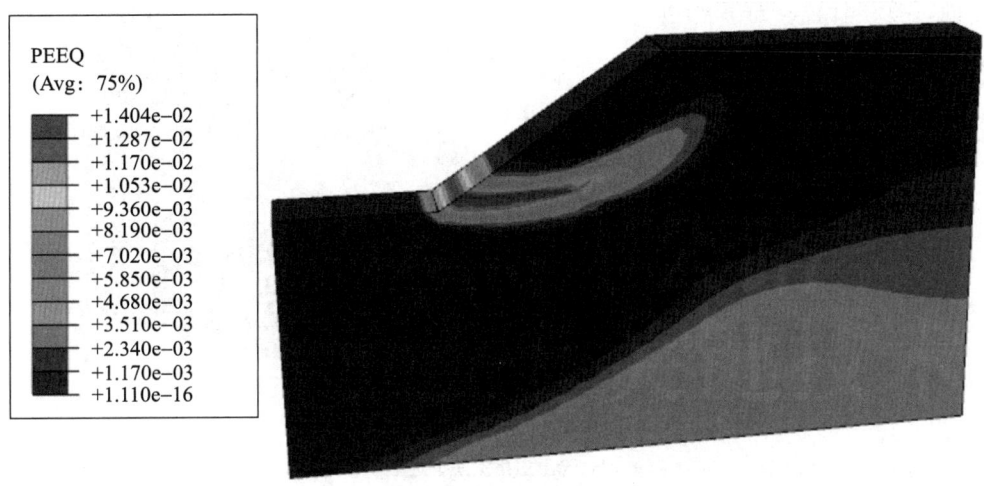

(a) 无土工格室防护边坡塑性应变云图（t=16）

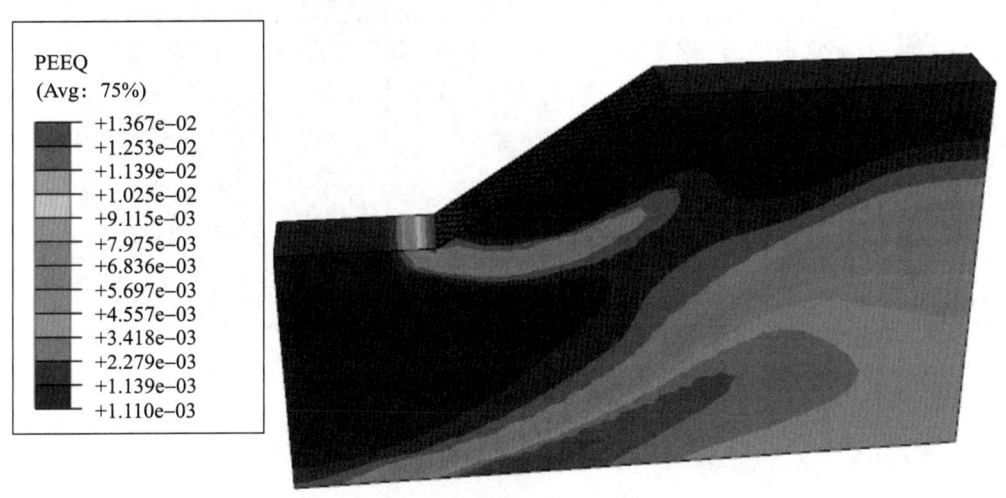

(b) 有土工格室防护边坡塑性应变云图（t=16）

图 5-49　有无土工格室防护边坡的塑性应变云图

当外界的降雨作用施加在边坡表面造成破坏时，边坡土体的节点会发生位移变化，边坡失稳的土体也会发生剪切塑性应变，塑性应变是边坡是否处于稳定状态的一个重要判断依据。图 5-49 中 t=16h 时折减系数为 1.426，从中可以看出，在边坡的塑性应变中，无土工格室防护边坡的塑性应变范围较广，同时塑性应变区域也较为集中。有土工格室防护边坡相较于无土工格室防护边坡的塑性应变有所减小。受到降雨作用时，边坡塑性应变从坡底处出发，随着时间的推移，由坡脚向坡顶延伸，最终形成一个从坡脚向坡顶贯通的滑动面。

从图 5-50 所示有无土工格室防护的两种边坡在相同工况下的塑性应变云图中可以看出，土工格室对于土工格室内部土体的约束与保护作用、格室与内部土体的摩擦作用使得格室内部土体受到较小的塑性应变。从图 5-49 可以看出，土工格室能够减小边坡塑性应变区域，从而起到保护边坡的作用。

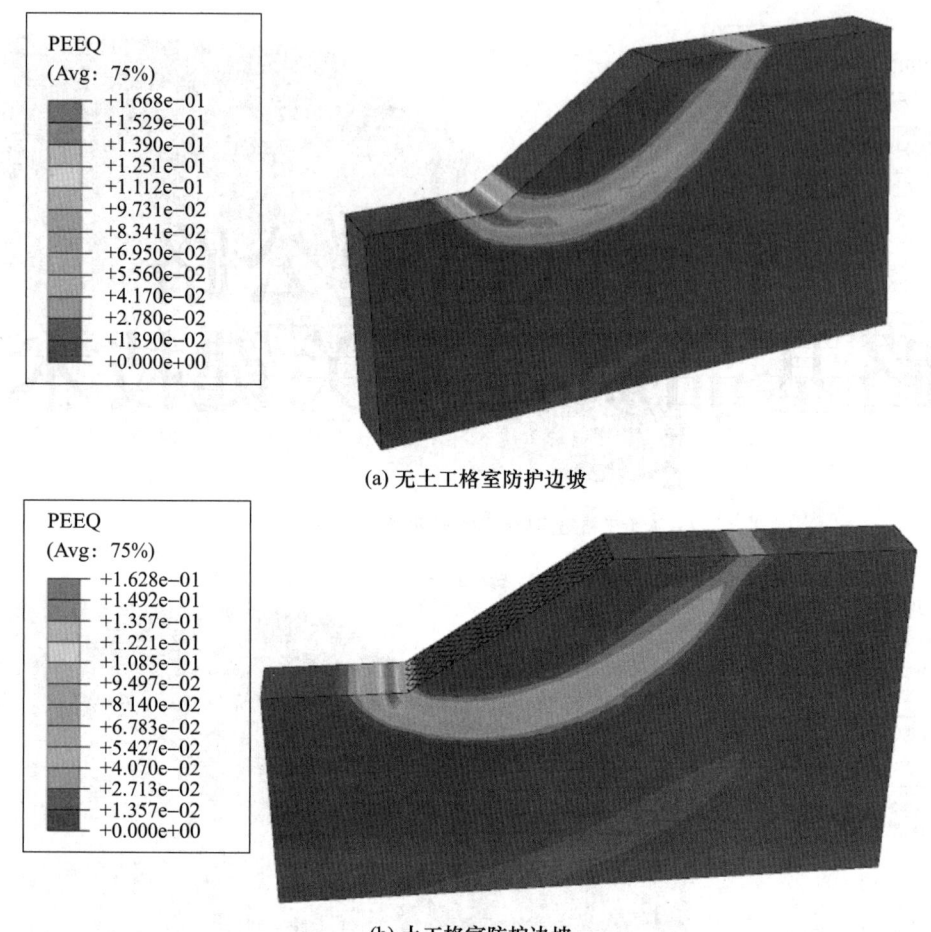

(a) 无土工格室防护边坡

(b) 土工格室防护边坡

图 5-50　有无土工格室防护边坡的塑性应变云图

5.2.5　土工格室受力变化分析

土工格室所受应力云图、变形云图、路径上节点处所受应力变化图分别如图 5-51～图 5-53 所示。

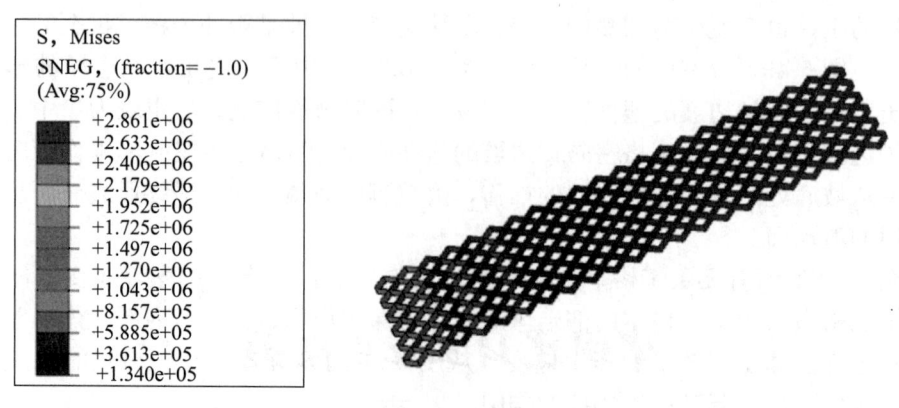

图 5-51　土工格室应力云图

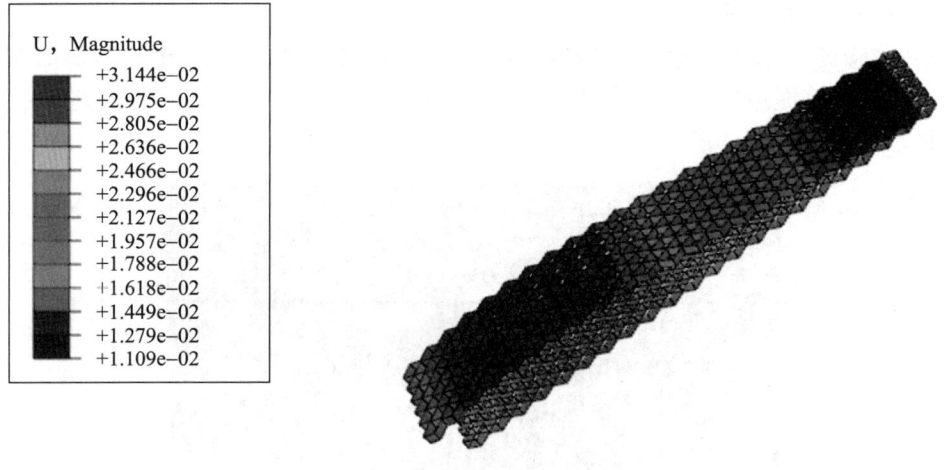

图 5-52 土工格室变形云图

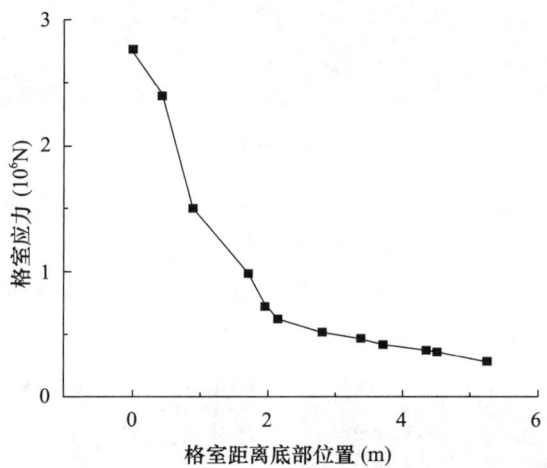

图 5-53 土工格室—路径上节点处所受应力变化图

5.3 高速公路路堤边坡土工格室防护现场试验研究

本节以京雄高速公路河北段现场土工格室植被护坡体系采用的 HDPE 焊接型带孔土工格室为试验对象,通过现场检测研究了土工格室植被防护边坡体系前期土工格室应变情况。

5.3.1 现场试验方案研究

5.3.1.1 试验目的

为了探究土工格室在路堤边坡防护工程中的应用,通过对土工格室进行现场监测,对高速公路路堤边坡防护中土工格室应变随时间变化趋势进行分析,从而探究土工格室在路堤边坡防护中的效果。

5.3.1.2 试验方案

（1）试验场地选取：此次试验选取的场地为京雄高速公路河北段路堤 SG1 标段 K11+857 处的路堤边坡。边坡高度为 5m，坡率为 1∶1.5，边坡土为粉砂土，如图 5-54 所示。

图 5-54　京雄高速公路现场试验选取边坡

（2）测量土工格室部位选取（图 5-55）：边坡下部土工格室分布 6 个应变片，中部土工格室分布 15 个应变片，上部土工格室分布 4 个应变片。其中中部土工格室布置 15 个应变片分布在 2 个土工格室中，4 个应变片分布在一个土工格室条带中心位置，与之相邻的土工格室下方条带、右方条带沿高度方向各均匀分布 5 个应变片。

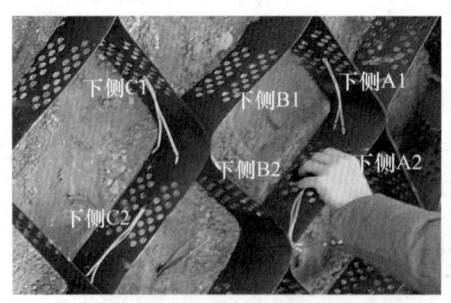

(a) 下部应变片粘结位置及编号

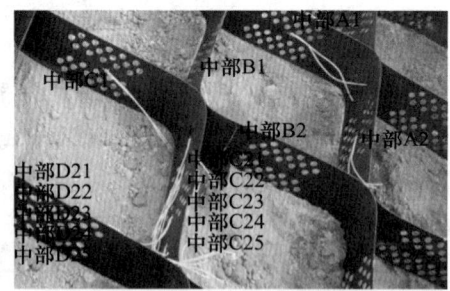

(b) 中部应变片粘结位置及编号

(c) 上部应变片粘结位置及编号

(d) 接线完成

图 5-55　监测应变片分布位置

（3）测量方案：将应变片粘贴在土工格室条带上，土工格室内部覆盖填土后，对土工格室应变进行测量。测试时间从2020年11月10日到2020年12月19日，其中在11月27日到11月29日3d时间有降雨，平均降雨强度10mm/d。现场监测情况如图5-56所示。

图 5-56　现场监测情况

5.3.2　现场试验土工格室应变分析

5.3.2.1　相同高度的土工格室应变分析

通过选取边坡上部位置、中部位置、底部位置处于相同高度处的土工格室的应变变化来进行对比分析，依据现场测试数据绘制的应变变化曲线如图5-57所示。

从图5-57中可以看出，在土工格室填入填土后，土工格室应变逐渐变大。这是由于土工格室填入填土时，土体未处于压实状态，随着土体的自重应力作用，内部填土在自重应力下，会逐渐将土中空气部分排出，使得格室承受土体重力增加，应变随时间逐渐增大。在第22d～第40d测量时格室应变呈线性增加，这是由于降雨后，水流渗透到土体中，增加土体自重，格室除了受到土体自重影响，还受到雨水重力影响。土体内部在降雨因素作用下，土体内部的空气排出速度增加，土工格室承受土体重力增加，增长速率大于第一次测量至第三次测量时土工格室的增长速率。

从图5-57中还可以看出，处于相同高度位置的土工格室条带应变差距很小，随着时间的增加，相同高度处的条带应变差值同样未发生明显变化。

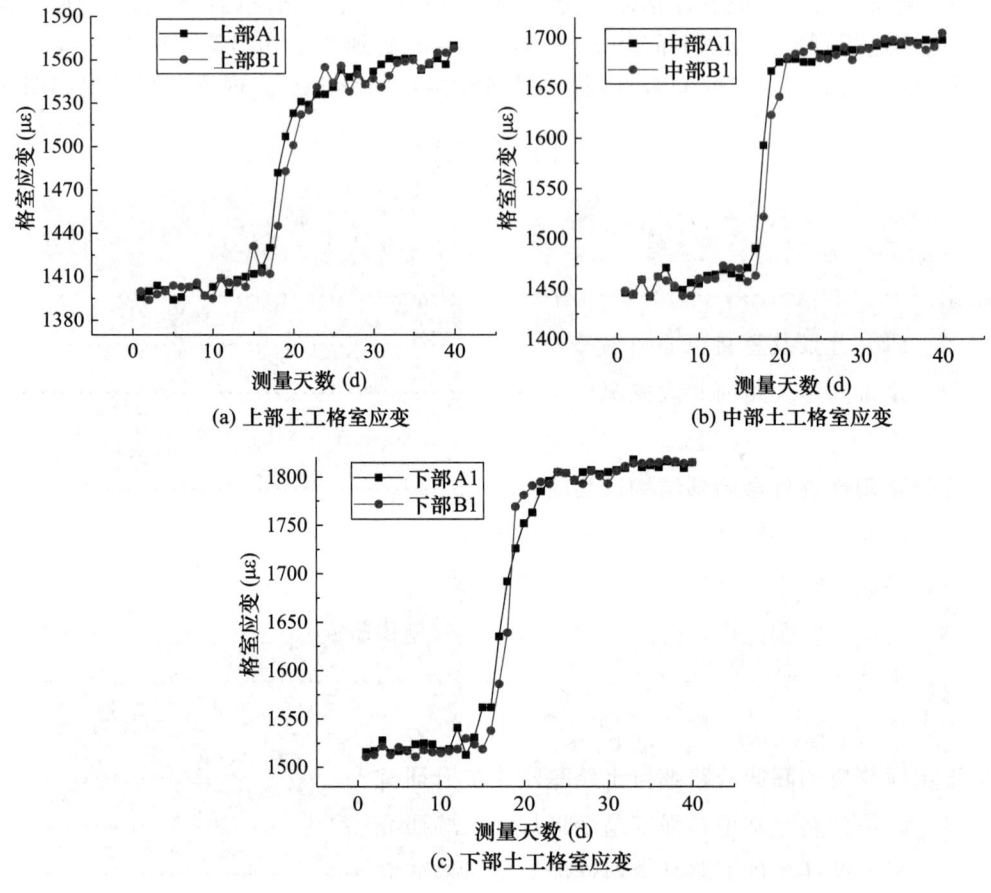

图 5-57 相同高度处土工格室应变变化

5.3.2.2 不同高度的土工格室应变分析

对于不同高度处格室的应变变化，选取在横向位置相同上、中、下三个不同高度位置的点 A、点 B 进行数据分析，如图 5-58 所示。

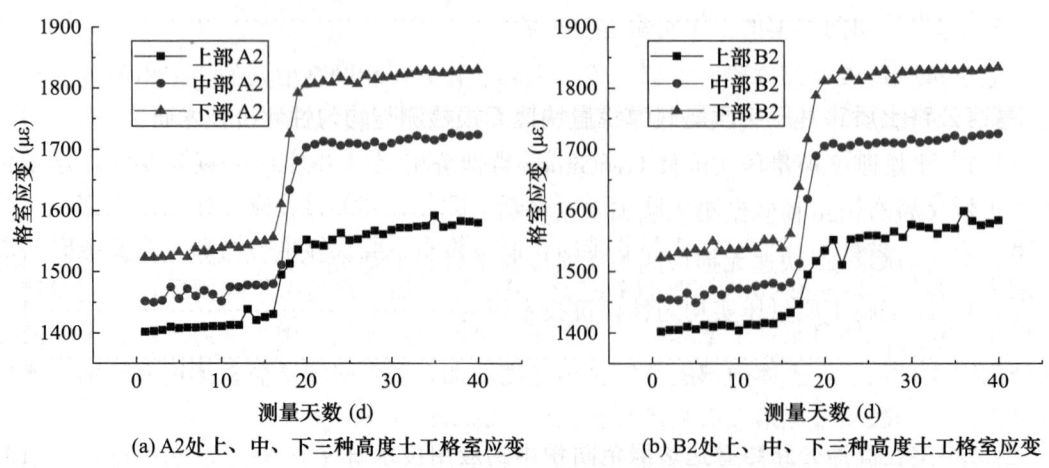

图 5-58 不同高度土工格室应变变化

在横向位置相同，距离坡底位置不同的 A2、B2 点，在第 2 天测量时，上部格室应变分别是中部格室应变与下部格室应变的 96.5%、92.0%。降雨过后，在第 20 天测量时，上部格室应变分别是中部格室应变与下部格室应变的 94.2%、87.6%，随着时间的推移，在第 40 天测量时，上部格室应变分别是中部格室应变与下部格室应变的 91.6%、86.3%。

图 5-58 说明在同一位置不同高度处的土工格室距离边坡底部位置越远，土工格室应变变化越小，土工格室在边坡下部变化最大。长期作用下，边坡上部与下部格室应变差距会变得更大，因此对于边坡下部格室要着重加固。

5.3.2.3 土工格室内部条带应变分析

土工格室在边坡防护过程中，由于受到回填土的重力作用以及外界降雨等因素影响，对土工格室自身结构会产生一定的影响，因此针对土工格室条带内部进行分析，如图 5-59、图 5-60 所示。

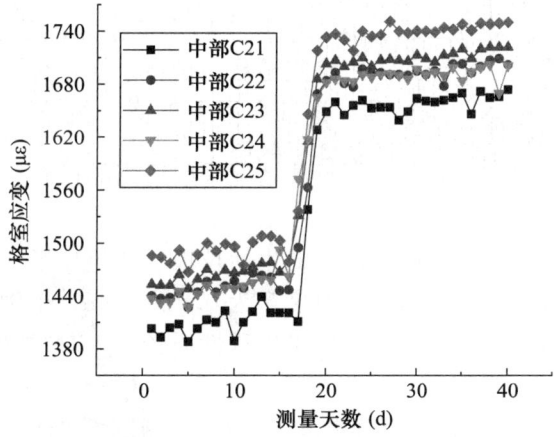

图 5-59　格室内部同一条带的应变分布

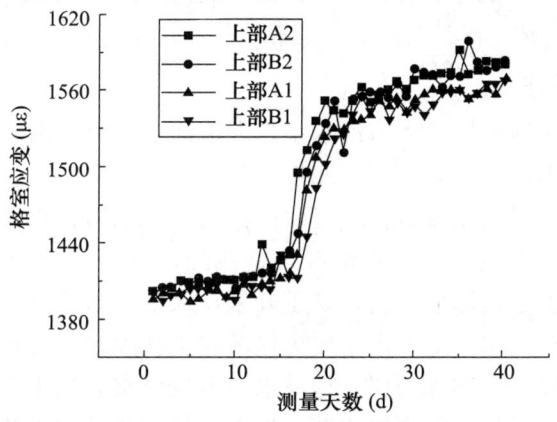

图 5-60　同一土工格室内四个条带的应变分布

从图 5-59 可以看出，将单个土工格室条带沿高度等分，土工格室条带应变沿内部填充土体移动方向逐步递减，横向中 C21 与横向中 C25 在条带的顶部与底部，横向中

C25 应变大于横向中 C21 应变，可以看出土体在自重应力下，土体自重在土工格室底部较大，且在部分降雨作用下，土体内部水流在格室条带顶部位置深入，水流沿格室壁流向底部，致使底部所受到的压力大于顶部。

从图 5-60 中可以看出，同一个土工格室内部四个条带的应变分布，上方两个条带上的应变小于下方两个，原因在于土工格室上方条带由于承担与之相邻的格室内部填土压力，且土工格室条带能够对所承受的拉压应力产生一定的分散作用，因此会降低一部分应力。另外，土工格室在填充土体时，土体受到自重应力作用，会减少与上方格室条带的接触，对格室上方条带产生的作用力减小。

5.4 公路路堤边坡土工格室防护施工与质量控制技术研究

土工格室边坡防护技术通常是将土工格室沿边坡坡面展开平铺或堆叠，并用锚钉或锚杆将土工格室固定于边坡岩土体之中，以保证土工格室结构层以及整个坡体的稳定，随后格室内部填充种植土等并且结合其他防护措施形成生态绿化，如图 5-61 所示。本节通过国外应用比较成熟的平铺式土工格室植被防护体系结合京雄高速公路河北段现场的施工要求以及现有的技术规范标准，详细介绍土工格室植被防护体系的主要组成部分、土工格室的规格及技术指标、防护体系的施工工艺流程。

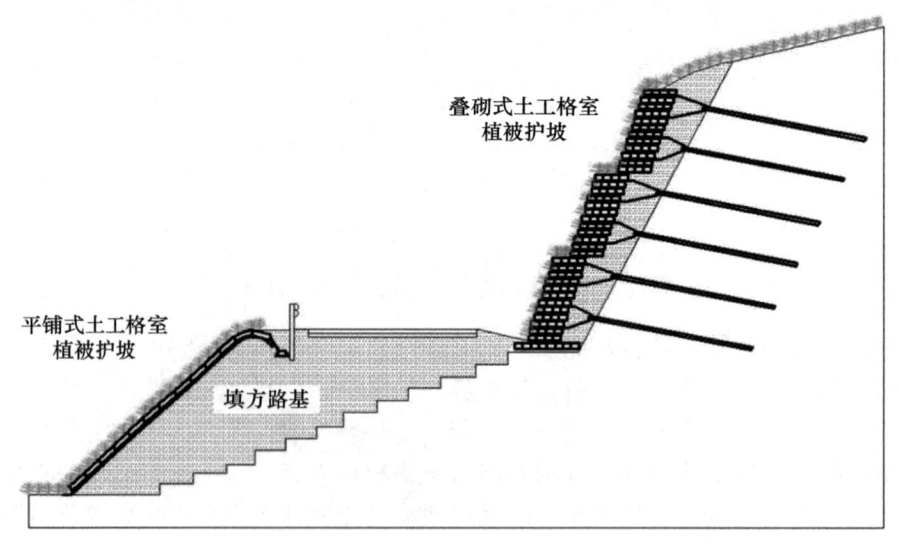

图 5-61　两种类型的土工格室坡面防护示意图

5.4.1　土工格室防护体系的相关组件及功能

土工格室防护体系一般由土工格室、连接件、锚固件组成，必要时可在防护体系下侧铺设一层土工布，具有施工便捷快速、生态环保、与其他工艺无缝衔接的特性，如图 5-62 所示。其主要组件及组件功能如下。

土工格室：整个防护体系的核心组件，形成的防护结构层能够约束和固定坡面浅层土体且具有良好的排水性能。

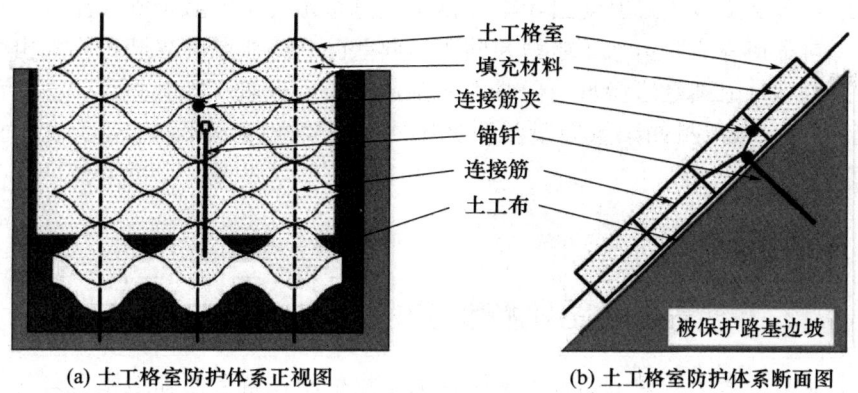

图 5-62　土工格室防护体系主要组件

填充材料：填充于土工格室内部并进行夯实，为后期建立植被提供良好的稳定环境。填充材料的选择多种多样，可以根据特定的解决方案结合需要的植被防护方式选择，主要包括：特定的植被和种植土；砂、砾石、岩石的骨料；种植土和骨料组成的工程填料等。

连接装置：由高强度耐腐蚀聚合物制成，能够将不同组的土工格室两两连接，大大缩短了工作人员的安装时间。

锚钎：由一个特定长度的钢加固杆和一个端部限位帽制成，限位帽防止土工格室在坡面上发生位移，锚钎将整个土工格室锚固于坡面，同时将上部荷载传递到深层岩土体。

连接筋：将不同单元的土工格室连接成一个整体，连接筋能够传递荷载，增强土工格室抵抗变形的能力，进一步稳定坡面上的土工格室。

连接筋夹：是一种模制高强度聚乙烯装置，同样方便安装，能够将连接筋与土工格室锁定在一起，促使荷载从连接筋传递到土工格室，然后进一步向下传递。

土工布：铺设于土工格室底部，对岩土体颗粒进行反滤和过滤，能够将土工格室内填料与下部岩土体分离，同时具有良好的导水和表面附着能力。

5.4.2　平铺式土工格室植被护坡施工工艺流程

5.4.2.1　施工步骤

平铺式土工格室植被护坡施工工艺流程如图 5-63 所示，现场施工照片如图 5-64 所示。

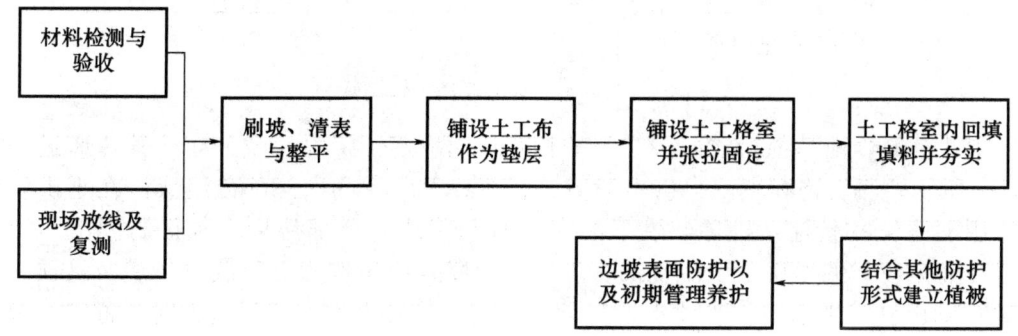

图 5-63　平铺式土工格室植被护坡施工工艺流程

(a) 机械清表刷坡

(b) 人工整平

(c) 土工格室组连接

(d) 张拉铺设土工格室

(e) 固定土工格室

(f) 铺设完成的土工格室边坡

(g) 土工格室边坡回填填料并夯实

(h) 回填完成的土工格室边坡　　　　　(i) 完整的土工格室植被护坡

图 5-64　京雄高速公路现场平铺式土工格室植被护施工过程

5.4.2.2　施工要求

(1) 土工格室作为一种新型土工合成材料,其自身的材料特性对边坡防护的稳定性起到控制作用,特别是土工格室节点的剥离强度和土工格室条带的抗拉屈服强度必须达到设计要求。因此,施工前需对格室节点的剥离强度和格室条带的抗拉屈服强度进行抽检,抽样数不得小于 5 次/100m^2,并且单组土工格室展开宽度不应小于 4m,长度不应小于 5m,组间土工格室片连接处与邻近连接节点的距离不应大于 0.1m。

(2) 坡面凹凸不平容易使土工格室产生应力集中而使格室条带撕裂、节点剥离,同时亦会造成局部与坡面之间存在空隙而给填料回填带来极大困难。因此施工时应严格控制坡面的平整顺直。

(3) 存在土工布垫层时,土工布垫层的铺设可以比坡面整平工作慢一步进行,来提高整个工程的施工进度。要求每天施工结束时,已整平外露的坡面与土工布覆盖的坡面相距宽度不超过 12m。

(4) 铺设土工格室时,在顶部和周边防线位置按设计打入锚钎,随后顶部悬挂土工格室,然后将连接筋穿过格室上的特定孔洞并将连接筋端部与坡顶深埋锚钉桩连接固定,沿主受力方向自上而下一边将土工格室展开,一边固定,直到放线位置,最后自下而上安装连接筋夹和连接装置,并检查调整锚钎,促使土工格室整体张开贴紧坡面。坡脚一般采用锚固、反压加固或刚性支撑加固防护。

(5) 格室内填料填充应采用人工或机械自上而下逐步推进施工,一方面填料可以在重力作用下沿着坡面滚落,避免了回填不均匀以及重复作业;另一方面自上而下回填,上部锚固件、连接件的抗拔力以及填料与坡面的摩擦力共同作用,保证了整个坡面土工格室的稳定,并且避免回填不均匀而造成应力集中,特别是从下部开始填充,容易导致下部承受重力过大,造成上部锚钎的拔出以及格室条带的撕裂和节点的剥离。

(6) 填料回填压实完成后,结合当地情况,因地制宜,选择最为合适、经济的植被建立方式进行坡面绿化以及生态恢复,并及时进行初期的管理养护,包括对整体土工格室的复检以及对植被生长情况的跟踪,对土工格室张拉不充分和锚固不稳定的应及时返工;对大面积植被生长不良的,应查明原因及时补充新的植被。

5.5 小结

以京雄高速公路河北段平铺式土工格室植草路基边坡防护为背景,针对目前土工格室条带和节点可能存在的受力,采用京雄高速公路现场施工的 HDPE 有孔和无孔焊接型土工格室进行了一系列的室内拉伸力学性能试验,探究了土工格室条带和节点的强度及破坏模式;基于 Abaqus 有限元软件模拟和现场监测有土工格室防护的路堤边坡,分析了有土工格室防护的高速公路边坡的稳定性以及土工格室的受力情况;分析现场使用土工格室的材料特性以及应该采用的施工铺设方式,结合国外较为成熟的平铺式土工格室植被护坡体系,介绍了防护体系的构成、目前的技术标准、施工要求等,并对整个防护体系的防护作用机理分别进行了探究分析。

(1) 总结分析常用高速公路路堤边坡防护类型,表明土工合成材料因其抗变形能力强、耐用性高、造价低、美化环境、减轻污染等优点被大力推广,以各种形式应用在边坡防护,特别是防护机理比较完善的土工格室植被护坡体系中。

(2) 通过一系列室内土工格室条带和节点的拉伸试验,可以得到如下结论:
①HDPE 无孔条带的抗拉强度和伸长率受试样形状的影响较小。
②HDPE 有孔条带的峰后断裂方式和伸长率存在不一致。
③对于焊接型节点来说,单轴拉伸强度＞对拉强度＞剪切强度＞剥离强度。
④整体拉伸的 HDPE 无孔焊接型土工格室,单因素中,整体抗拉强度随格室高度的增大而增大;多因素交互中,格室高度和节点间距交互作用对土工格室单元整体抗拉强度影响显著。

(3) 基于 Abaqus 有限元模拟土工格室防护高速公路路堤边坡,结果表明:
①在相同的降雨入渗条件下,有土工格室防护路堤边坡安全系数相对于无土工格室防护路堤边坡有所提高。
②土工格室对于路堤边坡土体位移起到一定限制作用,对边坡的滑移破坏产生延迟作用。
③土工格室的边坡坡底处为土工格室受力最大处,同时也是土工格室最容易受到破坏的部位。

(4) 分析现场监测土工格室应变数据,处于坡脚位置处土工格室受到的应变大于中部位置与上部位置的土工格室应变。此外,靠近节点位置表现出较小的应变。

(5) 归纳总结了路基边坡坡面土工格室防护的施工工艺以及质量控制方法。

参考文献

[1] 赵明华,吴家继,何玮茜,等.基于土拱效应的桩承式路堤承载变形计算研究[J].湖南大学学报(自然科学版),2016,43(03):135-141.

[2] ZHANG C Z, JIANG G L, LIU X F, et al. Arching in geogrid-reinforced pile-supported embankments over silty clay of medium compressibility: Field data and analytical solution [J]. Computers and Geotechnics. 2016 (77) 11-25.

[3] 李波,黄茂松,叶观宝.加筋桩承式路堤的三维土拱效应分析与试验验证[J].中国公路学报,2012,25(01):13-20.

[4] 张浩,石名磊,刘维正,等.路堤下带帽疏桩处治地基桩土荷载效应分析[J].岩土工程学报,2012,34(09):1758-1764.

[5] 强小俊,赵有明,张长生.桩承地基土拱高度计算方法的研究及分析[J].铁道建筑,2012(05):90-94.

[6] 余闯,刘松玉,杜广印.桩承式路堤土拱效应的改进 Terzaghi 方法[J].水文地质工程地质,2010,37(04):74-82.

[7] 芮瑞,夏元友.桩承式路堤荷载传递计算方法研究[J].武汉理工大学学报,2009,31(13):73-77.

[8] 陈昌富,周志军.双向增强体复合地基桩土应力比分析[J].岩土力学,2009,30(09):2660-2666.

[9] CHEN R P, CHEN Y M, HAN J, et al. A theoretical solution for pile-supported embankments on soft soils under one-dimensional compression [J]. Can. Geotech. J. 2008 (45): 611-623.

[10] 陈福全,李阿池,吕艳平.桩承式路堤中土拱效应的改进 Hewlett 算法[J].岩石力学与工程学报,2007(06):1278-1283.

[11] 蒋良潍,黄润秋,蒋忠信.黏性土桩间土拱效应计算与桩间距分析[J].岩土力学,2006(03):445-450.

[12] ROGBECK Y, GUSTA VSSON S, SODERGREN I, et al. Reinforced piled embankments in Sweden-design aspects [C] Proceedings 1998 Sixth International Conference on Geosynthetics, 1998: 755-762.

[13] 陈福全,李阿池.桩承式加筋路堤的改进设计方法研究[J].岩土工程学报,2007,29(12):1804-1808.

[14] 蒋建良,王华俊,卿翠贵,等.采用土工格室的公路岩质陡坡绿化研究[J].公路,2019,64(04):305-308.

[15] 徐超,林潇,沈盼盼.桩承式加筋路堤张力膜效应模型试验研究[J].岩土力学,2016,37(7):1825-1831.

[16] 李晓龙,史宏彦.基于比拟方程法的桩承式加筋体三维分析方法[J].岩土工程学报,2020,42(5):925-933.

[17] 陈杰,龙志东,张锐,等.全风化花岗岩路基刚度提升方法研究[J].公路与汽运,2016(3):121-124.

[18] 黄拓，昌振东，漆帅．路面结构的路基刚度提高方法［J］．中南大学学报（自然科学版），2017，48（10）：2777-2782．
[19] 王天航．建筑垃圾在道路工程中的应用研究［D］．天津：河北工业大学，2015．
[20] 熊彪．鲁北地区高速公路路基盐渍土改良技术研究［D］．成都：西南交通大学，2014．
[21] 刘东明．全风化花岗岩粉砂质土改良特性及道路变形研究［D］．北京：北京交通大学，2016．
[22] 刘春阳．基于减小高速公路底基层弯沉的低液限粉土改性试验研究［D］．青岛：山东大学，2019．
[23] 张锐，滕煜晟，刘闯．路基回弹弯沉控制方法及试验验证［J］．长沙理工大学学报（自然科学版），2019，16（02）：8-14．
[24] 李邦武，任天铿，张锐．高液限土路基顶面回弹弯沉控制方法研究［J］．中外公路，2021，41（05）：17-21．
[25] 王超，任天铿．广东偏湿土路基弯沉控制方法及试验验证［J］．公路与汽运，2021（05）：82-85．
[26] 邱晓沛．公路膨胀土路基变形预测与控制方法［J］．山西建筑，2017，43（14）：152-153．
[27] 刘正楠，杨博，林才奎，等．最大承载力状态下全风化花岗岩路基变形特性与控制方法［J］．土木建筑与环境工程，2016，38（01）：109-115．
[28] 武庆祥，彭丽云，龙佩恒．石灰、水泥对粉土的改良研究［J］．公路，2015，60（9）：14-19．
[29] 封喜波．不同无机结合料改良低液限粉土工程特性试验研究［J］．交通世界，2018（31）：131-133．
[30] 何岩．聚丙烯纤维改良粉煤灰土动、静力学参数特性研究［D］．长春：吉林大学，2010．
[31] 尚思伯．水泥/石灰改良黄土及工程应用试验研究［D］．西安：长安大学，2017．
[32] 李广信，陈轮，郑继勤，等．纤维加筋黏性土的试验研究［J］．水利学报，1995（6）：31-36．
[33] MOHAMMAD J K, MOHAMMAD A. Durability and mechanistic characteristics of fiber reinforced soil-cement mixtures［J］. International Journal of Pavement Engineering, 2006, 7 (1)：53-62.
[34] 宋金岩，孙红，葛修润，等．玻璃纤维加筋土强度特征试验研究［J］．中外公路，2012，32（5）：268-271．
[35] 吴继玲，张小平．聚丙烯纤维加筋膨胀土强度试验研究［J］．土工基础，2010，24（6）：71-73．
[36] DIVYA P V, VISWANADHAM B V S, GOURC J P. Evaluation of tensile strength-strain characteristics of fiber-reinforced soil through laboratory tests［J］. Journal of Materials in Civil Engineering, 2014, 26 (1)：14-23.
[37] HEJAZI S M, ABTAHI S M, SHEIKHZADEH M, et al. Micromechanical analysis of loop-formed fiber-reinforced soil composite［J］. Journal of Industrial Textiles, 2013, 44 (3)：418-433.
[38] 王晶晶．改良粉砂土路基动力特性研究［D］．开封：河南大学，2019．
[39] 杨广庆．水泥改良土的动力特性试验研究［J］．岩石力学与工程学报，2003（07）：1156-1160．
[40] 王天亮．冻融条件下水泥及石灰路基改良土的动静力特性研究［D］．北京：北京交通大学，2011．
[41] 彭海燕．水泥土和灰土动力特性的试验研究［D］．太原：太原理工大学，2009．
[42] 李跃军，吴亚中，李亮，等．路基施工质量均匀性综合评价法［J］．公路交通科技，2010，27（2）：42-47．
[43] 刘俊峰，徐科，李智，等．利用PFWD评价路基施工质量均匀性［J］．湖南交通科技，2005，32（3）：48-49，65．
[44] 赵海杰．路基压实质量评价指标的研究［D］．西安：长安大学，2015．
[45] 毛云龙．基于落球检测技术的宕渣路基均匀性检测研究［J］．公路交通科技（应用技术版），

2014，10（7）：96-98.

[46] 张洋，李亮，马壮，等. 骨架密实型级配碎石压实度无损检测方法研究［J］. 公路，2021，（9）：99-104.

[47] 交通运输部公路科学研究院. 公路路基路面现场测试规程：JTJ 3450—2019［S］. 北京：人民交通出版社，2020.

[48] 程利力. 基于地质雷达的机场路基压实质量无损检测方法研究［J］. 施工技术，2021，50（14）：99-102.

[49] HOGG A H A. Equilibr of a thin slab on an elastic foundation of finite depth［J］. Philosophical Magazine Series 7，1944，35（243）：265-276.

[50] 方涛，李跃军. PFWD在路基回弹模量检测中的应用［J］. 公路工程，2010，35（3）：123-124.

[51] 查旭东. PFWD快速检测路基模量研究［J］. 公路交通科技，2009，26（1）：26-30.

[52] 刘建华，乐金朝，王复明，等. 落锤式弯沉仪在道路施工质量控制中的应用［J］. 郑州大学学报（工学版），2002，23（2）：47-50.

[53] 郝大力. 路面性能的评价与分析研究［D］. 西安：长安大学，2000.

[54] 徐立红，吕洲，纪更占，等. 基于PFWD的花岗岩残积土路基压实均匀性分析［J］. 道路工程，2017，156（12）：166-169.

[55] 刘俊锋，徐科，李智，等. 利用PFWD评价路基施工质量均匀性［J］. 湖南交通科技，2006，32（03）：48-50.

[56] 王爱营，崔新壮. 强夯引起的路堤不均匀性对路面弯沉的影响［J］. 公路交通科技，2010，66（06）：47-49.

[57] 姚岢，黎侃，张肖宁，等. 基于大样本数据的沥青路面施工质量控制方法研究［J］. 广东交通职业技术学院学报，2008，7（03）：1-5.

[58] 陈春宏，王翔. 基于半变异函数的路基压实度均匀性评价方法［J］. 公路工程，2017，42（03）：86-89.

[59] 熊学堂. 基于密度测定的沥青路面施工质量控制与评价研究［D］. 广州：华南理工大学，2017.

[60] 黄平. 路基施工质量均匀性综合评价法［J］. 建材与装饰，2017（13）：238-239.

[61] MARTINDONAT. Bioengineering Techniques for Streambank Restoration：A Review of Central EuroPean Praetiees［J］. Watershed Restoration Project Report，1995（2）：4-9.

[62] GRAY D H，SOTIR R B. Biotechnical and soil bioengineering slope stabilization：a practical guide for erosion control［M］. New York：John Wiley & Sons，1996.

[63] 杨亚川，莫永京，王芝芳，等. 土壤-草本植被根系复合体抗水蚀强度与抗剪强度的试验研究［J］. 中国农业大学学报，1996（02）：31-38.

[64] 王可钧，李焯芬. 植物固坡的力学简析［J］. 岩石力学与工程学报，1998（06）：687-691.

[65] 曾锡庭，于志强. 土工格室及其应用［J］. 中国港湾建设，2001（02）：33-37.

[66] 程洪，张新全. 草本植物根系网固土原理的力学试验探究［J］. 水土保持通报，2002（5）：20-23.

[67] 周德培，张俊云. 植被护坡工程技术［M］. 北京：人民交通出版社，2003.

[68] 王广月，王银山，杨建顺. 土工格室在边坡防护中的应用［J］. 中国水土保持，2003（02）：37-38，48.

[69] 张季如，朱瑞赓，程序桥. 土工格室用于岩石边坡植被侵蚀防护的稳定性分析［J］. 岩土力学，2003（03）：359-362.

[70] 杨晓华，王文生. 土工格室生态护坡在黄土地区公路边坡防护中的应用［J］. 公路，2004（08）：179-182.

[71] 晏长根, 杨晓华, 谢永利, 等. 土工格室对黄土路堤边坡抗冲刷的试验研究 [J]. 岩土力学, 2005 (08): 1342-1344, 1348.

[72] 程洪, 谢涛, 唐春, 等. 植物根系力学与固土作用机理研究综述 [J]. 水土保持通报, 2006 (01): 97-102.

[73] 魏静, 许兆义, 包黎明, 等. 青藏铁路多年冻土区土工格室护坡试验研究 [J]. 岩石力学与工程学报, 2006 (S1): 3168-3173.

[74] 李国荣, 毛小青, 倪三川, 等. 浅析灌木与草本植物护坡效应 [J]. 草业科学, 2007 (06): 86-89.

[75] 蒋德松, 蒋冲. 城市岩质边坡土工格室生态防护技术及其应用 [J]. 湖南大学学报 (自然科学版), 2008 (11): 12-16.

[76] 李高旺. 土工格室植被护坡在膨胀土地区公路边坡中的应用 [J]. 公路交通科技 (应用技术版), 2008 (04): 46-48.

[77] 李晋, 唐勇, 朱霞, 等. 土工格室植被护坡应用研究 [J]. 山东交通学院学报, 2008 (01): 56-60.

[78] 陈川. 铜黄高速公路生态护坡调查及模糊综合评价 [D]. 西安: 长安大学, 2011.

[79] 韩燕. 土工格室防护边坡的稳定性研究 [D]. 济南: 山东大学, 2012.

[80] 王杏花. 土工格室边坡防护水力侵蚀特性试验研究 [D]. 济南: 山东大学, 2012.

[81] 王广月, 韩燕, 王杏花. 降雨条件下土工格室柔性护坡的稳定性分析 [J]. 岩土力学, 2012, 33 (10): 3020-3024.

[82] 徐田雨. 土工格室防护边坡稳定性数值分析 [D]. 济南: 山东大学, 2013.

[83] 任敏松. 基于 ABAQUS 的土工格室生态边坡稳定性数值模拟研究 [D]. 济南: 山东大学, 2015.

[84] 鲁志方, 杨晓华, 晏长根. 土工格室植被护坡防膨胀土边坡开裂机理研究 [J]. 公路, 2016, 61 (04): 23-28.

[85] 王广月, 王云. 土工格室生态边坡稳定性数值模拟分析 [J]. 应用基础与工程科学学报, 2016, 24 (05): 924-933.

[86] 曾龙辉, 江辉, 黄海清, 等. 人工降雨条件下土工格室抗侵蚀性能试验研究 [J]. 人民长江, 2017, 48 (10): 9-12.

[87] LIU Y, DENG A, JAKSA M. Failure mechanisms of geocell walls and junctions [J]. Geotextiles and Geomembranes, 2019, 47 (2): 104-120.

[88] 尹永强. 蜂巢约束植被护坡的稳定性研究 [D]. 天津: 中国民航大学, 2019.

[89] 孙希珩, 慕长江, 杨晓华. 土工格室在兰烟线土质边坡防护中的应用 [J]. 路基工程, 1999 (04): 55-57.

[90] 张宗媛, 李春晓, 梁志坚, 等. 土工格室在某水库贫瘠土边坡防护中的应用 [J]. 人民珠江, 2005 (02): 35-36.

[91] 卢小明. 土工格室在某公路炭质泥岩边坡防护中的应用 [J]. 山西建筑, 2008 (34): 295-297.